ILKA SOKOLOWSKI

Mein Kosmos Grundschullexikon
TIERE & PFLANZEN

KOSMOS

INHALT

Moment mal, blättere nicht gleich weiter! Es lohnt sich, diese beiden Seiten einmal kurz anzusehen. Danach weißt du, wie dieses Buch aufgebaut ist und wo du übersichtliche Informationen oder Extra-Wissen finden kannst.

S. 6–115 TIERE VON A BIS Z

BESTENS INFORMIERT
Das bist du mit wichtigen oder erstaunlichen Zusatzinfos in den Farbklecksen.

SCHNELL GEFUNDEN
Die alphabetisch geordneten Buchstaben am Rand helfen dir, ein Tier oder eine Pflanze problemlos zu finden.

TIER-STECKBRIEF
Hier siehst du die wichtigsten Informationen wie Merkmale und Lebensweise auf einen Blick.

NAME DES TIERS
wissenschaftlicher Name
Größe
Gewicht
Lebensraum
Nahrung
Nachwuchs

MEHR TIERE UND PFLANZEN
Auf den Sonderseiten sind mehrere Arten in Gruppen zusammengefasst. So bekommst du eine gute Übersicht.

S. 116–173
PFLANZEN UND PILZE VON A BIS Z

NAME DER PFLANZE
wissenschaftlicher Name

- Größe
- Lebensraum
- Blattform
- Blüte
- Blütezeit
- Frucht

PFLANZEN-STECKBRIEF
Hier siehst du die wichtigsten Informationen wie Merkmale und Blütezeit auf einen Blick.

S. 174–180
TIPPS & TRICKS FÜR DEIN REFERAT

SUCHEN UND FINDEN
Im Glossar findest du einfache Erklärungen für schwierige Begriffe. Im Index kannst du auch alle Tiere und Pflanzen suchen, die keinen eigenen Eintrag im Lexikon haben.

S. 181–190
GLOSSAR UND REGISTER

DIE WELT DER TIERE

Sie ist wirklich groß und unübersichtlich, denn es gibt mehrere Millionen Arten. Wissenschaftler bemühen sich, mit einem Stammbaum Ordnung zu schaffen. So werden Tiere mit gleichen Merkmalen zusammengefasst, z. B. die Reptilien mit ihrer trockenen, schuppigen Haut oder die Vögel, die alle Federn, Flügel und einen Schnabel haben. Es lohnt sich also, genau hinzusehen.

A WIE AFFE

Affen sind unsere nächsten Verwandten im Tierreich. Es gibt aber viele verschiedene Arten und Gruppen. Am nächsten mit uns verwandt sind die Menschenaffen, und unter diesen die Bonobos oder Zwergschimpansen.

B WIE BIENE

Bienen sind mit den Hummeln und Wespen, aber auch mit den Ameisen verwandt! Sie alle gehören zu den Hautflüglern und als solche zur großen Tiergruppe der Insekten. Mehr als die Hälfte aller bekannten Tierarten sind Insekten, so etwa auch die Käfer, Schmetterlinge, Heuschrecken, Mücken und Fliegen. Nicht aber die Spinnen, mit ihren acht Beinen bilden sie eine eigene Tiergruppe.

Z WIE ZEBRA

Das Zebra gehört zur Tiergruppe der Unpaarhufer und wie der Esel zur Familie der Pferde. In seiner Heimat Afrika kommt es sogar manchmal vor, dass sich ein wild lebendes Zebra mit einem Hausesel paart. Die Nachkommen nennt man Zesel.

P WIE PINGUIN

Der Pinguin ist ein komischer Vogel, denn er kann nicht fliegen. Dafür ist er unglaublich gut im Tauchen und Schwimmen. Daran siehst du, dass sich Tiere in ihrer Entwicklung an ihren Lebensraum anpassen. Kolkraben dagegen sind Flugakrobaten und jagen in ihrem Revier sogar so manchem Raubvogel seine Beute ab.

C WIE CHAMÄLEON

Das Chamäleon ist eine Echse und gehört wie die Eidechsen, Schlangen, Krokodile und Schildkröten zur Tiergruppe der Reptilien oder Kriechtiere. Es ist berühmt für seine lange, klebrige Zunge und seinen Farbwechsel – der hat aber oft gar nichts mit Tarnung, sondern vielmehr mit seiner Stimmung zu tun!

S WIE SEEPFERDCHEN

Falls du Fische vielleicht am ehesten aus der Pfanne kennst, hast du noch viel zu entdecken: Die Unterwasserwelt der Fische ist riesig! Dazu gehören so seltsame Wesen wie das Seepferdchen, aber auch der Weiße Hai oder der wanderfreudige Aal. Unzählige Tierarten, die in der Tiefsee leben, sind noch nicht einmal erforscht.

F WIE FROSCH

Frösche gehören wie die Kröten, Unken, Molche und Salamander zur Tiergruppe der Amphibien. Sie brauchen sowohl Wasser als auch Land zum Leben und sind wechselwarm. Die meisten Frösche sind Meister der Tarnung. Es gibt aber auch sehr farbenfrohe Arten – diese sind meist giftig oder tun zumindest so, als ob.

STAMMBAUM FÜR DEN EXTRA-ÜBERBLICK:

Ob Affe oder Pinguin, auf dieser Doppelseite siehst du einige Tiere aus dem Lexikon. Sie alle haben ihren Platz in dem Stammbaum der Tiere ganz vorn im Buch. Dieser Stammbaum zeigt dir, wie sie untereinander verwandt sind.

A AAL

Es ist ein Fisch, der innerhalb der Tierwelt eine der weitesten Reisen unternimmt: Von seinem Geburtsort im Atlantik wandert der Aal etwa 5000 km weit bis in die Gewässer Europas.

ERSTAUNLICH!

Aale sind in der Lage, kurze Strecken an Land zurückzulegen und sich durch feuchte Wiesen zum nächsten Gewässer zu schlängeln. Sie können ihre Kiemen verschließen und über die Haut Sauerstoff aufnehmen.

DER EUROPÄISCHE AAL
Anguilla anguilla

 Weibchen bis 1,2 m Körperlänge, Männchen knapp halb so groß

 bis 6 kg

 Bäche, Flüsse, Teiche, Seen mit schlammigem Grund; Europa

 Würmer, Krebse, Insektenlarven, Fischlaich, Fische

 Aale pflanzen sich einmal in ihrem Leben fort. Eiablage ist in der Sargassosee (Atlantik).

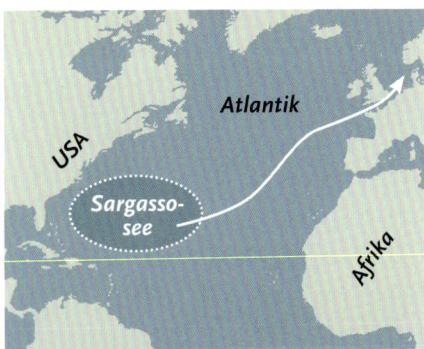

MERKMALE

Auf den ersten Blick sieht der Europäische Aal fast aus wie eine Schlange, schlängelnd bewegt er sich auch. Sein Unterkiefer ist etwas länger als der Oberkiefer. Ein erwachsener Aal ist auf der Oberseite schwarz bis dunkelgrün gefärbt, der Bauch schimmert gelblich bis silbrig. Die hintere Körperhälfte ist von einem Flossensaum umzogen.

LEBENSWEISE

Europäische Aale kommen im Atlantik zur Welt, genauer in der Sargassosee in der Nähe der Bahamas. Die Larven, die dort aus den Eiern schlüpfen, erreichen etwa drei Jahre später die europäischen Küsten. Dann sind sie fast durchsichtige, ungefähr 7 cm lange Glasaale. Auf dem Weg über die Flüsse zu den Gewässern im Landesinneren entwickeln sie sich immer weiter. Ausgewachsen heißen sie Blankaale. Tagsüber graben Aale sich gern im schlammigen Grund von Bächen, Flüssen oder Seen ein. In der Nacht werden sie munter. Dann jagen sie Würmer, Krebse, Insektenlarven und auch kleine Fische.

NACHWUCHS

Um sich fortzupflanzen, treten die Aale die große Reise erneut an und schwimmen zurück in die Sargassosee. Dort paaren sie sich und geben ihre Eier, den Laich, ins Wasser. Dann ist ihr Leben zu Ende, die Aale sterben.

Erreichen die Weidenblatt-Larven die Küsten vor Europa, wachsen sie zu Glasaalen aus. Sie sind jetzt richtige junge Aale – nur eben durchsichtig, deshalb der Name.

Die Larven des Aals erinnern an Weidenblätter. Deshalb nennt man sie so.

ADLER A

Adler sind mächtige Greifvögel, von denen es weltweit elf Arten gibt. Der größte bei uns ist der Seeadler.

MERKMALE
Der Seeadler ist braun gefiedert, Kopf und Hals sind heller, der Schwanz ist weiß. Der starke, gebogene Schnabel leuchtet gelb, ebenso die Füße. Adler besitzen kräftige Zehen mit langen, gekrümmten Krallen – ideal, um im Flug Beute zu greifen. Bei Greifvögeln heißen die Füße auch Fänge.

LEBENSWEISE
Seeadler leben an den Küsten und an fischreichen Gewässern. Fische sind ihre Hauptnahrung. Hat der Adler einen Fisch entdeckt, stößt er hinab und schlägt seine Krallen in die Beute. Um sie besser transportieren zu können, ändert er noch im Flug seinen Griff so, dass er den Fisch mit dem Kopf voran in den Fängen hält.

DER SEEADLER
Haliaeetus albicilla

 70 bis 95 cm Körperlänge, bis 2,50 m Flügelspannweite

 3,5 bis 6,9 kg

 Küsten, Flüsse und Seen mit alten Bäumen in der Nähe; in Europa und Asien

 Fische, Frösche, Krebse

 1 bis 3 Eier, 38 bis 42 Tage Brutzeit

NACHWUCHS
Seeadler errichten ihre Nester, Horste genannt, in großen Bäumen. Beim Brüten wechseln sich beide Eltern ab. Die Küken tragen zunächst ein weißes Daunenkleid. Sie mausern sich mehrmals: Alte Federn fallen aus, neue wachsen nach. Immer wieder schlagen die Jungen mit den Flügeln, um sie zu kräftigen. 90 Tage dauert es, bis sie das Nest verlassen. Sie bleiben aber noch für einige Wochen in der Nähe der Eltern, bevor sie sich ein eigenes Revier suchen.

Der Seeadler mit seiner Lieblingsbeute

Ein Adlerhorst ist groß und nicht zu übersehen.

WICHTIG ZU WISSEN!

Der Steinadler, unser zweitgrößter Adler, ist stark vom Aussterben bedroht. Bei uns lebt er nur in den Alpen. Sein Gefieder ist dunkelbraun, der Nacken, bei manchen Vögeln sogar der ganze Kopf, ist goldgelb. Anders als beim Seeadler sind die Beine befiedert.

A AFFEN

DER GIBBON:
Gibbons sind in Südostasien zu Hause. Mit ihren langen Armen schwingen sie sich durch die Baumwipfel.

Beim Stichwort Affe denkst du vielleicht sofort an Schimpansen und andere Menschenaffen. Doch die ganze Affenfamilie ist noch viel, viel größer! Es gibt zwei wesentliche Gruppen, die Neuweltaffen und die Altweltaffen.

MERKMALE

Bevor Kolumbus den amerikanischen Kontinent entdeckte, kannte man nur Europa, Asien und Afrika – die alte Welt. Die dort lebenden Affen werden deshalb Altweltaffen genannt. Zu ihnen gehören auch alle Menschenaffen. 1492 erreichte Kolumbus Amerika und damit eine neue Welt. Auch dort leben Affen. Du errätst es sicher: Es sind die Neuweltaffen. Die meisten Arten der Neuweltaffen sind eher etwas kleiner als die der Alten Welt.

BESONDERHEITEN

Neben der Einteilung in Alt- und Neuweltaffen unterscheidet man außerdem zwischen Echten Affen und Halbaffen. Echte Affen sind alle höher entwickelten Affen (Primaten) wie die Menschenaffen. Aber auch der afrikanische Mandrill, der südamerikanische Schwarze Brüllaffe und der asiatische Japanmakak gehören dazu. Halbaffen sind nicht etwa halb Affe und halb ein anderes Tier, sondern so nennt man primitivere Affen. Aus ihren Vorfahren haben sich erst die Echten Affen entwickelt. Halbaffen wie den Katta erkennst du an ihrer längeren Schnauze. Viele haben große Augen, denn sie sind nachtaktiv.

Zwergseidenäffchen

Zwerg-Mausmaki

REKORD!

Der kleinste Echte Affe ist das südamerikanische Zwergseidenäffchen: Ohne Schwanz misst es gerade einmal 14 cm. Noch kleiner ist der nur 12 cm lange Zwerg-Mausmaki, ein Halbaffe, der auf Madagaskar lebt.

DER KATTA:
Kattas leben ausschließlich auf der Insel Madagaskar. Sie gehören zu den Lemuren.

DER JAPANMAKAK
Macaca fuscata

Japanmakaken werden auch Schneeaffen genannt: Keine andere Affenart lebt so weit im Norden wie sie. Die eisigen Winter überstehen sie, indem sie in heißen Quellen baden. Nachts kuscheln sie sich eng aneinander.

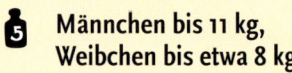 bis 55 cm Körperlänge, Schwanzstummel bis 9 cm

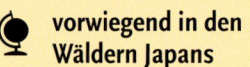 Männchen bis 11 kg, Weibchen bis etwa 8 kg

 vorwiegend in den Wäldern Japans

 Allesfresser

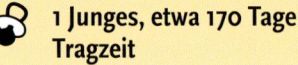 1 Junges, etwa 170 Tage Tragzeit

AFFEN

DIE GRÜNE MEERKATZE:
Meerkatzen wie die Grüne Meerkatze heißen so, weil sie von Seefahrern aus Afrika über das Meer nach Europa gebracht wurden und klettern können wie eine Katze.

DER PAVIAN:
Der afrikanische Pavian hat lange, scharfe Eckzähne. Gesicht und Hinterteil sind rötlich gefärbt.

DER MANDRILL
Mandrillus sphinx

Im Gesicht und am Hinterteil ist der Mandrill auffällig blau und rot gefärbt. Vor allem bei den Männchen sind die Farben sehr ausgeprägt. Mandrille halten sich häufig am Boden auf und bewegen sich auf allen vieren vorwärts.

 bis 74 cm Körperlänge, Schwanzstummel bis 7 cm

 Männchen bis 22 kg, Weibchen bis 11 kg

 afrikanischer Regenwald

 Allesfresser

 1 Junges, etwa 180 Tage Tragzeit

DER SCHWARZE BRÜLLAFFE
Alouatta caraya

Brüllaffen leben im Dschungel auf Bäumen. Ihre Rufe sind kilometerweit zu hören. Damit verständigen sich die einzelnen Gruppen untereinander. Nur die Männchen sind schwarz, das Fell der Weibchen ist hellbraun.

 bis 65 cm Körperlänge, Schwanz etwa gleich lang wie der Körper

 Männchen bis 7 kg, Weibchen bis 4 kg

 Wälder in Südamerika

 Blätter, Früchte

 1 Junges, 190 Tage Tragzeit

DAS TOTENKOPFÄFFCHEN:
Totenkopfäffchen leben in großen Gruppen im südamerikanischen Regenwald. Ihr helles Gesicht mit der dunklen Zeichnung erinnert ein bisschen an einen Totenkopf.

DER KAISERSCHNURRBART-TAMARIN:
Seine Gesichtshaare sehen aus wie der Bart des deutschen Kaisers Wilhelm II., so kam der südamerikanische Affe zu seinem Namen.

DER WOLLAFFE:
Das Fell des südamerikanischen Wollaffen ist besonders dicht und wollig. Wollaffen sind Klammeraffen, sie haben einen Greifschwanz.

ERSTAUNLICH!
Neuweltaffen sind oft kleiner als die meisten Altweltaffen. Dafür besitzen viele von ihnen einen Greifschwanz, den Altweltaffen nicht haben. Klammeraffen wie der südamerikanische Brüllaffe zum Beispiel setzen ihren Schwanz beim Klettern wie eine fünfte Hand ein. Sehr praktisch!

AFFEN

Menschenaffen sind sehr nah mit uns verwandt. Schimpansen haben sogar zu rund 98 Prozent das gleiche Erbgut wie wir! Zu den Menschenaffen gehören Schimpansen, Bonobos, Orang-Utans und Gorillas.

MERKMALE

Menschenaffen sind intelligent und sozial. Sie haben ein unbehaartes Gesicht und eine lebhafte Mimik. Am Boden bewegen sie sich gern auf allen vieren fort. Ihre Arme sind länger als die Beine. Anders als andere Affen haben Menschenaffen keinen Schwanz.

LEBENSWEISE

Schimpansen und Bonobos leben in Gruppen mit klarer Rangordnung. Schimpansen werden häufig von einem starken Männchen angeführt, Bonobos von einem Weibchen. Die Tiere verständigen sich durch Laute, Gesichtsausdrücke und Körpersprache. Ihre Zuneigung zeigen sie, indem sie sich gegenseitig das Fell pflegen. Schimpansen können aber auch aggressiv sein und Jagd auf andere Affen machen. Gorillas sind wegen ihres Gewichts keine guten Kletterer. In kleinen Gruppen streifen sie am Boden auf der Suche nach Blättern und Früchten umher. Eine Gorillagruppe wird von einem starken Männchen angeführt, einem Silberrücken. Orang-Utans verbringen den größten Teil ihres Lebens auf Bäumen. Anders als Schimpansen, Bonobos und Gorillas sind sie Einzelgänger.

NACHWUCHS

Meist kommt nur ein Affenkind zur Welt. Es klammert sich an der Mutter fest und wird liebevoll von ihr getragen. Kleine Schimpansen und Bonobos bleiben mehr als drei Jahre eng bei der Mutter, bei Gorillababys sind es sogar vier Jahre. Am längsten dauert die Kindheit der Orang-Utans: bis zu zehn Jahre!

TATSACHE!

Trotz ihrer nahen Verwandtschaft mit uns Menschen können Schimpansen niemals sprechen wie wir, weil ihr Kehlkopf und die Stimmbänder dazu nicht geeignet sind.

DER SCHIMPANSE
Pan troglodytes

Schimpansen gelten als sehr intelligent, denn sie benutzen Werkzeuge besonders geschickt. Sie halten sich abwechselnd auf dem Boden und in Bäumen auf. In den Bäumen bauen sie sich Tag- und Nachtnester. Sie durchstreifen aber auch Savannen und Grasland.

 90 bis 170 cm Körperlänge

 Männchen bis 70 kg, Weibchen bis 50 kg

 Regenwälder, Bergland und Savannen im mittleren Afrika

 Allesfresser: Blätter, Früchte, Insekten, Vogeleier, kleine Säugetiere, sogar andere Affen

 alle 4 bis 6 Jahre 1 Junges, etwa 230 Tage Tragzeit

WICHTIG ZU WISSEN!

Menschenaffen sind bedroht. Häufig werden sie wegen ihres Fleisches gejagt. Zudem zerstört der Mensch immer weiter ihre Lebensräume. Wälder werden abgeholzt, um die Fläche in Äcker und Plantagen umzuwandeln. Zusätzlich breiten sich Siedlungen immer weiter aus. Außerdem überträgt der Mensch gefährliche Krankheiten auf die Affen.

Schimpansen haben ein eher helles Gesicht, bei den Bonobos ist es dunkel gefärbt.

AFFEN A

Bonobos haben weibliche Anführer.

Ein Silberrücken ist der Chef der Gruppe.

DER BORNEO-ORANG-UTAN
Pongo pygmaeus

Typisch für Orang-Utans ist das rotbraune Fell, das in langen Zotteln wächst. Erwachsene Männchen haben dicke Backenwülste und eine Art Kehlsack, mit dessen Hilfe sie laut rufen können. Ihr Geschrei sagt dem Rivalen »Das ist mein Revier, bleib weg!«

 1,2 bis 1,5 m Körperlänge

 Männchen bis 90 kg, Weibchen bis 40 kg

 Dschungel von Borneo

 Früchte, Blätter, Insekten, Vogeleier

 alle 5 Jahre 1 Junges, 8 bis 9 Monate Tragzeit

DER BONOBO
Pan paniscus

Bonobos oder Zwergschimpansen sind uns von allen Menschenaffen am ähnlichsten. Sie gelten als sehr friedfertig. Bonobos halten sich mehr in Bäumen auf als auf dem Boden. Anders als Schimpansen verständigen sie sich eher durch Laute als durch Körpersprache.

 80 bis 120 cm Körperlänge

 Männchen bis 60 kg, Weibchen bis 35 kg

 Regenwälder in Afrika

 vorwiegend Pflanzen, selten Insekten, Schnecken, Regenwürmer

 etwa alle 5 Jahre 1 Junges, rund 240 Tage Tragzeit

DER WESTLICHE GORILLA
Gorilla gorilla

Gorillas sind die schwersten und größten Menschenaffen. Ältere Männchen haben ein silbergraues Rückenfell. Sie werden deshalb Silberrücken genannt. Auch wenn sie nicht viel klettern, bauen sie sich Baumnester als Ruhe- oder Schlafplatz.

 1,3 bis 2,2 m Körperlänge

 Männchen bis 200 kg, Weibchen bis 80 kg

 Wälder im mittleren Afrika

 Blätter und Früchte

 alle 3,5 bis 4,5 Jahre 1 Junges, 8,5 bis 9 Monate Tragzeit

Erwachsenes Orang-Utan-Männchen mit Backenwülsten

WICHTIG ZU WISSEN!

Orang-Utans leben nur auf zwei Inseln in Südostasien, die eine Art auf Borneo, die andere auf Sumatra. In der Sprache der dortigen Ureinwohner bedeutet ihr Name »Waldmensch«.

11

A ALBATROS

Albatrosse gehören zu den größten Seevögeln der Welt. Der Schwarzbrauenalbatros ist besonders weitverbreitet.

MERKMALE
Durch die dunklen Federn über seinen Augen wirkt der Schwarzbrauenalbatros, als hätte er Augenbrauen. Die dunkelgrauen Flügel sind wie bei allen Albatrossen sehr lang und schmal, die Beine kurz und kräftig. Kopf und Körperunterseite sind schneeweiß gefiedert. Albatrosse gehören zur Ordnung der Röhrennasen: Auf dem gelblichen Schnabel befinden sich zwei kleine Röhren. Darüber können die Vögel das Salz ausscheiden, das sie beim Fressen mit dem Meerwasser aufnehmen.

DER SCHWARZBRAUENALBATROS
Thalassarche melanophris

 80 bis 90 cm Körperlänge, bis 2,45 m Flügelspannweite

 bis 5 kg

 Südpolarmeer

 Tintenfische, kleine Fische, Krebse

 ein Ei, 10 bis 11 Wochen Brutzeit

LEBENSWEISE
An Land wirken Albatrosse wegen ihres Watschelgangs ziemlich unbeholfen. Doch in der Luft sind sie in ihrem Element! Sie nutzen die Winde über dem Meer so geschickt, dass sie viele Kilometer weit gleiten können, ohne mit den Flügeln zu schlagen. Zum Fressen landen sie auf dem Wasser und fischen nach Krebsen sowie kleinen Tintenfischen. Manche Albatrosse sind auch gute Taucher.

Weil sie so schwer sind, müssen Albatrosse beim Start Anlauf nehmen.

NACHWUCHS
Albatrosse brüten meist auf der Insel, auf der sie selbst aus dem Ei geschlüpft sind. Ihre Nester aus Gräsern, Moos und Schlamm legen sie in Kolonien an. Manchmal nisten bis zu 100.000 Vögel dicht nebeneinander. Männchen und Weibchen bebrüten abwechselnd das einzige Ei, bis das Küken schlüpft. Schon mit vier Monaten ist der junge Albatros selbstständig und fliegt hinaus auf das Meer.

Verliebte Albatrosse schnäbeln gern miteinander.

TATSACHE!
Bei Gefahr würgt der Albatros ein übel riechendes Öl aus seinem Magen hoch und spritzt es dem Angreifer aus seinen Nasenlöchern entgegen.

ALLIGATOR A

Auch Alligatoren gehören zur Familie der Krokodile. Der Mississippi-Alligator ist der größte Alligator, den es gibt, und die einzige Krokodilart, die in Amerika vorkommt.

MERKMALE
Der Mississippi-Alligator ist eine Panzerechse: Auf seinem Rücken sitzen große knochenartige Platten, am Bauch sind sie kleiner. Der Rückenpanzer ist oliv bis grauschwarz gefärbt, die Bauchseite cremefarben. Die Zehen sind mit Schwimmhäuten verbunden. Durch schlängelnde Bewegungen mit dem seitlich abgeflachten Schwanz schwimmt der Alligator besonders schnell. Seine Schnauze ist breit und leicht abgerundet.

LEBENSWEISE
Der Mississippi-Alligator lebt in Flüssen, Sümpfen und Feuchtgebieten im Süden der USA. Wie alle Krokodile ist er wechselwarm – die Körpertemperatur ändert sich mit der Außentemperatur. Er hält sich meist im flachen Wasser auf. Seine Beute sind Fische, Vögel und Säugetiere. Der Alligator kommt aber auch lange ohne Nahrung aus, wenn er sich nicht viel bewegt und wenig Energie verbraucht.

NACHWUCHS
Das Alligatorweibchen scharrt sich ein Nest aus Pflanzenteilen zusammen. Beim Verrotten der Pflanzen entsteht Wärme. So wird das Nest zu einer Art Brutkasten. Das Alligatorweibchen bewacht die Eier und sind die etwa 20 cm langen Jungen geschlüpft, trägt sie diese im Maul ganz vorsichtig zum Wasser. Dort suchen die Kleinen selbstständig nach Insekten, kleinen Krebsen und Fröschen. Ihre Mutter bleibt noch bis zu drei Jahre lang in der Nähe und beschützt sie.

TATSACHE!
Alligatoren können nicht kauen. Sie verschlucken ihre Beute im Ganzen oder reißen durch heftige Kopfbewegungen Stücke heraus.

DER MISSISSIPPI-ALLIGATOR
Alligator mississippiensis

- bis zu 6 m Körperlänge
- bis 500 kg
- Sümpfe, Seen und Flüsse in den USA
- Fische, Vögel, Schnecken, Säugetiere
- bis zu 50 Eier, 65 Tage bis zum Schlüpfen

Junge Alligatoren sind auf Mamas Rücken unterwegs.

A AMEISEN

Ameisen gibt es fast auf der ganzen Welt. Bei uns leben vor allem die Rote Waldameise und die Schwarze Wegameise.

MERKMALE

Ameisen besitzen sechs Beine. Brust und Hinterleib sind durch eine enge Taille getrennt. Am Kopf sitzen zwei Fühler, mit deren Hilfe die Ameise ihre Umgebung untersucht. Die Rote Waldameise ist besonders leicht an ihrer rötlichen Farbe zu erkennen.

LEBENSWEISE

Ameisen bilden große Staaten: Ein Volk kann aus bis zu einer Million Tieren bestehen. Die Aufgabe der Königin ist es, Eier zu legen. Um Pflege und Aufzucht der Brut kümmern sich Arbeiterinnen. Sie übernehmen auch alle anderen Aufgaben: Wächterameisen beschützen den Bau, Bauarbeiterinnen erledigen Um- und Ausbauten, Futterameisen schaffen Nahrung heran. Dabei schleppen sie sogar fast das 30-Fache ihres eigenen Gewichts. Außerhalb des Baus bewegen sich Ameisen auf regelrechten Wegen. Sie folgen einander und verständigen sich dabei über bestimmte Duftstoffe. Auf diese Weise markieren sie auch ihre Wege, sodass sie immer zurück zum Bau finden.

NACHWUCHS

Im Frühjahr kann man Ameisen mit Flügeln beobachten: Das sind Männchen (Drohnen) und Weibchen auf ihrem Hochzeitsflug. Nach der Paarung sterben die Drohnen. Die Weibchen werfen die Flügel ab. Sie sind nun Königinnen und können einen neuen Staat gründen. Eine Ameisenkönigin legt mehr als 100 Eier pro Tag. Aus den Eiern schlüpfen weiße Larven. Sie werden von den Arbeiterinnen mit Nahrung versorgt und wachsen kräftig, bevor sie sich schließlich verpuppen. Aus der Puppenhülle schlüpfen schließlich die neuen Ameisen. Diese Entwicklung heißt Metamorphose.

ERSTAUNLICH!

Ameisen besitzen eine chemische Waffe, die Ameisensäure. Mit ihren kräftigen Mundwerkzeugen beißen sie die Haut des Gegners auf, dann biegen sie ihren Hinterleib nach vorn und verspritzen die Säure. Insekten sterben daran. Bei uns löst die Säure ein Brennen auf der Haut aus.

Waldameise in Angriffsposition

Arbeiterinnen der Waldameise, zuständig für die Nahrungsbeschaffung: Die Fliege schafft eine allein, für die Wildbiene ist Verstärkung erforderlich.

Ist auch kein leichter Job: Kinderpflege bei der Schwarzen Wegameise.

AMEISEN A

DIE ROTE WALDAMEISE
Formica rufa

Rote Waldameisen leben in einem Bau, den sie aus Tannennadeln, kleinen Zweigen und Moos errichten. Bis zu 2 m hoch und genauso breit kann solch ein Haufen sein. Unter der Erde erstreckt er sich noch einmal so tief. Es gibt unzählige Kammern, die durch Gänge miteinander verbunden sind. Jede Kammer dient einem besonderen Zweck; manche sind Kinderstuben, andere Vorratsspeicher.

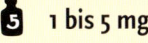 Arbeiterin 4 bis 9 mm, Drohne bis 9 mm, Königin bis 11 mm Körperlänge

 1 bis 5 mg

lichte Laub- und Nadelwälder mit sonnigen Stellen; in Europa und Kleinasien

Insekten, Larven, zuckerhaltige Flüssigkeiten

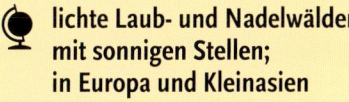 Die Königin legt tausende von Eiern in ihrem Leben.

DIE SCHWARZE WEGAMEISE
Lasius niger

Schwarze Wegameisen sind kleiner als Rote Waldameisen. Ihre Färbung reicht von schwarz über dunkelbraun bis braungrau. Sie errichtet keine großen Hügel. Ihre Nester liegen meist dicht unter der Erde.

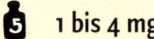 Arbeiterin bis 5 mm, Drohne 2 bis 4 mm, Königin bis 10 mm Körperlänge

 1 bis 4 mg

warme, trockene Stellen an Waldrändern, unter Holz und Steinen, in Häusern; in Europa, Asien, Afrika, Nordamerika

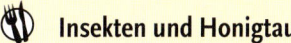 Insekten und Honigtau

 Die Königin legt tausende von Eiern in ihrem Leben.

BLUTROTE RAUBAMEISE & GRAUSCHWARZE SKLAVENAMEISE:

Sie sehen auf den ersten Blick aus wie die anderen beiden Arten! Doch die Raubameise greift zu kriminellen Methoden: Überfall und Kidnapping! Sie plündert die Brutkammern fremder Staaten und zieht die geschlüpften Ameisen zu Hilfsarbeiterinnen heran. Die Sklavenameise fällt ihr besonders häufig zum Opfer und hat daher ihren Namen.

DIE BLATTSCHNEIDERAMEISE:

Blattschneiderameisen leben in den tropischen Gebieten Amerikas. Mit ihren scharfen Mundwerkzeugen zerstückeln sie Pflanzenblätter und transportieren sie in langen Kolonnen zum Nest. Dort werden die Stückchen weiterverarbeitet und als Nährboden verwendet: Blattschneiderameisen betreiben in ihrem riesigen unterirdischen Bau eine Pilzfarm. Von dem Pilz ernährt sich die ganze Kolonie.

ERSTAUNLICH!

Ameisen mögen besonders gern Honigtau. Das sind die zuckerhaltigen Ausscheidungen von Blattläusen. Mit ihren Fühlern berühren die Ameisen die Läuse so lange, bis diese ein Tröpfchen Honigtau absondern. Als Gegenleistung werden sie von den Ameisen vor Fressfeinden beschützt.

A AMSEL

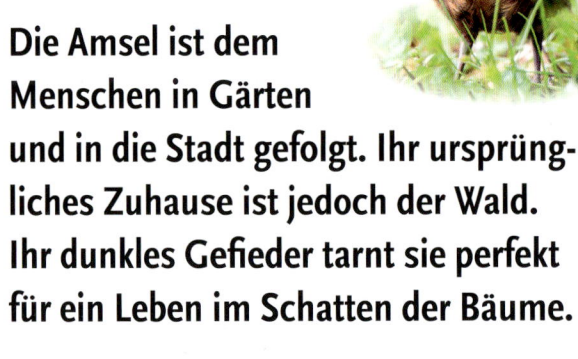
Jungvögel, gerade flügge
Amselweibchen

Die Amsel ist dem Menschen in Gärten und in die Stadt gefolgt. Ihr ursprüngliches Zuhause ist jedoch der Wald. Ihr dunkles Gefieder tarnt sie perfekt für ein Leben im Schatten der Bäume.

DIE AMSEL (SCHWARZDROSSEL)
Turdus merula

- 23 bis 27 cm Körperlänge, 37 bis 42 cm Flügelspannweite
- 85 bis 130 g
- Parks, Gärten, Waldränder, Grünflächen mit Büschen und Bäumen; in Europa, teilweise in Asien, Nordafrika, Australien
-  Würmer, Raupen, Insekten, Beerenfrüchte
- bis zu 5 Eier, 18 Tage Brutzeit, dreimal im Jahr

MERKMALE
Das Männchen hat ein schwarzes Gefieder, einen gelben Schnabel und gelbe Augenringe. Das Weibchen ist braun gefärbt, Augenringe und Schnabel sind blasser als beim Männchen. In der Vogelwelt kommt das häufig vor: Die Weibchen sind schlichter, damit sie nicht auffallen und ihren Nachwuchs ungestört aufziehen können.

LEBENSWEISE
Amseln halten sich dort auf, wo es Büsche, Bäume und Grünflächen gibt. Ein Amselpärchen beansprucht ein festes Revier. Mit seinem Gesang stellt das Männchen klar: Dieses Gebiet ist besetzt. Am liebsten singt es von Hausdächern oder Baumspitzen aus, damit man es weithin hört. Jede Amsel komponiert ihr eigenes Lied. Das Amselweibchen singt nicht.

Dieses Männchen singt von hoher Warte aus.

Frühstück bei Familie Amsel

NACHWUCHS
Amseln bauen ihre Nester in dichte Hecken oder auf Bäume. Die Weibchen legen bis zu fünf grünblaue, gesprenkelte Eier. Die kleinen Amseln sind nach drei Wochen bereits flügge. Sie bleiben aber noch eine Weile in Nestnähe. Ihre Eltern versorgen sie so lange weiterhin mit Futter. Amseln brüten zwei bis drei Mal und ziehen bis zu 15 Junge pro Jahr auf.

ERSTAUNLICH!
Mit abgespreizten Flügeln und aufgesperrtem Schnabel nehmen Amseln gern ein Sonnenbad. Vor allem während der Mauser, wenn die alten Federn ausfallen und neue nachwachsen, kann man die Vögel dabei beobachten.

BIBER B

Biber sind großartige Baumeister: Indem sie Bäume fällen und Wasser aufstauen, verändern sie eine Landschaft nach ihren Bedürfnissen.

MERKMALE
Europäische Biber haben einen gedrungenen Körper, einen breiten Kopf und graubraunes Fell. Die auffälligsten Merkmale sind die großen orangefarbenen Schneidezähne und der platte, mit Schuppen bedeckte Schwanz, Kelle genannt. Beim Schwimmen dient er als Steuer und Antrieb. An den Hinterfüßen hat der Biber Schwimmhäute zwischen den Zehen.

LEBENSWEISE
Biber errichten im Wasser ihre Burg aus Ästen, Steinen und Schlamm. Die Ein- und Ausgänge liegen zur Sicherheit alle unter Wasser. Dazu staut der Biber das Gewässer auf, indem er Dämme errichtet. Mit seinen scharfen, nachwachsenden Schneidezähnen, kann er mühelos Baumstämme durchnagen. Das Biberfell ist sehr dicht. 12 000 Haare sitzen auf jedem Quadratzentimeter des Rückens, am Bauch sind es sogar 23 000. Damit das Fell wasserdicht bleibt, fettet der Biber es sorgfältig mit einem öligen Sekret aus Drüsen an seinem Hinterleib ein. Durch den Geruch markiert er auch sein Revier.

Biberburg

NACHWUCHS
Im Inneren der Biberburg ist es warm und trocken. Hier kommen die Jungen zur Welt. Kleine Biber werden drei Monate lang von der Mutter gesäugt. Schwimmen können sie von Geburt an, doch erst mit zwei Jahren sind sie wirklich selbstständig. Dann suchen sich die jungen Biber ein eigenes Revier.

ERSTAUNLICH!
Ein Biber kann bis zu 20 Minuten lang tauchen, wobei er die Augen geöffnet hält – unter Wasser schiebt sich zum Schutz eine hauchdünne Haut davor. Nase und Ohren verschließt er, damit kein Wasser eindringt.

DER EUROPÄISCHE BIBER
Castor fiber

	80 bis 110 cm Körperlänge, bis zu 35 cm Schwanzlänge
	20 bis 30 kg
	saubere Fließgewässer mit Bäumen am Ufer; in Europa
	junge Zweige und Blätter
	1 bis 5 Junge pro Jahr, etwa 105 Tage Tragzeit

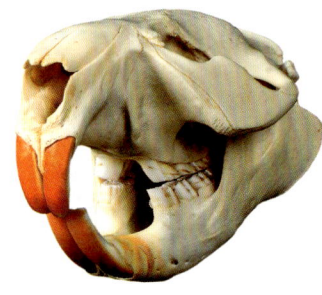

Eisenverbindungen härten und schützen die Zähne und färben sie orange.

B BIENEN

DIE EUROPÄISCHE HONIGBIENE
Apis mellifera

 Königin 15 bis 18 mm, Drohne 13 bis 16 mm, Arbeiterin 11 bis 13 mm Körperlänge

 etwa 0,1 bis 0,2 g

 Felder, Wiesen und Wälder; ursprünglich nur in Europa, heute nahezu weltweit

 Blütenpollen und Nektar

 Die Königin legt Eier, um die Aufzucht der Brut kümmern sich die Arbeiterinnen. Aus Eiern entwickeln sich über Metamorphose die Bienen.

Schon vor vielen tausend Jahren haben Menschen den süßen Honig der wilden Honigbienen für sich entdeckt. Mit der Zeit züchteten sie aus diesen Bienen unsere heutige Europäische Honigbiene.

MERKMALE

Der Körper der Honigbiene ist braun-gelb gestreift und dicht behaart. Wenn Bienen von Blüte zu Blüte fliegen, um Nektar zu sammeln, bleibt immer etwas Blütenstaub an ihnen hängen. Den streifen sie zu den Hinterbeinen. Diese haben kleine Vertiefungen, in denen sich der Pollen wie in einem Körbchen sammelt. Mit ihrer borstenreichen Zunge leckt die Biene den Nektar auf. Bienen sind reine Vegetarier.

LEBENSWEISE

Honigbienen bilden große Staaten. Sie leben in Bienenstöcken und bauen aus Wachs, den ihr Körper produziert, ein Gitter aus wabenförmigen Kammern. Ein Bienenvolk besteht aus bis zu 50 000 Bienen und einer Königin, die die Eier legt. Die männlichen Bienen heißen Drohnen. Sie sind nur für die Befruchtung der Königin zuständig und werden später verstoßen. Die meisten Bienen sind Arbeiterinnen. Sie leben etwa sechs Wochen lang und haben einen genauen Arbeitsplan: Zuerst sind sie Putzbienen, versorgen später Königin und Larven mit Futter und dürfen dann Bauarbeiten übernehmen, wenn ihre Wachsdrüsen funktionieren. Danach geht es zum Wachdienst am Flugloch. Nach drei Wochen verlassen die Arbeiterinnen den Stock, sammeln Nektar und Pollen, holen Wasser und kundschaften Nahrungsquellen aus.

Ammenbienen bei der Arbeit. Der Nachwuchs schlüpft schon.

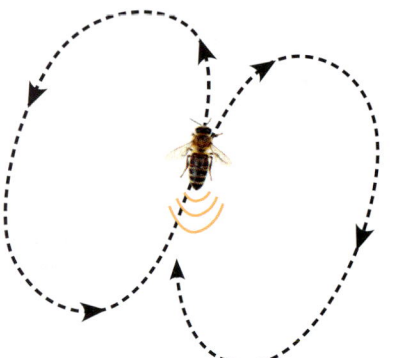

Rundtanz: Die Quelle ist nah.

Schwänzeltanz: In der Mitte, auf dem Schnittpunkt der Acht, schwänzelt die Biene mit dem Hinterleib. Dabei zeigt sie die Richtung an, in der die Quelle liegt.

TATSACHE!

Bienen haben eine eigene Sprache. Sie verständigen sich mit Duftsignalen und mit Tänzen. Hat die Spurbiene eine gute Futterquelle gefunden, teilt sie den Sammlerbienen durch die Art des Tanzes mit, wo die Quelle zu finden ist: Tanzt sie im Kreis, ist die Quelle ganz nah. Ist sie weiter weg, wird aus dem Kreis eine Acht. Aus diesem sogenannten Schwänzeltanz können die anderen die Position der Quelle ablesen.

BIENEN B

VORSICHT!

Arbeiterbienen haben einen Giftstachel. Gegen Menschen setzen sie ihn nur im Notfall ein, denn er hat Widerhaken. Beim Stich wird der Stachelapparat herausgerissen und die Biene stirbt. Manche Menschen reagieren allergisch auf das Gift. Für sie besteht sogar Lebensgefahr!

WILDBIENEN

DIE DUNKLE ERDHUMMEL:

Hummeln gehören zu den Wildbienen. Die Dunkle Erdhummel erkennst du an ihrem hellen Hinterteil. Ihre gelb-schwarze Behaarung schützt sie wie ein Fell vor Kälte. Auch Hummeln bilden Staaten, doch das Volk stirbt am Ende des Sommers ab – nur die Jungköniginnen überwintern in Erdhöhlen.

NACHWUCHS

Die Königin legt jeweils ein Ei in eine Wabenzelle. Daraus schlüpfen Larven. Diese verpuppen sich und aus den Puppen werden zunächst Arbeitsbienen. Erst im Frühsommer werden auch Drohnen und junge Königinnen aufgezogen. Bevor die neuen Königinnen schlüpfen, verlässt die alte Königin mit etwa der Hälfte der Arbeitsbienen das Nest und sucht sich eine neue Behausung (Schwarmbildung). Die stärkste Jungkönigin tötet alle Konkurrentinnen und paart sich bei ihrem Hochzeitsflug mit verschiedenen Drohnen. Sie übernimmt das alte Nest. Königinnen können bis zu fünf Jahre alt werden.

Die Königin (in der Mitte) mit Hofstaat bei der Eiablage

Eine Arbeiterbiene füllt Nektar in eine Honigkammer.

DIE ROTE MAUERBIENE:

Die Rote Mauerbiene erkennst du an der rotbraunen Behaarung. Als Einsiedlerbiene hat sie keine Königin und baut auch kein Nest. Sie legt ihre Eier einzeln z. B. in hohlen Pflanzenstängeln ab und hinterlässt Pollen als Nahrungsvorrat. Die Biene stirbt vor dem Winter, aber bis zum Frühjahr entwickeln sich die neuen Bienen.

HONIG

Bienen sammeln den süßen Blütennektar in ihrem besonderen Honigmagen. Zurück im Stock würgen sie ihn hervor und übergeben ihn an Arbeiterinnen, die die Larven füttern. Was übrig bleibt, kommt in die Vorratskammern der Waben. Der zuckerhaltige Nektar wird durch Wasserentzug immer dicker, bis schließlich Honig daraus geworden ist. Der Honig ist als Vorrat für den Winter gedacht. Deshalb nimmt ein Imker, der Bienenvölker hält, nie den ganzen Honig aus dem Stock. Außerdem versorgt er seine Bienen mit Zuckerwasser, damit sie genug Nahrung haben.

TATSACHE!

Eine Sammelbiene legt pro Tag etwa 85 km zurück und kann dabei 30 km/h erreichen. Um 100 g Honig zu produzieren, müssen die Bienen eines Stockes rund eine Million Blüten anfliegen. Ein Glas mit 500 g Honig ist das Lebenswerk von rund 170 Bienen.

Imker bei der Arbeit

Honigwaben

B BRAUNBÄR

Als Plüschteddys haben wir Bären zum Kuscheln gern. Tatsächlich sind sie Respekt einflößende Raubtiere und wie der Braunbär Spezialisten für das Überleben in einer rauen Natur.

MERKMALE
Das dicke Fell der Braunbären kann alle Tönungen von Braun haben. Manche, wie die Grizzlys (engl. für »gräulich«), sind sogar eher grau. Bären haben kurze, kräftige Beine und große Tatzen mit langen Krallen. Die Vordertatzen sind leicht nach innen gerichtet, sodass der Bär ein bisschen o-beinig aussieht. Er ist ein Sohlengänger, das heißt, er setzt die Füße mit der ganzen Sohle auf. Die kleinen Ohren sind rund, auch die Augen sind klein. Am besten ausgebildet ist der Geruchssinn.

LEBENSWEISE
Bären sind Einzelgänger. Die meiste Zeit über streifen sie allein umher und suchen nach Nahrung. Bis zum Winter muss sich jeder Bär viel Speck anfressen, denn in der kalten Jahreszeit wird Winterruhe gehalten. Das ist kein richtiger Schlaf, sondern eine Art Dämmerzustand, in dem die Tiere wenig Energie verbrauchen.

NACHWUCHS
Bärenkinder kommen gegen Ende des Winters in einer Höhle zur Welt. Meist sind es Zwillinge. Anfangs sind sie nicht viel größer als ein Meerschweinchen, blind und völlig hilflos. Die Mutter wärmt und säugt sie. Dank der nahrhaften Milch wachsen die Kleinen schnell. Die Bärin frisst in dieser Zeit nichts und lebt von ihren Fettreserven. Wenn sie im Frühling mit ihren Jungen die Höhle verlässt, ist sie abgemagert und sehr hungrig. Bei Gefahr stößt die Bärin einen Warnlaut aus, der die Bärenkinder blitzschnell auf Bäume klettern lässt. Für zwei bis drei Jahre bleiben die jungen Bären bei ihrer Mutter, bevor sie schließlich ihrer eigenen Wege gehen.

DER BRAUNBÄR
Ursus arctos

 1,80 bis 2,50 m Körperlänge, 90 bis 150 cm Schulterhöhe

 je nach Gebiet 150 bis 500 kg

 Berge, Wälder und Graslandschaften; nördlich des Äquators

 Allesfresser

 alle 1 bis 4 Jahre, meist Zwillinge, etwa 8 Wochen Tragzeit

Bloß nicht bewegen und in der Tragstarre bleiben!

Bis auf den Kodiakbären gehören alle amerikanischen Braunbären zu den Grizzlys. Die größten leben in Alaska.

REKORD!

Der größte Braunbär ist der amerikanische Kodiakbär. Aufgerichtet ist er bis zu 3 m groß. Manche Exemplare wiegen 700 kg. Kodiakbären leben auf der Kodiak-Insel vor Alaska und fressen wie die in Alaska lebenden Grizzlys am liebsten Fisch.

Kodiakbär beim Fischen

BUSSARD B

**Bussarde gehören zur Familie der Habichtartigen.
Bei uns ist der Mäusebussard der häufigste Raubvogel.**

MERKMALE
Der Bussard hat breite Flügel mit dunklen Federspitzen und einen kurzen, abgerundeten Schwanz. Sein Gefieder kann dunkelbraun, hellbraun oder fast weiß sein. Auf der Bauchseite ist es oft braun-weiß gesprenkelt. Meist hört man ihn, bevor man ihn sieht: Sein Ruf klingt wie ein lang gezogenes Miauen.

LEBENSWEISE
Der Bussard kreist über Feldern und Wiesen und hält nach Beute Ausschau. Seine Hauptnahrung sind Mäuse. Dieser Vorliebe verdankt er auch seinen Namen. Hat er eine Maus erspäht, geht er in den Sturzflug und stößt blitzschnell zu. Die Maus wird mit Haut und Haar gefressen. Unverdauliche Reste würgt der Bussard wieder heraus. Das machen alle Greifvögel. Diese Überreste, Gewölle genannt, enthalten die Knochen, Zähne oder Federn der Beutetiere.

NACHWUCHS
Einmal im Jahr bekommen Bussardeltern Junge. Das Nest liegt meist auf einem Baum am Waldrand. Das Weibchen brütet allein. Das Männchen sorgt für Futter und trägt immer wieder neues Nistmaterial herbei. Am Nest wird nämlich ständig weitergebaut. Die Eltern füttern die Küken mit kleinen Fleischstückchen, später wird die Beute im Ganzen ins Nest gelegt. Die Jungen müssen dann selbstständig fressen. 40 Tage lang bleiben sie im Nest, dann wagen sie ihren ersten Flug.

DER MÄUSEBUSSARD
Buteo buteo

- 50 bis 57 cm Körperlänge, bis 130 cm Flügelspannweite
- Männchen bis zu 800 g, Weibchen bis zu 1000 g
- offene Landschaften mit Wiesen, Feldern und angrenzenden Waldgebieten; in Europa
- Mäuse, kleine Vögel, Reptilien, Regenwürmer, Insekten
- 2 bis 3 Eier, 34 bis 42 Tage Brutzeit

VORSICHT!
Mäusebussarde holen sich auch gern überfahrene Tiere vom Straßenrand. Dabei sind sie dann aber selbst stark gefährdet. Deshalb Augen auf!

Mäusebussarde sitzen gern erhöht auf Pfosten, Zäunen oder Stromleitungen und lauern auf Beute.

Happs! Von der Beute erkennt man gerade noch ein Bein und den Schwanz.

CHAMÄLEON

Kaum ein Tier kann seine Farbe schneller wechseln als das Chamäleon. Das Panther-Chamäleon ist eines der buntesten.

DAS PANTHER-CHAMÄLEON
Furcifer pardalis

- 35 bis 55 cm Körperlänge mit Schwanz
- etwa 180 g; es gibt große Unterschiede
- Wälder, Büsche und Gärten im Norden und an der Ostküste Madagaskars
- Insekten
- etwa 40 Eier, 160 bis 320 Tage bis zum Schlüpfen

MERKMALE

Das Panther-Chamäleon kommt in einer großen Farbvielfalt vor – in Rosa, Grau, Gelb, Grün, Blau, Violett oder Rot. Es hat einen Rückenkamm, der mit vielen kleinen Spitzen gespickt ist. Wie alle Chamäleons ist es an das Leben auf Bäumen angepasst: Zehen und Finger sind so zusammengewachsen, dass sich das Tier wie mit Greifzangen festhalten kann. Der lange Schwanz lässt sich zum besseren Halt um einen Zweig wickeln.

LEBENSWEISE

Das Chamäleon bewegt sich im Schaukelgang: vor, zurück und wieder vor. Dadurch ahmt es die Bewegungen von Blättern im Wind nach. Wenn es dazu noch seine Farbe dem Hintergrund anpasst, ist es perfekt getarnt. Dieser Vorgang heißt Mimese. Mit der Farbänderung geben die Tiere aber auch Signale an Artgenossen oder reagieren z. B. auf Temperatur und Sonneneinstrahlung. Da das Chamäleon seine Augen unabhängig voneinander in alle Richtungen bewegen kann, entgeht ihm kaum etwas. Hat es ein Insekt erspäht, kommt seine Geheimwaffe zum Einsatz – die extrem lange, klebrige und am Ende verdickte Zunge. Blitzschnell schleudert es sie heraus und trifft das Insekt wie eine Keule. Die Beute bleibt daran kleben und wird sofort verschluckt.

NACHWUCHS

Chamäleons sind Einzelgänger, nur zur Paarung dulden sie Artgenossen in ihrer Nähe. Hat sich ein Weibchen mit einem Männchen gepaart, gräbt es eine kleine Höhle. Darin legt es seine Eier ab und bedeckt sie wieder mit Erde. Wenn die kleinen Chamäleons schlüpfen, sind sie sofort selbstständig.

REKORD!

Es gibt etwa 70 Chamäleonarten. Fast die Hälfte davon lebt auf Madagaskar, einer Insel vor der Ostküste Afrikas.

DACHS D

Dachse gehören zur Familie der Marder. Weil sie vorwiegend nachtaktiv sind und tagsüber schlafen, bekommen wir sie nicht sehr häufig zu Gesicht.

MERKMALE
Der Dachs hat einen schwarz-weiß gestreiften Kopf. Seine Körperoberseite ist silbergrau, Bauch, Beine und der kurze Schwanz sind dunkler. Der Körper wirkt breit und flach, der Kopf dagegen eher schmal. An den Vorderpfoten hat der Dachs kräftige Klauen, mit denen er gut graben kann.

LEBENSWEISE
Dachse graben sich weitverzweigte Höhlen in die Erde. Ein Dachsbau besitzt mehrere Ein- und Ausgänge. Am Tag verlassen Dachse ihren Unterschlupf nur selten. Sie schlafen oder ruhen sich aus. In der Dämmerung werden sie munter. Dann machen sie sich auf die Suche nach Futter.

NACHWUCHS
Im Frühjahr kommen die kleinen Dachse in einer mit Laub und Moos ausgepolsterten Höhle zur Welt. Sie sind anfangs blind und haben nur ein dünnes weißes Fell. Nach einer Woche zeigt sich die typische Dachsfärbung mit den Streifen im Gesicht. Mit etwa einem Monat öffnen die Jungen die Augen. Fast drei Monate lang werden sie von ihrer Mutter gesäugt. Wenn sie ungefähr zwei Jahre alt sind, müssen die jungen Dachse allein zurechtkommen und sich ein eigenes Revier suchen.

Junge Dachse kannst du gut auch tagsüber beobachten. Ihnen ist es viel zu langweilig zu Schlafen.

TATSACHE!
Dachse paaren sich im Hochsommer. Damit der Nachwuchs nicht im Winter zur Welt kommt, wenn es wenig zu fressen gibt, entwickelt sich das befruchtete Ei erst einmal nicht weiter. Das ist die sogenannte Keimruhe. Erst gegen Ende des Winters beginnt die eigentliche Tragzeit.

DER EUROPÄISCHE DACHS
Meles meles

 60 bis 80 cm Körperlänge, etwa 30 cm Schulterhöhe, bis 15 cm Schwanzlänge

 10 bis 20 kg

 Waldränder mit dichtem Unterholz von Europa bis Russland

 Würmer, Schnecken, Insekten, Pilze, Beeren, Eicheln, Aas

 2 bis 3 Junge, 45 Tage Tragzeit

ERSTAUNLICH!
Bei den reinlichen Dachsen liegt das selbst gegrabene Plumpsklo abseits vom Höhleneingang.

D DELFINE

Delfine leben wie Fische im Wasser, sind aber Säugetiere. Rund 40 Delfinarten gibt es weltweit. Einer der häufigsten und bekanntesten Delfine ist der Große Tümmler.

MERKMALE

Der Große Tümmler ist bläulich grau gefärbt und hat eine kurze Schnauze. Oben auf dem Kopf sitzt wie bei allen Walen und Delfinen eine runde Öffnung. Das ist das Blasloch, durch das der Delfin einatmet und die verbrauchte Luft wieder ausstößt. Unter Wasser verschließt sich das Blasloch. Auf dem Rücken des Delfins befindet sich eine sichelförmige dunkle Flosse, die Finne. Sie hilft ihm, beim Schwimmen das Gleichgewicht zu halten. Die kräftige Schwanzflosse sorgt für den Antrieb. Delfine zählen zu den Zahnwalen. Das sieht man sofort, wenn sie das Maul öffnen: Ober- und Unterkiefer sind mit kleinen, ziemlich scharfen Zähnen gespickt.

DER GROSSE TÜMMLER
Tursiops truncatus

 2 bis 4 m Körperlänge

 150 bis 350 kg

 alle Ozeane mit Ausnahme der Polarmeere

 Fische, Krebse, Tintenfische

 alle 2 bis 3 Jahre ein Junges, 1 Jahr Tragzeit

LEBENSWEISE

Delfine leben in Gruppen. Eine sogenannte Delfinschule besteht meist aus 5 bis 15 Tieren, manchmal können es sogar noch viel mehr sein. Delfine sind intelligente und sehr soziale Tiere. Sie sorgen füreinander, beschützen sich gegenseitig und versuchen, kranken oder verletzten Artgenossen zu helfen, indem sie dicht an ihrer Seite bleiben und sie zum Atmen an die Wasseroberfläche geleiten. Denn Delfine können zwar hervorragend tauchen und bis zu 15 Minuten lang unter Wasser bleiben, aber sie müssen regelmäßig Luft holen. Oft kann man Delfine dabei beobachten, wie sie hohe Luftsprünge aus dem Wasser vollführen oder auf der Bugwelle eines Schiffes reiten. Delfine haben auch eine clevere Jagdmethode entwickelt: Sie umzingeln einen Fischschwarm und treiben ihn immer enger zusammen, bis die Beute nicht mehr entkommen kann.

ERSTAUNLICH!

Große Tümmler tauchen bis zu 500 m tief. Ihre Spitzengeschwindigkeit liegt bei 45 km/h.

DELFINE D

TATSACHE!
Die klugen Meeressäuger verständigen sich über eine Vielzahl von Klicklauten, außerdem »schnattern« und »pfeifen« sie. Große Tümmler geben sich vermutlich sogar Namen in Form eines bestimmten Pfeiflautes.

DER AMAZONASDELFIN (BOTO)
Inia geoffrensis

Auch ein Delfin: Grauer Rücken, rosafarbener Bauch, ein Höcker anstelle einer Rückenflosse, eine lange, schmale Schnauze mit Tasthaaren zum Aufspüren der Beute im Schlamm, kleine, schwache Augen, die im trüben Wasser auch nicht viel sehen müssen, ein beweglicher Hals und breite Vorderflossen, die ihn zu einem wendigen Schwimmer machen, der auch Hindernissen gut ausweichen kann – das ist der Boto.

 2 bis 3 m Körperlänge

 85 bis 160 kg

 Sumpfgebiete und Seitenarme des Amazonas- und Orinoko-Flusssystems in Südamerika

 Fische, Krebstiere, Schildkröten

 1 Junges, bis 12 Monate Tragzeit

NACHWUCHS
Die Tragzeit ist bei Delfinen unterschiedlich lang. Beim Großen Tümmler beträgt sie ein ganzes Jahr. Das Junge wird unter Wasser geboren, mit dem Schwanz voran, damit es nicht ertrinkt. Es ist bereits gut 1 m groß. Die Delfinmutter und manchmal auch andere Weibchen aus der Gruppe stupsen es sofort nach oben an die Wasseroberfläche, damit es seinen ersten Atemzug tun kann. Erst danach wird das Junge unter Wasser das erste Mal gesäugt. Bis zu drei Jahre lang bleibt der kleine Delfin an der Seite seiner Mutter.

ORIENTIERUNG
Delfine orientieren sich über Echo-Ortung: Sie stoßen in schneller Folge Klicklaute im Ultraschallbereich aus, manchmal bis zu 1000 Klicks pro Sekunde. Wenn die Schallwellen auf ein Hindernis treffen, werden sie zurückgeworfen. Der Delfin kann an diesem Echo die Art, Größe und Position des Hindernisses erkennen – z. B. ob es sich um ein Schiffswrack handelt oder um einen Fischschwarm.

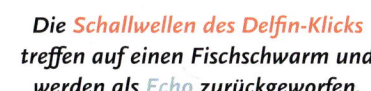

Die Schallwellen des Delfin-Klicks treffen auf einen Fischschwarm und werden als Echo zurückgeworfen.

E EICHHÖRNCHEN

Eichhörnchen gibt es in fast jedem Stadtpark. Aus dem einst nur in Wäldern lebenden kleinen Nagetier ist ein Kulturfolger geworden, der sich in der Nähe der Menschen wohlfühlt.

Manche unserer Eichhörnchen haben ein fast schwarzes Fell.

MERKMALE

Unsere Eichhörnchen können rötlich bis braunschwarz gefärbt sein. Die Körperunterseite ist hell. Im Winter halten Haarpinsel die Ohren warm. Die kräftigen Hinterbeine sind länger als die Vorderbeine – ideal zum Springen. Die gebogenen Krallen an den Pfoten geben beim Klettern Halt. Der buschige Schwanz dient beim Springen als Steuerruder und in der Nacht als wärmende Decke.

LEBENSWEISE

Kaum ein anderes Nagetier ist so ein Kletterkünstler wie das Eichhörnchen. Blitzschnell saust es Baumstämme hinauf und hinunter und springt sicher von Ast zu Ast. Mit seinen scharfen Vorderzähnen kann es selbst harte Nussschalen aufnagen. Für den Winter legt es Vorräte an und vergräbt Baumsamen in der Erde. Zur Nacht zieht sich das Eichhörnchen in seinen Kobel zurück. So heißt das Eichhörnchennest, das in einer Astgabel dicht am Stamm errichtet wird. Innen ist es mit Moos und Gräsern ausgepolstert. Eichhörnchen bauen sich meist mehrere Kobel, die sie abwechselnd nutzen.

Immer auf dem Sprung

NACHWUCHS

Kleine Eichhörnchen sind nach der Geburt blind und unbehaart, doch schon drei Wochen später haben sie ihr erstes Fell. Etwas später öffnen sie auch die Augen. Wenn Gefahr droht, trägt die Mutter die Kleinen im Maul rasch in einen anderen Kobel. Eichhörnchenweibchen können zweimal im Jahr Nachwuchs bekommen.

DAS EUROPÄISCHE EICHHÖRNCHEN
Sciurus vulgaris

- bis 24 cm Körperlänge, bis 20 cm Schwanzlänge
- 200 bis 400 g
- Wälder, Parks und Gärten in Europa und Nordasien
- Eicheln, Nüsse, Bucheckern, Zapfen, Beeren, Vogeleier, Pilze
- 1 bis 6 Junge, zweimal im Jahr, 38 Tage Tragzeit

TATSACHE!

Mittlerweile breitet sich die Verwandtschaft aus Nordamerika auch in Europa aus: Das Grauhörnchen ist größer als unser Eichhörnchen und hat es mancherorts wie in England bereits verdrängt.

EIDECHSE E

Eidechsen gehören wie die Schlangen zu den Reptilien. In Mitteleuropa ist die Zauneidechse heimisch.

MERKMALE

Die Zauneidechse hat einen langen, schmalen Körper von bräunlicher Farbe. Dazu kommen helle Längsstreifen und dunkle Flecken mit hellen Tupfen. Vor allem zur Paarungszeit im Frühjahr verfärbt sich das Männchen an der Kehle und an den Körperseiten grünlich.

LEBENSWEISE

Die Zauneidechse mag es sonnig und trocken, denn als typische Echse ist sie wechselwarm: Ihre Körpertemperatur hängt von der Umgebungstemperatur ab. Deshalb kann man Eidechsen häufig beim morgendlichen Sonnenbad beobachten. Hat die Eidechse »Betriebstemperatur« erreicht, macht sie Jagd auf Insekten und Würmer. Bei Gefahr verschwindet sie rasch in ihrem Versteck, z. B. unter Steine oder Totholz. Für den Notfall hat sie einen lebensrettenden Trick: Sie kann ein Stück von ihrem Schwanz abwerfen. Das zuckende Schwanzstück lenkt die Angreifer ab. Der gekürzte Schwanz verheilt und wächst sogar wieder ein bisschen nach. So lang wie vorher wird er allerdings nicht mehr.

NACHWUCHS

Zur Fortpflanzung sucht sich das Eidechsenweibchen eine trockene Stelle in sandigem Boden. Dort gräbt sie Löcher und legt ihre Eier darin ab. Je nach Wetter und Temperatur dauert es zwei Monate oder länger, bis die kleinen Eidechsen schlüpfen, die gleich selbstständig sind.

Eine frisch geschlüpfte Zauneidechse muss aufpassen, nicht gleich von Artgenossen gefressen zu werden.

TATSACHE!

Wie bei allen Reptilien wächst auch die Haut der Zauneidechse nicht mit, sondern muss regelmäßig abgestreift werden. Unter der alten Haut sitzt bereits die neue. Erwachsene Zauneidechsen häuten sich bis zu viermal im Jahr, Jungtiere häufiger, da sie stärker wachsen.

DIE ZAUNEIDECHSE
Lacerta agilis

 bis zu 25 cm Körperlänge mit Schwanz

 etwa 20 g

 trockenes und warmes Brachland in Mittel- und Osteuropa

 Insekten und Würmer

 5 bis 14 Eier, etwa 2 Monate bis zum Schlüpfen

E EISBÄR

DER EISBÄR
Ursus maritimus

 2,5 bis 3 m Körperlänge, bis 1,6 cm Schulterhöhe

 300 bis 700 kg

 nördliche Polarregion

 vor allem Robben, aber auch Fische, Wühlmäuse, Vögel

 meist alle 3 Jahre Zwillinge, 8 bis 9 Monate Tragzeit

WICHTIG ZU WISSEN!
Durch die Veränderung des Klimas sind Eisbären akut bedroht. Weil es immer wärmer wird, schmilzt das Eis und es bilden sich keine großen Packeisfelder mehr. Die Eisbären können dadurch nicht jagen und verhungern an Land.

Der Eisbär ist nach dem Kodiakbär der größte Bär. Seine Heimat ist die Arktis, also die nördliche Polarregion.

MERKMALE
Der Eisbär hat einen länglichen Kopf und einen langen Hals. Das dichte, wasserabweisende Fell ist gelblich weiß, die schwarze Haut darunter speichert viel Sonnenwärme. Die äußeren Fellhaare sind hohl und bieten eine zusätzliche Wärmedämmung. Auch eine bis zu 10 cm dicke Fettschicht schützt den Eisbären vor Kälte. Die breiten Tatzen verhindern das Einsinken im Schnee. Im Wasser dienen sie als Paddel. An den Vordertatzen sitzen zudem Schwimmhäute.

LEBENSWEISE
Eisbären ernähren sich hauptsächlich von Robben. Zur Jagd müssen sie hinaus auf das Packeis an der Küste. Dort kommen Robben regelmäßig zum Atmen durch ein Eisloch an die Wasseroberfläche. Manche Robben bringen ihre Jungen in Schneehöhlen zur Welt. Hat ein Eisbär eine Robbenhöhle gefunden, lässt er sich mit ganzer Kraft auf die harte Schneedecke fallen, um ein Loch hineinzubrechen und die Robbe herauszuziehen. Seine feine Nase und die scharfen Ohren helfen ihm, die Beute unter der Schneedecke aufzuspüren.

NACHWUCHS
Eisbärbabys kommen im Winter in einer Schneehöhle zur Welt. Die Schneeschicht isoliert so gut, dass die Temperatur in der Höhle um die null Grad Celsius liegt. Im arktischen Winter ist das kuschelig warm. Dank der nahrhaften Milch der Mutter wachsen die Kleinen schnell. Die Bärin lebt in dieser Zeit von ihren Fettreserven. Erst im Frühjahr verlässt sie mit ihren Jungen die Höhle. Dann muss sie dringend auf Robbenjagd gehen. Bis zu drei Jahre lang bleiben die jungen Eisbären bei ihrer Mutter.

ELEFANT E

Afrikanischer Elefant

Asiatischer Elefant

Der Afrikanische Elefant ist das größte Landsäugetier. Sein Verwandter, der Asiatische Elefant, ist etwas kleiner und hat viel kleinere Ohren.

MERKMALE

Elefanten haben eine graue, runzelige Haut und große Ohren, mit denen sie sich Luft zufächeln und über die sie überschüssige Wärme abgeben. Sie haben einen Rüssel und Stoßzähne. Afrikanische Elefanten sind die größten und schwersten. Bei ihnen tragen nicht nur die Bullen, sondern auch die Kühe Stoßzähne. Der Rüssel ist Nase und Oberlippe zugleich. Zum Trinken wird er nicht benutzt: Der Elefant saugt das Wasser damit nur an und spritzt es sich ins Maul. Die Füße sind groß und rund. Elefanten können damit fast lautlos gehen.

LEBENSWEISE

Elefanten leben in einer Herde, die von einer erfahrenen Leitkuh angeführt wird. Sie weiß, wo es Futter und Wasser gibt. Bis zu 20 Stunden am Tag verbringt ein Elefant mit Fressen. 200 bis 300 kg Gräser, Blätter und Zweige braucht ein ausgewachsenes Tier jeden Tag. Elefanten können laut trompeten, wenn sie aufgeregt sind. Bullen halten sich nur zur Paarungszeit in der Nähe der Herde auf.

NACHWUCHS

Das Elefantenbaby wiegt bei der Geburt schon rund 100 kg und ist 1 m hoch. Unter dem Bauch seiner Mutter findet es Schutz. Auch die anderen Elefantenkühe der Herde kümmern sich um das Kleine. Weibliche Kälber bleiben bei der Herde, junge Bullen verlassen sie mit etwa 12 Jahren.

ERSTAUNLICH!

Ein Elefantenrüssel enthält etwa 40 000 Muskeln. Er dient zum Riechen, Tasten und Greifen, zum Aufspüren und Aufsaugen von Wasser oder Staub, zum Drohen, Spielen oder einfach zum freundlichen »Abrüsseln« von Artgenossen.

DER AFRIKANISCHE ELEFANT
Loxodonta africana

- bis 7,5 m Körperlänge, Bullen etwa 3,5 m, Kühe bis 2,5 m Schulterhöhe
- Bullen etwa 5 t, Kühe 2 bis 3 t
- Gras- und Buschland in Afrika
- Gräser, Blätter, Zweige, Baumrinde
- 1 Junges, 22 Monate Tragzeit

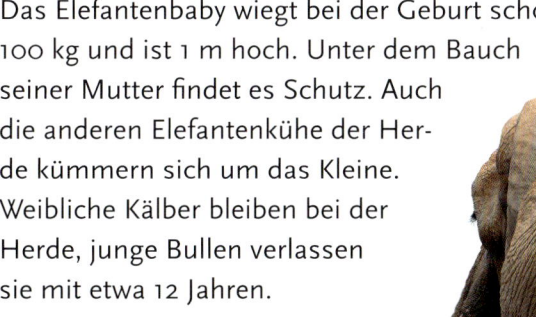

Transport und Aussicht gratis – von da oben kann der Kuhreiher gut nach Beute Ausschau halten.

29

E ENTE

Hauptsache irgendein Gewässer, dann ist die Stockente schon zufrieden. Sie ist die häufigste Ente in Europa. Von ihr stammen auch unsere Hausenten ab.

MERKMALE

Das Männchen, der Erpel, hat einen gelben Schnabel, der Kopf schillert grün, die Brust ist rotbraun. Die schwarze, aufwärts gebogene Schwanzfeder wird auch Erpellocke genannt. Das Weibchen, die Ente, ist unauffällig braun. Sowohl Ente als auch Erpel haben orangerote Beine und Füße mit Schwimmhäuten zwischen den Zehen.

LEBENSWEISE

Die Stockente zählt zu den Schwimmenten, die anders als Tauchenten zur Nahrungssuche nicht komplett abtauchen, sondern nur gründeln: Kopf und Oberkörper werden ins Wasser gesteckt, das Hinterteil zeigt in die Luft. Am liebsten frisst die Ente Wasserpflanzen und zarte Ufergräser. Damit ihr Gefieder wasserabweisend bleibt, fettet sie es mit einem öligen Sekret aus der Bürzeldrüse an ihrem Hinterteil ein.

NACHWUCHS

Nach der Paarung sucht sich die Ente eine geschützte Stelle am Ufer, wo sie brütet. Sobald die Küken schlüpfen, begrüßt die Mutter sie mit einem besonderen Lockton, dem Kontaktruf. Auf diesen Ruf sind die Küken nun geprägt: Sie hören auf ihn, bis sie erwachsen sind. Als Nestflüchter verlassen die Kleinen ihr Nest schon bald und folgen der Mutter auf der Suche nach Nahrung. Schwimmen können sie von Geburt an.

WICHTIG ZU WISSEN!

Die Stockenten verdanken ihren Namen einem alten Wort für Baumstumpf, dem »Stock«. Vor allem Weidenbäume wurden früher bis auf den Stumpf zurückgeschnitten, man sagt auch »auf den Stock gesetzt«. In solchen Baumstümpfen brüten die Enten gern.

DIE STOCKENTE
Anas platyrhynchos

- Erpel bis zu 58 cm Körperlänge, Ente etwas kleiner, 70 bis 90 cm Flügelspannweite
- Erpel bis 1400 g, Ente bis 1200 g
- Seen, Teiche, langsame Fließgewässer, auch wasserreiche Gräben; weltweit
- Wasser- und Uferpflanzen, Schnecken, Würmer
- 5 bis 12 Eier, Brutzeit 28 Tage

ESEL E

Hausesel gehören zu den ältesten Nutztieren des Menschen. Schon vor 5000 Jahren haben sie im alten Ägypten Lasten getragen und Karren gezogen.

MERKMALE
Das Eselsfell ist grau bis braun, manchmal auch schwarz. Hausesel haben eine Stehmähne, die wie eine Bürste nach oben absteht. Auf dem Rücken zeigt sich oft ein dunkler Strich, Aalstrich genannt. Die langen Ohren verraten, wie der Esel sich fühlt: Hängen sie, ist er entspannt. Sind sie aufgestellt, ist er wachsam. Zur Seite gedrehte Ohren bedeuten, dass der Esel beunruhigt ist. Mit angelegten Ohren zeigt er sich gestresst. Esel können laut schreien, ihr Ruf ist ein durchdringendes »Iaaaah«.

LEBENSWEISE
Der wilde Verwandte all unserer verschiedenen Hausesel, der Afrikanische Wildesel, hat dem Hausesel viele nützliche Eigenschaften vererbt: Er kommt länger als ein Pferd ohne Futter und Wasser aus. Seine Hufe sind hart und nutzen sich nicht so schnell ab. Er ist trittsicher und schwindelfrei. Hat ein Esel Angst, rennt er nicht davon, sondern bleibt stehen. Das hat ihm den Ruf eingebracht, störrisch zu sein. Tatsächlich wartet er ab, wie sich die Situation entwickelt.

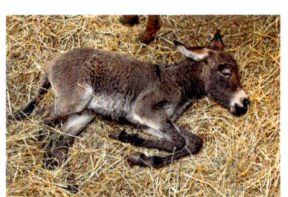

NACHWUCHS
Wenn das Eselsfohlen zur Welt kommt, wiegt es bereits etwa 10 kg. Schon kurz nach der Geburt versucht es aufzustehen. In der Wildnis ist es lebenswichtig, dass die Jungtiere schnell in der Lage sind, mit der Herde weiterzuziehen und vor Raubtieren zu flüchten. Dieses Verhalten ist auch den Hauseseln angeboren. Ein halbes Jahr lang wird der kleine Esel gesäugt. Mit etwa drei Jahren ist er erwachsen.

DER HAUSESEL
Equus asinus asinus

- je nach Rasse bis 2 m Körperlänge, 70 bis 160 cm Schulterhöhe
- je nach Rasse 100 bis 400 kg
- als Nutztier fast auf der ganzen Welt verbreitet
- Gras, Heu, Hafer, Mais
- 1 Junges, 12 bis 14 Monate Tragzeit

WICHTIG ZU WISSEN!
Esel und Pferde können zusammen Nachwuchs bekommen. Der Nachwuchs von einem Eselhengst und einer Pferdestute heißt Maultier. Ein Maulesel hat einen Pferdehengst und eine Eselstute als Eltern.

Der große, zottelige Poitou-Esel stammt aus dem Westen Frankreichs und wurde für die Feldarbeit gezüchtet. Viele Großeselrassen sind heute vom Aussterben bedroht.

EULEN

Zur Familie der Eulen gehören so unterschiedliche Vögel wie der riesige Uhu, der winzige Sperlingskauz oder die Schleiereule. Unsere häufigste Eule ist der Waldkauz.

MERKMALE

Typisch für Eulen ist das weiche, füllige Gefieder, das sie immer aufgeplustert wirken lässt. Die Federn an den Flügeln sind besonders weich. So machen sie beim Fliegen kaum ein Geräusch. Die großen Augen sind durch spezielle Sehzellen sehr lichtempfindlich. Selbst im Dunkeln können Eulen noch gut sehen. Einige Eulen wie der Uhu haben auffällige Federohren. In Wirklichkeit sind es aber keine Ohren, sondern Federbüschel. Ihre Funktion ist noch nicht endgültig geklärt; zum Hören brauchen die Eulen sie jedenfalls nicht. Die Federbüschel verraten aber etwas über die Stimmung des Vogels. Sind sie aufgestellt, ist er entspannt. Sind sie zur Seite weggeklappt, ist der Vogel konzentriert oder gestresst.

LEBENSWEISE

Eulen sind in der Abenddämmerung und in der Nacht aktiv. Den Tag verbringen sie schlafend und dösend in ihrem Unterschlupf, z. B. in einer Baumhöhle oder Felsnische. Eulen jagen vor allem Mäuse. Bei der Jagd hilft ihnen ihr ausgezeichnetes Gehör. Die Ohren liegen wie Schlitze seitlich hinter dem Gesichtsschleier. So heißt die Befiederung rund um die Augen. Der Gesichtsschleier sammelt und verstärkt den Schall. Außerdem sitzt das rechte Ohr immer etwas höher als das linke. So entsteht eine winzige Verzögerung beim Hören und verrät den Vögeln die Quelle eines Geräusches genauer. Ein Uhu kann eine Maus noch unter einer dicken Schneedecke genau orten.

NACHWUCHS

Eulen legen ihre Eier meist im Abstand von ein paar Tagen. So schlüpfen nicht alle Küken zur gleichen Zeit. Das ist typisch für viele Raubvögel.

DER UHU
Bubo bubo

Der Uhu ist die größte Eule der Welt. Er hat ein ockerfarben und rostbraun gesprenkeltes Gefieder, orangerot gefärbte Augen und große Federohren. Seinen Namen verdankt er seinem typischen »Uhu«-Ruf.

 70 cm Körperlänge, bis 170 cm Flügelspannweite

 bis 3 kg, Weibchen größer und schwerer als Männchen

 lichte Wälder, Wiesen, Felder und Felslandschaften in Europa und Asien

 Mäuse, Ratten, Kaninchen, Jungvögel

 1 bis 4 Eier, etwa 35 Tage Brutzeit

Familie Uhu

TATSACHE!

Eulenaugen sitzen nicht seitlich am Kopf, sondern vorn, und sind ganz starr. Eulen müssen den ganzen Kopf bewegen, um möglichst viel zu sehen. Der Uhu kann seinen Kopf sogar um bis zu 270 Grad drehen.

EULEN

Dank seiner scharfen Augen entgeht dem Uhu auch in der Dämmerung nicht die kleinste Bewegung seiner Beute.

Eulenkinder tragen ein flauschiges Federkleid aus weichen Daunen – so wie dieser Waldkauz-Ästling.

DER SPERLINGSKAUZ
Glaucidium passerinum

Der Sperlingskauz ist in Europa die kleinste Eulenart. Seine Oberseite ist dunkelbraun mit weißen Flecken, die Unterseite weißlich mit braunen Längsstreifen. Die Schwanzfedern kann er bei Erregung aufstellen.

- 16 bis 19 cm Körperlänge, bis 35 cm Flügelspannweite
- 60 bis 70 g, Weibchen etwas schwerer als Männchen
- Wälder mit vielen Nadelbäumen in Nord- und Osteuropa sowie in den Alpen
- Waldmäuse, kleine Vögel; legt Futterdepots an
- 3 bis 7 Eier, etwa 30 Tage Brutzeit

DIE SCHLEIEREULE
Tyto alba

Die Schleiereule verdankt ihren Namen dem herzförmigen, meist weißen Gesichtsschleier. Auf dem Rücken ist sie goldbraun, ihre Unterseite kann rostbraun bis weiß sein. Manchmal zeigen sich kleine schwarze Punkte im Federkleid.

- 33 bis 35 cm Körperlänge, Flügelspannweite bis 90 cm
- 300 bis 400 g, Weibchen etwas schwerer als Männchen
- von Menschen geprägte Landschaften mit Feldern und Wiesen in Europa; Nistplätze oft in alten Gebäuden
- Feldmäuse
- 4 bis 7 Eier, etwa 30 Tage Brutzeit

DER WALDKAUZ
Strix aluco

Wenn es in Filmen gruselig wird, hört man oft den Ruf des Waldkauzes: »Bu-hu-huuu!« Tagsüber ruht er in seiner Baumhöhle oder auf einem Ast nah am Stamm und ist dort mit seinem braun gemusterten Gefieder bestens getarnt.

- 39 bis 42 cm Körperlänge, bis 105 cm Flügelspannweite
- bis 600 g, Weibchen etwas schwerer als Männchen
- Laub- und Mischwälder, Parks und Friedhöfe; in Europa
- überwiegend Mäuse, bei Mäusemangel auch kleine Vögel und Kaninchen
- 2 bis 6 Eier, etwa 28 Tage Brutzeit

33

F FELDHASE

Feldhasen haben keinerlei Unterschlupf, sondern leben das ganze Jahr über und bei jedem Wetter im Freien.

DER EUROPÄISCHE FELDHASE
Lepus europaeus

 40 bis 70 cm Körperlänge

 3 bis 6 kg

 offene Landschaften mit Feldern und Wiesen; in Europa, Asien, Nordafrika

 Gräser, Kräuter, zarte Knospen von Sträuchern

 bis zu sechsmal im Jahr 1 bis 5 Junge, 42 Tage Tragzeit

MERKMALE
Der Europäische Feldhase hat im Sommer ein braunes Fell, im Winter ist es eher grau. Die Hinterbeine sind länger als die Vorderbeine, was lange Sprünge ermöglicht, aber auch das typische Hoppeln verursacht. Der lange Kopf ist etwas eckig, die gelblichen Augen sitzen an der Seite und stehen leicht hervor. Die langen Ohren, Löffel genannt, sind immer in Bewegung. Nur wenn der Hase sich duckt, werden sie angelegt.

LEBENSWEISE
Anders als Kaninchen graben sich Hasen keinen Bau. Bei Gefahr rennen sie blitzschnell davon, wobei sie auch noch Haken schlagen, um Verfolger abzuhängen. Als Einzelgänger kommen Hasen nur zur Paarungszeit zusammen. Die beginnt schon früh im Januar. Dann jagen sich die Häsinnen und Rammler, also die männlichen Hasen, im Spiel gegenseitig. Sie stellen sich auch auf die Hinterbeine und boxen mit den Vorderpfoten. Auf diese Weise testet das Weibchen, wie fit das Männchen ist.

NACHWUCHS
Hasenkinder kommen in einer flachen Mulde (Sasse) zur Welt. Bald nach der Geburt lässt die Häsin sie allein, damit Feinde wie Füchse oder Raubvögel nicht auf sie aufmerksam werden. Die Hasenkinder verhalten sich ganz still. Anders als Kaninchenjunge haben sie schon ein Fell, sie können sehen und im Notfall sofort flüchten. Die Häsin kommt einmal am Tag, um sie zu säugen. Nach etwa drei Wochen sind sie bereits selbstständig.

REKORD!
Feldhasen sind extrem schnell: Dank ihrer langen Hinterbeine können sie nicht nur bis zu 2 m weite Sprünge machen, sondern auch ein Spitzentempo von 70 km/h erreichen.

Hasenkinder warten ganz still in der Sasse auf ihre Mutter.

FEUERSALAMANDER F

Der Feuersalamander gehört zu einer der ältesten Tierarten der Welt, den Lurchen. Die gibt es bereits seit 300 Millionen Jahren.

MERKMALE

Der Feuersalamander hat eine schwarze Haut, die feucht glänzt und mit gelben Flecken und Streifen gezeichnet ist. Dieses Muster sieht bei jedem Tier anders aus. Bei Gefahr sondert der Feuersalamander ein giftiges Sekret aus Drüsen auf seinem Rücken und an seinen Ohren ab. Es verursacht ein Brennen auf der Haut und schreckt Fressfeinde ab. Auch die schwarz-gelbe Zeichnung signalisiert: »Ich schmecke nicht, ich bin giftig!«

Jedem sein eigenes Muster!

LEBENSWEISE

Feuersalamander leben in feuchten Laubwäldern in der Nähe eines Wasserlaufes oder eines Tümpels. Denn nur im Wasser können sie sich fortpflanzen. Salamander sind vorwiegend in der Nacht unterwegs. Tagsüber verstecken sie sich zwischen Baumwurzeln, unter Steinen oder in Felsspalten. Für die kalten Wintermonate suchen sie sich einen frostsicheren Ort unter Laub und Erde. Dort fallen sie in eine Art Starre. Während dieser Zeit verbraucht ihr Körper kaum Energie.

NACHWUCHS

Das Weibchen legt keine Eier ab, sondern bringt im Wasser kleine Larven zur Welt. Die Larven atmen über Kiemenbüschel, die seitlich am Kopf sitzen. Nach einigen Wochen bilden die Kiemen sich zurück. Die Larven bleiben aber zunächst im Wasser, wo sie sich weiterentwickeln. Wenn die Metamorphose zum Feuersalamander abgeschlossen ist, leben die Tiere an Land.

Der Alpensalamander, ein Verwandter des Feuersalamanders, bringt außerhalb des Wassers voll entwickelte kleine Jungtiere zur Welt.

ERSTAUNLICH!

Feuersalamander mögen es feucht, sie sind oft bei Regen unterwegs. Deswegen werden sie auch Regenmännchen genannt.

DER FEUERSALAMANDER
Salamandra salamandra

- bis 20 cm Körperlänge mit Schwanz
- 50 bis 55 g
- feuchte Laubwälder mit sauberen Kleingewässern; in Mittel- und Südeuropa
- Fliegenlarven, Asseln, Würmer, Käfer, Schnecken; Salamanderlarven fressen vor allem Bachflohkrebse
- 30 bis 70 Larven, 8 bis 9 Monate Tragzeit; die Entwicklung von der Larve bis zum Feuersalamander dauert etwa 2 bis 6 Monate

FLEDERMÄUSE

Hier hängt ein Braunes Langohr.

Die Fledermaus ist neben dem Flughund das einzige Säugetier, das fliegen kann. Bei uns leben der Große Abendsegler, die Zwergfledermaus und das Braune Langohr.

MERKMALE

Fledermäuse haben einen behaarten Körper, große Ohren und spitze Zähne. Zwischen ihren Hand- und Fußgelenken und zwischen den Beinen spannt sich eine hauchdünne Haut, die Flugmembran.

LEBENSWEISE

Fledermäuse sind vorwiegend in der Dämmerung und in der Nacht aktiv. Die meisten von ihnen sind Insektenfresser. Sie fangen Fliegen, Mücken und Nachtfalter. Den Tag verbringen sie ruhend in ihren Verstecken, z. B. in Höhlen, Felsspalten oder auf Dachböden.

Zum Schlafen hängen sich Fledermäuse kopfüber auf: Mit den kräftigen Krallen halten sie sich fest, ihre Flughaut legen sie wie eine Decke um sich. Eng zusammengedrängt haben es alle schön warm.

NACHWUCHS

Fledermäuse bekommen einmal im Jahr ein Junges. Die Tragzeit ist abhängig vom Wetter und vom Nahrungsangebot. Um ihr Junges zu gebären, hängt sich die Fledermaus nicht nur an den Hinterbeinen auf, sondern hält sich zusätzlich mit den Daumenkrallen fest. So bildet ihr Körper eine Art Hängematte, in der das Junge sicheren Halt findet. Die kleinen Fledermäuse werden schon in der ersten Nacht allein gelassen, wenn die Mütter zur Jagd ausfliegen. Sie drängen sich aneinander und wärmen sich gegenseitig. Jede Fledermaus erkennt ihr Kind an seinem Ruf und an seinem Geruch. Bis zum Spätsommer müssen die jungen Fledermäuse selbstständig sein und sich für den Winterschlaf ausreichend Fettreserven anfressen.

WINTERSCHLAF

Fledermäuse halten Winterschlaf. Ihre Körpertemperatur sinkt auf bis zu 4 Grad Celsius ab, der Herzschlag verlangsamt sich und der Körper verbraucht kaum noch Energie. Dennoch verlieren Fledermäuse während des Winters bis zu einem Drittel ihres Gewichts.

Große Braune Fledermaus mit Baby

DAS BRAUNE LANGOHR
Plecotus auritus

Woher diese Fledermaus ihren Namen hat, sieht man auf den ersten Blick: Ihre großen Ohren sind fast so lang wie der Körper. Beim Fliegen werden sie angelegt. Sonst wäre der Luftwiderstand zu groß.

 bis 5 cm Körperlänge, 25 bis 29 cm Flügelspannweite

 5 bis 11 g

 Mischwälder und Parkanlagen in Europa und Asien

 Insekten

 1 Junges, 45 bis 65 Tage Tragzeit

FLEDERMÄUSE   F

ERSTAUNLICH!

Fledermäuse sind im Flug so wendig wie Mauersegler und Schwalben. Und noch dazu schnell: Ihr durchschnittliches Tempo liegt bei 30 km/h, sie schaffen aber auch 50 bis 70 km/h.

Der Große Abendsegler und die Zwergfledermaus im Größenvergleich.

ORIENTIERUNG

Fledermäuse stoßen Ultraschallwellen aus, bis zu 100 Laute pro Sekunde. Treffen diese Schallwellen auf ein Hindernis, werden sie als Echo zurückgeworfen. An der Art des Echos erkennt eine Fledermaus nicht nur die Umgebung, sondern findet auch ihre Beute.

DER GROSSE ABENDSEGLER
Nyctalus noctula

Der Große Abendsegler ist unsere größte einheimische Fledermaus. Abendsegler sind teilweise schon vor Sonnenuntergang unterwegs. Man verwechselt sie leicht mit Mauerseglern oder Schwalben.

- bis 10 cm Körperlänge, bis 40 cm Flügelspannweite
- 30 bis 40 g
- Landschaften mit Bäumen und Wiesen in Europa und Asien
- Insekten
- 1 bis 2 Junge, 70 bis 75 Tage Tragzeit

DIE ZWERGFLEDERMAUS
Pipistrellus pipistrellus

Die Zwergfledermaus jagt gern in Siedlungen. Sie ist so klein, dass sie mit angelegten Flughäuten in eine Streichholzschachtel passen würde. Eine neugeborene Zwergfledermaus hat die Größe einer Biene.

- bis 5 cm Körperlänge, 18 bis 20 cm Flügelspannweite
- 3 bis 6 g
- Umgebung von Gewässern, Wald und Siedlung; in Europa
- Insekten
- 1 Junges, 40 bis 60 Tage Tragzeit

Das Langohr jagt einen Nachtfalter:
rote Schallwellen = Ortungsruf
blaue Schallwellen = Echo

F FLIEGE

DIE STUBENFLIEGE
Musca domestica

- 7 bis 10 mm Körperlänge
- etwa 2,5 bis 2,8 g
- in der Nähe von Menschen und Nutztieren, oft auch im Haus; auf der ganzen Welt
- zuckerhaltige Flüssigkeiten
- viele Eier; die Entwicklung vom Ei zur Fliege dauert etwa 2 bis 3 Wochen

Fliegen leben fast überall auf der Welt, aber keine hält sich so häufig in der Nähe des Menschen auf wie die Stubenfliege.

MERKMALE
Die Stubenfliege hat einen grauschwarz behaarten Körper. Auf der Brust trägt sie vier dunkle Längsstreifen, auf dem Hinterleib gelbliche Flecken. Sie hat sechs Beine, zwei fast durchsichtige Flügel und einen großen Kopf. Das auffälligste Merkmal sind die riesigen rotbraunen Augen. Sie bestehen aus unzähligen Einzelaugen und werden Facettenaugen genannt.

LEBENSWEISE

Die Stubenfliege lebt gern dort, wo es etwas zu essen und möglichst auch noch Mist oder Kompost gibt. Sie mag alles, was Zucker enthält, und findet fast immer einen Weg ins Haus. Ob etwas fressbar ist oder nicht, erkennt sie mittels ihrer Füße, an deren Enden empfindliche Sinneszellen sitzen. Deshalb reiben Fliegen ihre Beine auch immer wieder aneinander: Sie reinigen ihre Testwerkzeuge. Hat die Fliege etwas Fressbares gefunden, saugt sie es mit ihrem breiten Tupfrüssel einfach auf. Was nicht flüssig genug ist, verdünnt sie mit ihrem Speichel.

NACHWUCHS
Fliegen leben nur etwa 6 bis 28 Tage. In dieser Zeit produziert eine Stubenfliege bis zu 500 Eier, die sie nach und nach in Mist oder Kompost ablegt. Nach zwei bis drei Wochen ist die Metamorphose vom Ei über die Larve zur fertigen Fliege abgeschlossen. Bei sehr warmem Wetter kann es noch schneller gehen. Längst nicht alle Fliegen leben lange genug, um sich fortzupflanzen. Viele werden von Vögeln und anderen Tieren gefressen. Und den Winter überstehen nur wenige.

ERSTAUNLICH!
Fliegen sind in der Lage, über spiegelglatte Fensterscheiben oder sogar kopfüber an der Decke zu laufen. Sie fallen nicht herunter, weil sie an ihren Beinen besondere Haftballen haben, die für sicheren Halt sorgen.

FLUSSPFERD

DAS FLUSSPFERD
Hippopotamus amphibius

 3 bis 4,5 m Körperlänge, bis 1,5 m Schulterhöhe

 Bullen bis 4 t, Kühe bis 1,5 t

 an Seen und Flüssen südlich der Sahara in Afrika

 Gras

alle zwei Jahre 1 Junges, etwa 220 bis 240 Tage Tragzeit

Flusspferde gehören zu den Paarhufern und sind nicht mit den Pferden verwandt.

MERKMALE

Flusspferde haben einen rundlichen Körper, einen breiten Kopf und kurze Beine mit Schwimmhäuten zwischen den Zehen. Ihre Haut ist bräunlich und stellenweise rosa. Über besondere Hautdrüsen können Flusspferde eine farblose Flüssigkeit absondern. An der Luft färbt sich die Flüssigkeit rotbraun und sorgt wie eine Sonnencreme dafür, dass die Haut nicht verbrennt. Im Maul sitzen scharfe Eckzähne. Bei einem Flusspferdbullen können sie bis zu 50 cm lang sein.

LEBENSWEISE

Flusspferde kommen meist nachts an Land, um zu grasen. Bis zu 150 kg Gras frisst ein ausgewachsenes Flusspferd jeden Tag. Tagsüber hält es sich gern im Wasser auf. Oft schauen nur seine Ohren, Augen und Nasenlöcher heraus. Weil Flusspferde schwerer als Wasser sind, sinken sie immer auf den Grund. In tieferen Gewässern müssen sie sich alle drei bis fünf Minuten vom Boden abstoßen, um zum Atmen an die Oberfläche zu kommen. Ein Flusspferdbulle beansprucht ein festes Revier für sich, in dem sich Weibchen aufhalten. Um andere Bullen zu verscheuchen, reißt er das Maul weit auf und droht mit seinen gewaltigen Eckzähnen. Manchmal kommt es auch zu blutigen Kämpfen.

NACHWUCHS

Ein Flusspferdbaby wiegt bei der Geburt bereits 50 kg. Es kommt unter Wasser zur Welt und wird dort auch gesäugt. Das ist sicherer als an Land. Ausgewachsene Flusspferde haben keine natürlichen Feinde, aber Jungtiere können Löwen oder Hyänen zum Opfer fallen, wenn die Mutter nicht in der Nähe ist.

TATSACHE!

Wegen ihres rundlichen Körpers wirken Flusspferde plump und langsam, aber das täuscht: Sie können gut 40 km/h schnell rennen!

FRÖSCHE

Frösche gehören zu den Amphibien. Zwei der häufigsten Froscharten bei uns sind der Kleine Wasserfrosch und der Laubfrosch. Der Moorfrosch dagegen ist selten geworden.

MERKMALE

Angepasst an ihren jeweiligen Lebensraum sind unsere einheimischen Frösche braun bis grün gefärbt und gemustert. Das schützt sie vor Feinden und erleichtert die Jagd nach Beute. Frösche haben eine glatte, feuchte Haut und lange, kräftige Hinterbeine, mit denen sie weit springen können. Das laute Quaken der Männchen, das im Frühjahr zur Paarungszeit ertönt, wird über Schallblasen erzeugt. Manche Frösche haben eine, manche zwei Schallblasen. Sie locken damit die Weibchen an. Auch die Weibchen quaken. Aber viel leiser, denn sie haben keine Schallblasen.

LEBENSWEISE

Bei der Jagd nutzen Frösche ihre Tarnung. Geduldig warten sie, bis sich Insekten in ihre Nähe wagen. Sie nehmen nur Tiere wahr, die sich bewegen. Dann schnappen sie mit ihrer langen Zunge blitzschnell zu. Beim Schlucken müssen sie die Augen schließen, um die Beute mit den Augenmuskeln in den Magen zu drücken.

NACHWUCHS

Nach der Paarung im Frühjahr legt das Weibchen die Laichballen ab. Laich nennt man die Ablage vieler Eier im Wasser. Weil sie von einer klebrigen Hülle umgeben sind, haften die Eier an Wasserpflanzen und werden nicht fortgetrieben. Die Entwicklung verläuft bei allen Froscharten gleich und heißt Metamorphose.

METAMORPHOSE

Aus den Eiern schlüpfen Larven, die sich zu Kaulquappen entwickeln. Kaulquappen haben einen Ruderschwanz und atmen noch über Kiemen. Im nächsten Entwicklungsschritt bekommen sie Hinterbeine, dann Vorderbeine und schließlich Lungen. Damit sind aus den Kaulquappen Jungfrösche geworden. Noch haben sie einen Schwanz. Dieser schrumpft und verschwindet allmählich. Jetzt ist der Frosch ausgewachsen.

DER KLEINE WASSERFROSCH
Rana lessonae

Der Kleine Wasserfrosch hat eine glatte grüne Haut mit dunklen Flecken auf dem Rücken und einer hellen Mittellinie. An den Hinterfüßen sitzen Schwimmhäute. Wenn die Männchen quaken, sind hinter den Mundwinkeln ihre zwei milchig weißen Schallblasen zu sehen.

 Männchen 4,5 bis 6,5 cm
Weibchen bis 7,5 cm

 etwa 10 bis 15 g

 Teiche, Gräben und kleine Tümpel mit vielen Wasser- und Uferpflanzen; in Europa

 Insekten, Würmer

 bis zu 5000 Eier; die Metamorphose dauert etwa 5 bis 10 Wochen

Kaulquappen mit Kiemen

Laich

VOM LAICH ZUM FROSCH

Kaulquappe mit Hinterbeinen

Ausgewachsener Frosch

Jungfrosch geht an Land

ERSTAUNLICH!

Frösche sind wechselwarm. Ihre Körpertemperatur hängt von der Temperatur der Umgebung ab. Ist es warm, sind sie aktiv und munter. Ist es kalt, werden sie langsam und träge. Im Winter buddeln sie sich ein und verfallen in eine Winterstarre. Ihr körpereigenes Frostschutzmittel Glycerin verhindert, dass sich in ihrem Blut Eiskristalle bilden. So bleiben sie am Leben.

FRÖSCHE F

TATSACHE!
Weil der Laubfrosch bei Sonnenschein weiter oben im Gebüsch sitzt, bei Regen eher in Bodennähe, hat er den Beinamen Wetterfrosch bekommen. In Wahrheit klettert er aber nur den Insekten hinterher. Die halten sich bei schönem Wetter mehr in der Höhe, bei schlechtem Wetter tiefer auf.

Normalerweise ist der Moorfrosch braun gemustert und damit im schlammigen Moor bestens getarnt.

DIE EXOTEN

DER TOMATENFROSCH:
Dieser Frosch, der an eine am Boden liegende Tomate erinnert, lebt nur auf Madagaskar. Mit seinen kurzen Hinterbeinen kann er nicht gut springen – dafür aber umso besser graben. Halb eingebuddelt lauert der Tomatenfrosch auf Beute. Mäusebabys aufgepasst! Dieser Frosch hat sogar Zähne!

DER PFEILGIFTFROSCH:
Im Amazonas-Regenwald lebt eine Vielzahl kleiner, knallbunter Frösche: die Baumsteiger. Mit ihrer Farbe signalisieren sie: »Ich bin giftig!« Der giftigste unter ihnen ist der Schreckliche Pfeilgiftfrosch. Er kommt nur in Kolumbien vor. Mit seinem Gift präparierten die Chocó-Indianer früher ihre Blasrohrpfeile für die Jagd.

DER WINKERFROSCH:
Winkerfrösche leben an tosenden Wasserfällen in den Regenwäldern Südostasiens und der Philippinen. Sie müssten sehr laut quaken, um das laute Rauschen des Wassers zu übertönen. Deshalb verständigen sie sich anders: Sie winken mit den Hinterbeinen.

DER MOORFROSCH
Rana arvalis

Der seltene Moorfrosch hält sich nicht immer an den Tarn-Code: Zur Paarungszeit färben sich die Männchen für kurze Zeit blau! Ihr Quaken klingt wie ein leises Blubbern, da sie ihre Schallblasen nicht nach außen stülpen können. Sie sind innen angelegt und äußerlich nicht sichtbar.

- 5,5 bis 7 cm, Männchen haben kräftigere Vorderbeine
- 3,5 bis 8 g
- Moore, Bruch- und Auenwälder von Nordosteuropa bis Sibirien
- Insekten
- Laichballen aus bis zu 2000 Eiern; die Metamorphose dauert 2 bis 3 Monate

DER LAUBFROSCH
Hyla arborea

Der Laubfrosch hat eine grüne Oberseite und einen weißlich-gelben Bauch. Ober- und Unterseite sind durch eine dunkle Linie getrennt. Die Männchen haben nur eine Schallblase an der Kehle. Der Laubfrosch besitzt Haftscheiben an Fingern und Zehen: Deshalb kann er auf Bäume klettern.

- 3 bis 5 cm, Weibchen nur wenig größer als Männchen
- 3,5 bis 8 g
- kleine Gewässer in der Nähe von Gehölzen; in Europa
- Insekten
- Laichballen aus bis zu 100 Eiern; die Metamorphose dauert 2 bis 3 Monate

41

FUCHS

DER ROTFUCHS
Vulpes vulpes

 bis 75 cm Körperlänge,
35 bis 50 cm Schulterhöhe,
etwa 40 cm Schwanzlänge

 5,5 bis 7,5 kg

 Gebirge, Wälder, Feld- und Wiesenlandschaften, besiedelte Gebiete und Städte; in Europa, Asien sowie Nordamerika

 Mäuse, Vögel, kleine Kaninchen, Würmer, Früchte, Aas

 4 bis 6 Junge, etwa 50 Tage Tragzeit

Die Jungfüchse trauen sich aus dem Bau.

Der Rotfuchs ist sehr anpassungsfähig: Vom hohen Norden bis in den Süden ist er weitverbreitet, sogar in den Großstädten trifft man ihn.

MERKMALE
Der Rotfuchs hat ein rötliches Fell, spitze Ohren und einen buschigen Schwanz. Kehle und Bauchseite sind weißlich oder grau gefärbt, die Beine schwarz.

LEBENSWEISE
Der Fuchs ist vorwiegend in der Dämmerung und in der Nacht aktiv. Wo er sich sicher fühlt, streift er auch tagsüber umher, vor allem, wenn er Junge versorgen muss. Bei der Jagd helfen ihm seine Ohren: Der Fuchs kann hören, wo sich Mäuse verstecken. Er pirscht sich an, lauert und stürzt sich mit einem Mäuselsprung genannten Satz auf die Beute. Seine Hauptnahrung sind Feldmäuse, doch auch Aas, Regenwürmer, kleine Vögel oder Früchte werden gefressen. In den Städten durchstöbert er Abfälle nach Fressbarem.

Fuchs beim Mäuselsprung

NACHWUCHS
Die Fähe, wie das Fuchsweibchen heißt, bringt ihre graubraunen Jungen im Frühjahr in einer Erdhöhle zur Welt. Vier Wochen lang werden sie gesäugt, dann probieren sie auch andere Nahrung. Fähe und Fuchs sorgen gemeinsam für Beute. Mit etwa einem Monat verlassen die kleinen Füchse zum ersten Mal den Bau. Sie erkunden die nähere Umgebung, raufen und toben miteinander und üben spielerisch das Anpirschen, Jagen und Kämpfen. Bis zum Herbst müssen sie selbstständig sein.

Sieht aus als wäre es ernst, ist aber Spaß: Fuchskinder üben den Angriff.

ERSTAUNLICH!
Der Fuchs bewegt sich häufig in einem schnellen Trab: Er setzt die linke Hinterpfote in den Abdruck der rechten Vorderpfote und umgekehrt. Weil das so aussieht, als wären die Abdrücke wie an einer Schnur aufgereiht, sagt man, dass er »schnürt«.

GÄMSE

Gämsen sind wahre Kletterkünstler: Sie springen und klettern zwischen steilen Felsen, wo sich kaum ein anderes Säugetier hinwagt.

MERKMALE

Gämsen sehen aus wie Ziegen, sie gehören auch zur Familie der Ziegenartigen. Ihr dichtes Fell ist graubraun, auf jeder Gesichtsseite verläuft ein dunkler Strich vom Ohr über das Auge bis zur Schnauze. Auf dem Rücken ist ebenfalls ein dunkler Strich zu sehen, der Aalstrich. Sowohl Gamsböcke als auch die Geißen (Weibchen) tragen kurze Hörner, die sogenannten Krucken. Anders als das Geweih von Hirschen werden diese im Winter nicht abgeworfen.

LEBENSWEISE

Gämsen leben in Rudeln aus mehreren Geißen und ihren Jungen. Ein einzelner Gamsbock ist meist dabei. Die Rudel halten sich vorwiegend oberhalb der Baumgrenze auf. Liegt im Winter viel Schnee, ziehen sie sich in tiefer gelegene Bergwälder zurück.

NACHWUCHS

Für die Geburt sucht sich die Geiß ein Versteck zwischen niedrigen Büschen. Wenige Tage später kehrt sie mit ihrem Kitz zum Rudel zurück. Gamskitze sind schon kurz nach ihrer Geburt so trittsicher wie ihre Eltern. Der Nachwuchs eines Rudels schließt sich oft zu einem Gämsenkindergarten zusammen: Die jungen Gämsen tollen gemeinsam an den steilen Hängen herum, spielen, jagen sich und messen ihre Kräfte. Die erwachsenen Tiere warnen mit schrillen Pfeiflauten vor Gefahr: Kleine Gämsen können Steinadlern und Füchsen zum Opfer fallen.

DIE GÄMSE
Rupicapra rupicapra

- 110 bis 140 cm Körperlänge, 70 bis 80 cm Schulterhöhe
- 30 bis 45 kg
- Gebirge und Bergwälder in Europa und Kleinasien
- Gras, Kräuter, Wurzeln, Flechten und Moose
- 1 Junges, 160 bis 190 Tage Tragzeit

TATSACHE!

Gämsen können so gut klettern, weil sie gespaltene Hufe haben. Der Huf ist lang und spreizt sich, zudem ist die Sohle elastisch. So können sich die Hufe auch unebenem Boden hervorragend anpassen.

GANS

Fliegende Graugänse formieren sich am Himmel zu einem großen V. Ein Vogel fliegt immer an der Spitze. Die Gänse wechseln sich dabei ab.

Die Graugans ist in ganz Europa anzutreffen. Von ihr stammen auch unsere Hausgänse ab.

MERKMALE
Das hellgraue Federkleid der Graugans ist von dunkleren Flecken durchsetzt, wodurch es leicht gestreift aussieht. Der Schnabel leuchtet gelb bis orange. Weil Gänse Wasservögel sind, haben sie an den Füßen Schwimmhäute.

LEBENSWEISE
Graugänse sind Zugvögel. Den Winter verbringen sie in südlicheren Gegenden. Zum Brüten ziehen sie wieder in den Norden. Manche bleiben auch das ganze Jahr über in ihrem Brutgebiet, wenn sie dort genug zu fressen finden. Sie halten sich gern an Gewässern auf, die von Wiesen und Feldern umgeben sind. Dort finden sie Gräser, Kräuter und Sämereien. Untereinander verständigen sich Gänse durch verschiedene Lautäußerungen. Sie erkennen sich gegenseitig am Ruf.

DIE GRAUGANS
Anser anser

- 75 bis 85 cm Körperlänge, 150 bis 170 cm Flügelspannweite
- etwa 3,5 bis 4 kg
- Wiesen in der Nähe von Gewässern; in Europa
- Gräser, Kräuter, Sämereien
- 4 bis 6 Eier, 1 Monat Brutzeit

NACHWUCHS
Ein Gänsepaar bleibt ein Leben lang zusammen. Zur Brutzeit errichtet es ein flaches Nest aus Zweigen und Gräsern. Die Gans brütet allein. Das Männchen – der Ganter – hält Wache. Mit Zischen, Bissen und kräftigen Flügelschlägen vertreibt es jeden, der dem Nest zu nahe kommt. Die Küken heißen Gössel. Sie können schon kurz nach dem Schlüpfen schwimmen und ihren Eltern folgen. Fliegen lernen sie aber erst mit etwa fünf Monaten.

Verwandtschaftstreffen: Hausgans und Graugans

Typisch Gans: Im Gänsemarsch geht es hintereinander her.

TATSACHE!

Der Verhaltensforscher Konrad Lorenz fand heraus, dass Grauganzküken schon im Ei leise Töne von sich geben. Die Gans antwortet ihnen. So nehmen sie zueinander Kontakt auf. Nach dem Schlüpfen ist entscheidend, wen oder was die Küken als Erstes sehen. Auch ein Mensch kann die Rolle von Gänse-Eltern einnehmen, wenn er den frisch geschlüpften Gösseln auf ihren Kontaktruf antwortet. Sie sind dann auf ihn geprägt.

GIRAFFE

Das Wassertrinken ist nicht einfach, wenn man so lange Beine hat.

Die Giraffe wird von allen an Land lebenden Säugetieren am höchsten: Sie überragt sogar noch die großen Elefanten. Ihre Heimat ist Afrika.

MERKMALE

Weil die Vorderbeine der Giraffe länger als die Hinterbeine sind, fällt der Rücken nach hinten ab. Sehr lang ist auch der kräftige Hals: Gut 2 m kann er messen. Auf dem Kopf sitzen zwei zapfenartige Hörner, manchmal sogar mehr. Das cremefarbene Fell hat dunkelbraune Flecken. Jede Giraffe besitzt ihre eigene Fellzeichnung.

LEBENSWEISE

In kleinen Herden durchstreifen Giraffen die afrikanische Savanne. Dort wachsen die dornigen Akazienbäume, deren Blätter ihre Hauptnahrung sind. Dank ihrer Größe gelangen die Tiere mühelos bis in die Baumkronen. Vorsichtig streifen sie die Blätter von den dornigen Zweigen. Wie Kühe sind Giraffen Wiederkäuer. Wenn sie nicht fressen, ruhen sie sich aus und würgen dabei die Nahrung wieder hoch, um sie erneut zu kauen. So können sie die Blätter besser verdauen. Zum Trinken muss die Giraffe in die Grätsche gehen. In dieser Haltung kann sie leicht von Raubtieren angegriffen werden. Auch im Schlaf ist sie trotz ihrer Größe wehrlos. Deshalb schlafen Giraffen immer nur ein paar Minuten am Stück, pro Nacht sind es gerade einmal zwei Stunden.

NACHWUCHS

Bei der Geburt plumpst das Giraffenkind fast 2 m tief zu Boden. Die Mutter leckt es ab und stupst es an, damit es gleich aufsteht. Es muss rasch laufen und notfalls flüchten können, denn neugeborene Giraffen werden von Löwen, Hyänen und Geparden gejagt.

DIE GIRAFFE
Giraffa

- 4,5 bis 6 m Körperhöhe, 2,5 bis 3 m Schulterhöhe
- 850 bis 1500 kg
- afrikanisches Gras- und Buschland
- bis zu 60 kg Blätter am Tag
- 1 Junges, 15 Monate Tragzeit

In einem Giraffenrudel sind alle gleichberechtigt. Es gibt kein Leittier.

TATSACHE!

Obwohl der Hals der Giraffe extrem lang ist, besitzt er nur sieben Halswirbel – genauso viele wie der Hals eines Menschen. Die Wirbel der Giraffen sind aber viel größer und länger.

H HAI

Beim Walhai heißt es: Maul auf und los geht es mit dem Filtern des Meerwassers.

DER WEISSE HAI
Carcharodon carcharias

 Weibchen bis 7 m, Männchen bis 5 m Körperlänge

 700 bis 2000 kg

 Küstengewässer fast aller Meere, ausgenommen Arktis, Antarktis und Ostsee

 Fische, Krebse, Tintenfische, Waljunge, Robben

 Viele Haie wie auch der Weiße Hai sind lebend gebärend mit einigen Monaten Tragzeit; manche Haie legen Eier mit fester Eihülle.

In den Weltmeeren leben über 500 Haiarten. Die meisten Haie, auch der Weiße Hai, fressen Fische, manche ernähren sich von Plankton.

MERKMALE

Haie gibt es von ganz klein bis richtig groß. Klein ist der etwa 20 cm lange Zwerg-Laternenhai, groß sind dagegen der bis zu 14 m lange, Plankton fressende Walhai oder der bis zu 7 m lange, Fisch fressende Weiße Hai. Viele Haie haben einen ähnlichen Körperbau wie der Weiße Hai: zwei Brustflossen, eine sichelförmige Rückenflosse für das Gleichgewicht und eine Schwanzflosse als Antrieb. Die Kiemenöffnungen an der Seite sind fünf lange Schlitze. Bei den Fischfressern sitzen im Maul dreieckige Zähne mit einem gesägten Rand. Das extrem scharfe Gebiss wächst ein Leben lang nach.

LEBENSWEISE

Der Weiße Hai ist meist allein unterwegs. Er hält sich vor allem in Küstennähe auf, wo er Fische, kleine Wale oder Robben jagt. Dabei nähert er sich ihnen von unten und greift ganz plötzlich an. Kleinere Tiere verschluckt er im Ganzen, größere Beute tötet er mit einem Biss.

NACHWUCHS

Der Weiße Hai bekommt seine Jungen auf besondere Art: Nach der Paarung wachsen die kleinen Haie in Eihüllen im Mutterleib heran. Sie schlüpfen noch im Bauch der Haimutter aus der Hülle und werden als fertige kleine Haie geboren. Dann sind sie bereits 120 bis 150 cm lang.

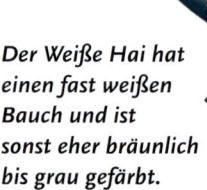

Der Weiße Hai hat einen fast weißen Bauch und ist sonst eher bräunlich bis grau gefärbt.

TATSACHE!

Viele Menschen halten Haie für gefährliche Bestien. Pro Jahr sterben aber nur etwa vier Menschen durch Haiangriffe. Umgekehrt stellt der Mensch eine viel größere Gefahr für den Hai dar. Haifischflossen gelten in manchen Ländern immer noch als Delikatesse und viele Haie verfangen sich auch als nutzloser Beifang in den Fischerei-Schleppnetzen. Deshalb steht der Weiße Hai wie viele andere Haiarten auf der Roten Liste bedrohter Tierarten.

HAMSTER H

Ob Zwerghamster, Feldhamster oder Goldhamster – alle stopfen sich bei der Nahrungssuche etwas in ihre Backentaschen.

MERKMALE
Typisches Merkmal aller Hamster sind die großen Backentaschen. Darin kann der Hamster Futter sammeln und in seinen Bau tragen – er »hamstert«. Der Feldhamster hat ein vielfarbiges Fell. Häufig ist er auf dem Rücken gelbbraun und auf dem Bauch dunkel gefärbt. Seine Pfoten sind weiß, der kurze Schwanz ist unbehaart. Zu beiden Seiten der Schnauze befinden sich lange Tasthaare, die Vibrissen. Sie helfen dem Hamster, sich auch im Dunkeln in seinem Bau zurechtzufinden.

LEBENSWEISE
Hamster sind in der Dämmerung und in der Nacht aktiv. Tagsüber schlafen sie in ihrem Bau. Der liegt ungefähr 1,5 m unter der Erde und ist weitverzweigt. Jedes Tier gräbt sich seinen eigenen Bau, den es gegen Artgenossen verteidigt. Nur zur Paarungszeit duldet es andere Hamster in der Nähe.

NACHWUCHS
Ist ein Hamsterweibchen trächtig, hamstert es besonders viel und trägt Vorräte in den Bau. Auch das Nest wird extra ausgepolstert. Hamsterbabys sind anfangs nackt und blind, suchen aber gleich nach den Zitzen der Mutter, um zu trinken. Mit etwa zwei Wochen öffen sie die Augen, mit drei Wochen sind die jungen Hamster bereits selbstständig.

Zwerghamster mit Nachwuchs

TATSACHE!
Zwischen Oktober und April hält der Feldhamster in seinem Bau Winterruhe. Bis dahin muss er rund 2 kg Körner und Samen gesammelt haben, damit er, wenn er zwischendurch aufwacht, genug zu fressen hat.

DER EUROPÄISCHE FELDHAMSTER
Cricetus cricetus

 bis 30 cm Körperlänge

 200 bis 500 g

 Felder in Mitteleuropa

 Getreidekörner, Klee, Kräuter, Zuckerrüben, Regenwürmer, Käfer

 4 bis 10 Junge, 16 bis 19 Tage Tragzeit

WICHTIG ZU WISSEN!
Unser Haustier, der Goldhamster, stammt vom wild lebenden Syrischen Goldhamster ab. Goldhamster können ganz unterschiedlich gefärbt sein. Es gibt auch Züchtungen mit langem Fell, wie etwa den Teddyhamster. Wie ihre wilden Verwandten möchten Goldhamster tagsüber ruhen. Nachts werden sie munter. Sie sind sehr aktiv und brauchen viel Bewegung. Überlege genau, ob ein Hamster wirklich das richtige Haustier für dich ist.

Teddyhamster

Goldhamster unterwegs

HEUSCHRECKE

Heuschrecken leben fast überall auf der Welt. Manche gehen in großen Schwärmen auf Wanderschaft, andere, wie der bei uns heimische Grashüpfer, sind Einzelgänger.

MERKMALE

Unser heimischer Grashüpfer ist grünlich bis bräunlich gefärbt, manchmal auch rötlich. Seine Flügel sind verkümmert und zu kurz zum Fliegen. Andere Heuschreckenarten, wie das Grüne Heupferd, besitzen lange Vorder- und Hinterflügel und können sehr gut fliegen. Alle Heuschrecken haben stark ausgeprägte Hinterbeine zum Springen und kräftige Beißwerkzeuge, die Mandibeln. Die Weibchen verfügen über eine Legeröhre am Hinterleib, die je nach Art kurz oder auch sehr lang sein kann.

Heuschrecke bei der Häutung

LEBENSWEISE

Heuschrecken halten sich auf Wiesen und in buschreichen Feldlandschaften auf. Sie können weite Sprünge machen. Der Grashüpfer hüpft 1 m weit und genauso hoch. Die Männchen werben mit lautem Zirpen um ein Weibchen. Das Geräusch entsteht, indem das Männchen mit den Kanten seiner Vorderflügel über die Hinterbeine reibt.

NACHWUCHS

Nach der Paarung bohrt das Grashüpferweibchen mit seiner Legeröhre ein Loch in die Erde und legt die Eier dort hinein. Die Larven, die daraus schlüpfen, sehen schon fast wie fertige Heuschrecken aus. Sie häuten sich mehrmals, bis sie erwachsen sind.

DER GRASHÜPFER
Chorthippus parallelus

- 1,3 bis 2 cm Körperlänge
- Wiesen, Weg- und Waldränder; in Europa, Asien, Nordafrika
- Blätter und Gräser
- Aus Eiern schlüpfen Larven, diese häuten sich fünfmal, bis sie erwachsen sind.

Egal, ob sie sich zu fliegenden oder flugunfähigen Heuschrecken entwickeln: Die Larven haben alle noch keine Flügel.

TATSACHE!

Die Fühlerlänge macht den Unterschied! Kurzfühler-Heuschrecken wie unser Grashüpfer sind meist Vegetarier. Sie fressen vor allem Gräser und Kräuter. Langfühler-Heuschrecken wie das Grüne Heupferd hingegen ernähren sich hauptsächlich von Insekten und deren Larven.

Die Fühler des Grünen Heupferdes sind so lang wie der ganze Körper. Es ist ein guter Flieger. Sei vorsichtig, wenn du es in der Hand hältst: Es kann auch kräftig zubeißen!

HIRSCH H

Der Rothirsch ist das größte Tier in unseren Wäldern. Typisch ist das mächtige Geweih, das aber nur die Männchen tragen.

MERKMALE
Der Rothirsch verdankt seinen Namen dem rotbraunen Sommerfell. Das Winterfell ist eher graubraun. Der Hirsch hat eine kurze, buschige Mähne und am Hinterteil einen hellen Fleck, den Spiegel. Männlichen Hirschen wächst jedes Jahr ein Geweih. Je älter der Hirsch ist, desto größer wird sein Geweih. Es kann bis zu 25 kg wiegen.

LEBENSWEISE
Hirschkühe und Hirsche bilden getrennte Rudel. Zur Paarungszeit im Herbst, der Brunft, streifen die Hirsche allein umher. Mit lautem Röhren fordern sie Rivalen heraus. Dann kommt es zu heftigen Kämpfen mit anderen Hirschen. Nur der Sieger darf sich mit den Weibchen eines Rudels paaren. Ungefähr im Februar verlieren die Hirsche ihr Geweih. Im Lauf des Jahres wächst ihnen ein neues.

NACHWUCHS
Das Kalb hat ein braunes Fell mit hellen Flecken. So ist es im Spiel von Licht und Schatten gut getarnt. Ausgewachsen ist es erst mit etwa vier Jahren. Männchen verlassen das Rudel aber schon mit etwa zwei Jahren und schließen sich anderen Hirschen an. Weibchen bleiben meist im Rudel der Mutter.

DER ROTHIRSCH
Cervus elaphus

- bis 2 m Körperlänge, bis 1,5 m Schulterhöhe
- 250 bis 300 kg
- Wälder mit Lichtungen; in Europa, Asien und Nordafrika
- Gräser, Blätter, Rinde
- 1 Junges, 8 Monate Tragzeit

Neugeborenes Hirschkalb

TATSACHE!
Das Hirschgeweih ist zunächst von einer samtigen, gut durchbluteten Haut umgeben, dem Bast. Während das Geweih wächst, verknöchert es und die Basthaut wird überflüssig. Deshalb reibt der Hirsch sein Geweih an Büschen und Zweigen – er »fegt«. Dann hängt die Basthaut oft in blutigen Streifen herunter.

HUHN

Hühner werden seit vielen tausend Jahren als Nutztiere gehalten. Sie liefern Eier, Fleisch und Federn.

MERKMALE
Unsere Haushühner haben einen roten Kamm auf dem Kopf und einen roten Kehllappen am Hals. Beim Hahn oder Gockel sind diese besonders ausgeprägt. Ist der Hahn aufgeregt, schwellen Kamm und Kehllappen deutlich an. Auffällig sind auch die langen, gebogenen Schwanzfedern des Hahns, die bei der Henne fehlen. An den Füßen haben Hühner scharfe Krallen. Hühner machen auffällige Kopfbewegungen, um besser sehen zu können, weil ihre Augen seitlich am Kopf liegen und sich kaum bewegen.

LEBENSWEISE
Hühner leben in Gruppen mit einer ausgeprägten Rangordnung. Das hilft, Streitigkeiten beim Fressen oder beim Nisten zu vermeiden – die ranghöheren Hühner haben den Vortritt. Mit ihren kräftigen Füßen scharren sie in der Erde nach Würmern. Zu einer Hühnerschar gehört meist ein Hahn. Er beschützt die Hennen und paart sich mit ihnen. Seine Vorrangstellung verkündet er mit lautem Krähen. Hühner fühlen sich am wohlsten, wenn sie viel Auslauf mit Erde, Gras und Büschen haben.

Pickende Hühner

NACHWUCHS
Haushühner legen fast jeden Tag ein Ei, also etwa 300 Stück im Jahr, wenn es täglich aus dem Nest entfernt wird. Bleibt es liegen, beginnt die Henne sofort zu brüten. Sie legt auch noch weitere Eier dazu. Wenn die Küken schlüpfen, lockt die Mutter sie mit einem Laut, der wie ein leises »Gluck« klingt. Deshalb wird eine Henne mit Küken auch Glucke genannt. Die Kleinen suchen von Anfang an selbst nach Futter. Bei Gefahr oder Kälte schlüpfen sie schnell unter die Flügel der Glucke.

DAS HAUSHUHN
Gallus gallus domesticus

- je nach Rasse 30 bis 40 cm Körperlänge, Zwerghühner sind kleiner
- 1,5 bis 5,5 kg; Zwerghühner nur 500 g bis 1,2 kg
- weltweit als Nutztier
- Getreidekörner, Insekten, Regenwürmer
- mehrere Eier, 21 Tage Brutzeit, die Größe des Geleges ist von Rasse zu Rasse unterschiedlich

Ein wilder Verwandter des Haushuhns: der Fasan

TATSACHE!
Alle unsere Haushuhnrassen stammen vom asiatischen Bankivahuhn ab, das heute noch wild in vielen Teilen Südostasiens lebt. Zu den Verwandten unseres Haushuhns zählen so bekannte Vögel wie Pfauen, Fasane und Rebhühner.

Ein Küken schlüpft.

Eine Glucke mit Küken

HUND

> **TATSACHE!**
> Hunde können träumen: Im Schlaf zucken sie dann mit den Läufen, sie jaulen oder bellen sogar leise.

Zur großen Familie der Hunde zählen Füchse, Kojoten, Schakale und der Wolf. Vor etwa 15 000 Jahren zogen Menschen die ersten Wolfwelpen auf und züchteten im Lauf der Zeit viele verschiedene Hunderassen.

MERKMALE

Hunde sind Zehengänger und haben stumpfe Krallen. Die Nase ist immer feucht. Der Hund leckt regelmäßig mit seiner Zunge darüber, um sie sauber zu halten. In der Nasenschleimhaut sitzen mehr als 200 Millionen Geruchszellen. Der Mensch hat höchstens 20 Millionen. Hunde hören auch viel besser als wir, sogar Töne im Ultraschallbereich. Körperbau, Größe und Fell sind je nach Rasse unterschiedlich.

LEBENSWEISE

Der Hund ist ein Rudeltier, er möchte nicht allein sein. Die Menschen, mit denen er zusammenlebt, sind sein Rudel. Hunde rennen, spielen und toben gern. Sie brauchen regelmäßig Auslauf. Untereinander und mit ihrem Menschen verständigen Hunde sich durch bellen, jaulen oder fiepen. Auch ihre Körpersprache spielt eine Rolle.

NACHWUCHS

Eine Hündin ist mehrmals im Jahr läufig, also paarungsbereit. Ihre Welpen sind anfangs völlig hilflos, sie können nicht sehen und nicht hören. Bis zu sechs Wochen lang werden sie gesäugt, dann fressen sie feste Nahrung. Für vier Monate sollte ein kleiner Hund bei seiner Mutter und seinen Geschwistern bleiben. Von ihnen lernt er, was beim Zusammensein mit anderen Hunden wichtig ist. Danach ist der Mensch für seine Erziehung verantwortlich. Mit etwa einem Jahr ist ein Hund erwachsen.

DER HAUSHUND
Canis lupus familiaris

- je nach Rasse von knapp 10 bis über 85 cm Schulterhöhe
- je nach Rasse 1 bis 70 kg
- als Begleiter des Menschen auf der ganzen Welt
- vorwiegend Fleisch
- mehrere Junge, öfter im Jahr, 60 bis 65 Tage Tragzeit

Pudel   *Border Collie*   *Langhaarcollie*

Yorkshire Terrier

Schnauzer

Jack Russell Terrier

Dalmatiner, Golden Retriever und Schäferhunde sind intelligent und lassen sich für verschiedene Aufgaben trainieren.

Der Husky sieht dem Wolf sehr ähnlich. Er ist berühmt als Schlittenhund.

Der Berner Sennenhund ist ein Hüte-, Hof- und Familienhund.

Cockerspaniels und Beagle haben feine Nasen. Cocker waren früher Stöberhunde, Beagle Meutehunde. Die kleinste Hunderasse ist der Chihuahua.

IGEL

Igel sind Tiere aus der Urzeit: Ihre frühesten Verwandten lebten bereits zur Zeit der Dinosaurier vor 65 Millionen Jahren.

DER EUROPÄISCHE BRAUNBRUST-IGEL
Erinaceus europäus

 20 bis 28 cm Körperlänge, bis 4 cm Schwanzlänge

 450 bis 1200 g

 Laubwälder, Felder, Wiesen und Gärten; in Europa

 Käfer, Regenwürmer, Nacktschnecken

 bis zu 5 Junge, etwa 35 Tage Tragzeit

MERKMALE
Das auffälligste Merkmal des Igels sind seine Stacheln, die er anlegen oder aufstellen kann. Rund 7000 Stück trägt er auf dem Rücken. Es sind eigentlich umgewandelte Haare. Sie sind 2 bis 3 cm lang und braun mit weißer Spitze. Ein richtiges Fell hat der Igel nur im Gesicht, an den Ohren und am Bauch. Es ist graubraun. Die Schnauze ist länglich und spitz, die Augen sind klein und schwarz.

LEBENSWEISE
Igel sind vorwiegend in der Dämmerung und in der Nacht unterwegs. Tagsüber schlafen sie. Bei Gefahr rollen sie sich zu einer festen Kugel zusammen und stellen die Rückenstacheln auf. Als Fleischfresser vertilgen Igel vor allem Insekten und Würmer. Weil es im Winter nicht genug Nahrung gibt, halten sie Winterschlaf. Dafür müssen sie sich Fettreserven anfressen, denn bis zum Frühjahr verlieren sie mehr als die Hälfte ihres Gewichts.

NACHWUCHS
Bei der Paarung legt das Igelweibchen seine Stacheln an, um das Männchen nicht zu verletzen. Wenn die kleinen Igel zur Welt kommen, sind ihre wenigen Stacheln – rund 100 – noch weiß und in die Rückenhaut eingebettet. Nach wenigen Tagen färben sich die Stacheln dunkler, es kommen auch immer neue hinzu. Mit dreieinhalb Wochen verlassen Igelkinder das erste Mal das Nest. Nach einem halben Jahr sind sie erwachsen.

WICHTIG ZU WISSEN!
Reisig- und Blätterhaufen, Totholzstapel oder trockene Hohlräume im Garten sind beste Winterquartiere für den Igel. Katzen- oder Hundefutter, ein ungewürztes Rührei mit ein wenig Haferflocken oder gegartes Geflügelfleisch helfen dem Igel, sich für den Winter eine Speckschicht anzufressen.

Nächtlicher Familienausflug

Das Fell des Nördlichen Weißbrust-Igels ist deutlich heller gefärbt. Er ist in Osteuropa heimisch.

ILTIS I

Der Iltis gehört zur Familie der Marder. Er ist in fast ganz Europa verbreitet.

MERKMALE

Der Europäische Iltis hat einen langen, schlanken Körper mit vier kurzen Beinen. Sein Fell ist schwarzbraun, das hellere Unterfell schimmert aber immer ein bisschen durch. Schwanz und Beine sind am dunkelsten gefärbt. Schnauze, Augenbereich und Ohrspitzen sind weiß.

LEBENSWEISE

Anders als Baum- oder Steinmarder klettert der Iltis kaum, sondern hält sich meist am Boden auf. Doch er ist ein guter Schwimmer und kann sogar tauchen. Am und im Wasser sucht er nach Fröschen und kleinen Fischen. Er wird aber erst aktiv, wenn es dunkel ist. Tagsüber ruht er sich in seinem Versteck aus. Das kann ein hohler Baumstamm sein, eine Felsspalte oder ein verlassener Kaninchenbau. Die Grenzen seines Reviers markiert der Iltis mit einem stinkenden Sekret, das er aus besonderen Drüsen unter seinem Schwanz abgibt. Auch Feinde vergrault er damit.

NACHWUCHS

Neugeborene Iltisjunge haben ein weißes Fell. Sehen können sie noch nicht, erst nach einem Monat öffnen sie die Augen. Aber sie entwickeln sich schnell: Mit drei Monaten sind junge Iltisse bereits selbstständig.

Iltiskinder erkunden die Umgebung.

Beim »Männchen machen« hat man einfach den besseren Überblick. Manche Frettchenbesitzer führen ihr Haustier wie einen Hund an der Leine aus.

DER EUROPÄISCHE ILTIS
Mustela putorius

- Männchen bis 45 cm, Weibchen bis 36 cm Körperlänge, bis 16 cm Schwanzlänge
- Männchen bis 1,5 kg, Weibchen bis 1 kg
- Waldränder und Wiesen in Gewässernähe; in Europa
- Frösche, Vögel, Mäuse, Eier
- 3 bis 6 Junge, 42 Tage Tragzeit

TATSACHE!

Vom wild lebenden Iltis gibt es eine gezähmte Haustierform: das Frettchen. Es wurde ursprünglich für die Jagd gezüchtet, um Ratten, Mäuse und Kaninchen aus ihren Löchern zu treiben. Schon vor 1300 Jahren hielt man es als Haustier.

J JAGUAR

DER JAGUAR
Panthera onca

 bis 180 cm Körperlänge,
bis 70 cm Schulterhöhe,
bis 70 cm Schwanzlänge

 Männchen 55 bis 150 kg,
Weibchen 45 bis 90 kg

 Regenwälder, Sumpf- und Buschland; in Mittel- und Südamerika

Säugetiere, Reptilien, Fische

meist 2 Junge, 100 Tage Tragzeit

REKORD!
Jaguare haben das kräftigste Gebiss aller Großkatzen, es ist doppelt so stark wie das eines Löwen. Während die meisten Raubkatzen ihre Beute durch einen Genickbiss töten, beißt ein Jaguar den Schädel des Tieres mit seinen langen Eckzähnen auf.

Der Jaguar ist die einzige Großkatze Amerikas. Er ähnelt dem in Afrika und Asien lebenden Leoparden, ist aber kräftiger gebaut.

MERKMALE
Das Fell des Jaguars ist goldgelb mit großen, ringförmigen Flecken. In den Ringen befinden sich dunkle Punkte – das unterscheidet ihn vom Leoparden, dessen Flecken außerdem kleiner sind. Nur am Kopf, im Nacken und an den Beinen sind die Flecken des Jaguars vollständig dunkel gefärbt. Im Verhältnis zur Körpergröße sind die Beine kurz, der Schwanz hat eine dunkle Spitze.

LEBENSWEISE
Jaguare sind am Tag und in der Nacht aktiv, mit langen Ruhezeiten zwischendurch. Sie verbergen sich meist im Wald, man bekommt sie deshalb nicht oft zu Gesicht. Wie alle Raubkatzen können Jaguare schnell rennen, aber ein hohes Tempo ist anstrengend für sie. Deshalb setzen sie bei der Jagd vor allem auf das Anschleichen. Zu ihrer Beute gehören größere Säugetiere, aber auch Schildkröten und Fische. Jaguare sind ausgezeichnete Schwimmer und können auch gut klettern. Sie halten sich aber seltener auf Bäumen auf als Leoparden, auch deshalb, weil sie es nicht müssen. Da sie die einzigen Großkatzen im Dschungel sind, macht ihnen keiner ihre Beute streitig.

Der Leopard ist schlanker und leichter, hat kleinere Flecken und einen längeren Schwanz als der Jaguar.

NACHWUCHS
Jaguarkinder haben bereits ein geflecktes Fell und im Gesicht schwarze Streifen. Fast zwei Jahre lang bleiben sie bei ihrer Mutter. Von ihr lernen sie alles, was sie für die Jagd und für ihr späteres Leben wissen müssen.

Wenn das Sonnenlicht auf das Fell des Schwarzen Panthers fällt, kann man erkennen, dass es sich hier tatsächlich um einen Jaguar handelt. Ebenso gibt es aber auch schwarze Farbvarianten des Leoparden.

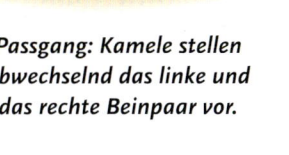
1 Höcker = Dromedar

KAMEL K

Wie viele Höcker hat ein Kamel? Die afrikanischen Dromedare haben einen, die Trampeltiere aus Asien zwei. Beide sind Kamele.

Passgang: Kamele stellen abwechselnd das linke und das rechte Beinpaar vor.

MERKMALE

Einhöckrige Kamele haben ein kurzes braunes Fell, einen langen Hals und einen Höcker auf dem Rücken. Die Beine sind lang, die Füße haben jeweils zwei Zehen. Der Schwanz endet in einem Haarbüschel. Die Ohren sind klein, die Augen von langen Wimpern umgeben. Die Oberlippe des Kamels ist gespalten.

LEBENSWEISE
Kamele sind auf das Überleben in der Wüste spezialisiert. Sie können Nasenlöcher und Augen verschließen, um sich vor Sandstürmen zu schützen. Zur Not kommen sie lange ohne Nahrung und Wasser aus. Ihr Höcker enthält Fett, von dem sie zehren, wenn es nichts anderes gibt. Das Trampeltier kann in seinen beiden Höckern bis zu 200 kg Fett speichern. Wenn Kamele auf eine Wasserquelle stoßen, trinken sie auf Vorrat bis zu 150 Liter Wasser auf einmal!

NACHWUCHS
Vor der Geburt sondert die Kamelstute sich von der Herde ab und sucht sich einen ungestörten Platz. Das Fohlen ist kurz nach der Geburt bereits in der Lage, auf eigenen Beinen zu stehen. Es versucht sofort, bei der Mutter Milch zu trinken. Bald darauf kehren Stute und Fohlen zur Herde zurück.

Neugeborenes Trampeltier

DAS DROMEDAR (EINHÖCKRIGES KAMEL)
Camelus dromedarius

 bis 3,5 m Körperlänge, bis 2,5 m Schulterhöhe, bis 50 cm Schwanzlänge

 450 bis 650 kg

 Wüstenlandschaften in Nordafrika und Arabien

 Gräser, Blätter

 etwa alle 2 Jahre 1 Junges, 12 Monate Tragzeit

Ohne Kamele hätten Menschen früher nicht die Wüsten durchqueren können. Wegen ihres schaukelnden Gangs nennt man sie auch »Wüstenschiffe«.

2 Höcker = Trampeltier

Das Trampeltier hat besonders im Winter ein langes, dichtes Fell, denn in seiner asiatischen Heimat kann es sehr kalt werden.

Das Guanako, die Wildform des Lamas

TATSACHE!
Zur Familie der Kamele gehören auch die Lamas aus Südamerika. Sie sind viel kleiner als ihre Verwandten aus der Wüste und haben keine Höcker. Das Lama wurde aus dem wild lebenden Guanako gezüchtet. Lamas können spucken – keinen Speichel, sondern Mageninhalt. Sie spucken aber selten Menschen an, sondern halten auf diese Weise Artgenossen fern.

KÄNGURU

Ruhendes Rotes Riesenkänguru

Kängurus sind Beuteltiere, die in Australien und Neuguinea leben. Das größte ist das Rote Riesenkänguru.

MERKMALE
Kängurus bewegen sich hüpfend vorwärts und können dank ihrer langen, sehr kräftigen Hinterbeine große Sprünge machen. Bei langsamem Tempo benutzen sie ihren Schwanz wie ein fünftes Bein. Der Schwanz des Roten Riesenkängurus kann sogar das gesamte Körpergewicht tragen. Am Bauch der Weibchen befindet sich ein Beutel, in dem die Kängurukinder heranwachsen.

DAS ROTE RIESENKÄNGURU
Macropus rufus

- bis 1,50 m Körperlänge, bis 1,20 m Schwanzlänge
- 30 bis 90 kg
- Steppe und Buschland mit Bäumen in Australien
- Gräser, Kräuter, Blätter, Rinde
- 1 Junges, 33 bis 35 Tage Tragzeit, Beuteltragzeit etwa 8 Monate

LEBENSWEISE
Kängurus besiedeln Regenwälder, Gras- und Buschländer sowie trockene Gebiete wie Steppen. Alle Kängurus sind Pflanzenfresser. Bis zu sieben Stunden am Tag sind sie mit Fressen beschäftigt. Während der größten Tageshitze ruhen sie sich im Schatten von Bäumen aus. Während der Paarungszeit liefern sich die Kängurumännchen teils heftige Boxkämpfe um die Weibchen. Ihre wichtigste Waffe sind aber ihre kräftigen Hinterbeine. Im Notfall kämpfen sie mit heftigen Tritten. Der Tritt eines Roten Riesenkängurus kann dem Angreifer den Bauch aufreißen und ihn töten.

Boxkampf zweier Kängurumännchen

NACHWUCHS
Das Rote Riesenkängurubaby ist bei der Geburt nur 2,5 cm groß. Es findet allein den Weg in den Beutel der Mutter, wo es sich gleich eine der vier Zitzen sucht und zu trinken beginnt. Im Beutel ist das Kleine vor allen Gefahren geschützt und kann in Ruhe wachsen. Etwa 150 Tage dauert es, bis das kleine Känguru zum ersten Mal neugierig heraus in die Welt schaut. Dann kann noch ein Monat vergehen, bis es sich ganz aus dem Beutel herauswagt und eigene Sprünge macht.

TATSACHE!
Rote Riesenkängurus springen bis zu 9 m weit und mehr als 2,5 m hoch. Sie erreichen Spitzengeschwindigkeiten von bis zu 85 km/h. Aber die Tiere können nicht rückwärts laufen!

Das Derby-Wallaby ist die kleinste Känguru-Art.

Nach den im Dunkeln leuchtenden Augen der Katze ist der Reflektor an deinem Fahrrad benannt: »Katzenauge«.

KATZE K

Löwe, Tiger, Jaguar: Bei so einer wilden Familie muss man sich nicht wundern, dass auch unserer Hauskatze das Jagen im Blut liegt. Tagsüber döst sie meist vor sich hin und sieht aus, als könnte sie kein Wässerchen trüben. Doch nachts geht sie auf Streifzug.

MERKMALE

Katzen schleichen sich auf leisen Sohlen an, können aber blitzschnell ihre Krallen ausfahren. Um sie zu schärfen, aber auch als Revierzeichen, kratzen Katzen an Bäumen und in der Wohnung leider auch an Möbeln. Ihre Augen sind an das Licht der Dämmerung angepasst: Bei Helligkeit sind die Pupillen nur ein Schlitz, bei Dunkelheit werden sie groß und rund, um den kleinsten Lichtrest einzufangen. Zudem haben Katzen hinter der Netzhaut eine Art Spiegelschicht, die das Dämmerlicht zurückwirft und verstärkt. Lange Tasthaare an der Schnauze (Vibrissen) helfen der Katze, sich im Dunkeln zu orientieren.

LEBENSWEISE

Hauskatzen verbringen fast zwei Drittel des Tages mit Ausruhen, Dösen und Fellpflege. Mit ihrer rauen Zunge lecken sie Schmutz und Staub aus dem Fell. Das Gesicht reinigen sie, indem sie ihre Pfoten mit Speichel anfeuchten und sich damit über Kopf und Ohren streichen. Spielen ist für Hauskatzen wichtig, denn es ersetzt die Jagd. Katzen, die nach draußen dürfen, bringen manchmal eine Maus oder einen Vogel mit nach Hause.

»Katzenwäsche«

NACHWUCHS

Katzenbabys haben schon ein Fell, sind aber noch blind. Erst nach zehn Tagen öffnen sie ihre Augen. Sie trinken Milch bei der Mutter und wachsen schnell. Mit neun Monaten können sie bereits selbst Nachwuchs haben.

ERSTAUNLICH!

Katzen verfügen über einen Reflex, der ihnen oft das Leben rettet: Bei einem Sturz aus größerer Höhe drehen sie sich im Fallen so, dass sie auf allen vier Pfoten landen. Ein Sturz oder Sprung aus sehr großer Höhe ist aber trotzdem lebensgefährlich. Manchmal muss die Feuerwehr Katzen von Bäumen retten, weil sie zwar hinauf-, aber nicht wieder hinunterklettern können.

DAS HAUSKATZE
Felis silvestris catus

- 40 bis 50 cm Körperlänge, 30 bis 35 cm Schulterhöhe, 30 cm Schwanzlänge
- im Durchschnitt 4 bis 7 kg
- als Haustier auf der ganzen Welt
- Fleisch und Fisch
- 3 bis 6 Junge, 65 Tage Tragzeit

WICHTIG ZU WISSEN!

Katzen miauen, sie haben aber noch andere Ausdrucksmöglichkeiten: Sie schnurren, wenn sie sich wohlfühlen. Bei Belästigung fauchen sie. Wenn sie dazu noch einen Buckel machen und den Schwanz steif nach oben recken, heißt das: Vorsicht!

K KOALA

Junger Koala beim Klettern

Koalas leben in Australien. Obwohl sie auch Koalabären genannt werden, gehören sie nicht zu den Bären, sondern sind Beuteltiere, die auf Bäumen leben.

MERKMALE
Koalas haben ein graues Fell, große, plüschige Ohren und eine dicke, dunkel gefärbte Nase. Das Brustfell ist weißlich. An den Greifhänden sitzen scharfe Krallen, mit denen die Tiere gut klettern können. Im Beutel am Bauch der Mutter wachsen die Koalajungen heran.

LEBENSWEISE
Koalas ernähren sich von Eukalyptusblättern und leben in Wäldern mit vielen Eukalyptusbäumen. Am Boden halten sie sich selten auf, denn dort lauern viele Gefahren. Dingos, die australischen Wildhunde, Warane und Schlangen machen Jagd auf sie. Weil sie sich langsam bewegen und Straßen nicht schnell überqueren, werden sie leicht von Autos überfahren. Als nachtaktive Tiere verschlafen Koalas den größten Teil des Tages auf ihrem Lieblingsbaum.

NACHWUCHS

Das Koalaweibchen bringt ein nur 2 cm großes Junges zur Welt. Das Kleine krabbelt sofort in den Beutel der Mutter, wo es geschützt heranwachsen kann. Nach 22 Wochen schaut es zum ersten Mal aus dem Beutel. Noch etwas später klettert es auf den Rücken der Mutter und lässt sich von ihr huckepack tragen. Erst mit etwa 18 Monaten sind Koalas erwachsen.

DER KOALA
Phascolarctos cinereus

- 60 bis 84 cm Körperlänge
- 5 bis 12 kg
- Eukalyptuswälder Australiens
- Eukalyptusblätter, einige andere Blätter
- 1 Junges, 35 Tage Tragzeit, Beuteltragzeit etwa 7 Monate

Vom Beutel auf den Rücken

TATSACHE!
Koalas sind Feinschmecker: Von den 500 Eukalyptusarten, die in Australien gedeihen, fressen sie nur etwa 70. Sie wählen die Blätter sorgfältig aus. Das ist wichtig, denn Eukalyptus enthält Giftstoffe. Koalas können davon eine bestimmte Dosis zu sich nehmen, aber zu viel vertragen auch sie nicht.

KREUZOTTER

Die Kreuzotter ist eine Giftschlange. Ihren Namen verdankt sie der dunklen Zeichnung auf ihrem Rücken, die an ein Kreuz- oder Zickzackmuster erinnert.

MERKMALE

Die Kreuzotter gehört zu den Vipern. Deren Kennzeichen sind die Pupillen, die tagsüber einen senkrechten Schlitz bilden. Kreuzottern können sehr unterschiedlich gefärbt sein – hellgrau, sandfarben, bräunlich oder fast schwarz. Typisch ist das kreuzförmige Zickzackmuster auf dem Rücken.

WICHTIG ZU WISSEN!

Das Gift der Kreuzotter ist für Menschen in der Regel nicht gefährlich. Die Schlangen sind außerdem sehr scheu. Sie spüren geringste Erschütterungen im Boden und verschwinden sofort in ihrem Versteck.

Unterschiedliche Färbungen der Kreuzotter

DIE KREUZOTTER
Vipera berus

 50 bis 80 cm Körperlänge

 etwa 100 bis 200 g

 Waldränder, Moore, Heideflächen, Feuchtgebiete, Bergwiesen; in Europa und Asien

 Mäuse, Eidechsen, Frösche

 etwa alle 2 Jahre 5 bis 15 Junge

LEBENSWEISE

Kreuzottern suchen sich Verstecke unter Steinen oder in verlassenen Mäusebauen. Wie alle Schlangen sind sie wechselwarm, ihre Körpertemperatur hängt von der Umgebungstemperatur ab. Am Morgen muss die Schlange sich erst aufwärmen, bevor sie jagen kann. Sie lauert ihrer Beute auf und beißt blitzschnell zu. Das Beutetier läuft oft noch weg, doch das Gift wirkt rasch. In aller Ruhe folgt die Kreuzotter der Duftspur der Beute und verschlingt diese mit dem Kopf voran.

Giftzähne der Kreuzotter

Eine Kreuzotter nach der Häutung

NACHWUCHS

Treffen zwei Männchen aufeinander, kämpfen die Rivalen, indem sie sich aufrichten und versuchen, sich mit dem Körper gegenseitig zu Boden zu drücken. Das schwächere Männchen gibt irgendwann auf, das stärkere kann sich mit einem Weibchen paaren. Bei der Geburt sind die kleinen Kreuzottern voll entwickelt und nur von der Eihülle umgeben, in der sie im Mutterleib herangewachsen sind. Die kleinen Schlangen zerreißen sie. Bald darauf häuten sie sich das erste Mal. Schlangen müssen sich immer wieder häuten, weil ihre Haut nicht mitwächst.

In den Alpen leben pechschwarze Kreuzottern. Man nennt sie auch Höllenottern.

KROKODIL

Krokodile gehören zu den ältesten Tieren auf unserer Erde: Es gibt sie schon seit etwa 230 Millionen Jahren. Das größte heute lebende Krokodil ist das Leistenkrokodil.

DAS LEISTENKROKODIL
Crocodylus porosus

 Weibchen bis zu 3 m, Männchen mehr als 5 m Körperlänge mit Schwanz

 250 bis 1000 kg

 Meer- und Brackwasser in Australien und Südostasien

 Amphibien, Reptilien, Säugetiere, Vögel; kleine Leistenkrokodile fressen auch Insekten.

 bis zu 80 Eier, etwa 3 Monate Brutzeit

MERKMALE
Der Körper ist lang und flach, die vier Beine sind kurz. An den Hinterfüßen sitzen Schwimmhäute zwischen den Zehen. Der kräftige Schwanz ist seitlich abgeflacht. Er treibt das Krokodil beim Schwimmen an und dient als Steuerruder. Krokodile haben einen Schuppenpanzer aus Hornplatten und werden auch Panzerechsen genannt. Im Maul sitzen bis zu 70 kegelförmige, scharfe Zähne, die in seinem bis zu 70 Jahre langen Leben nachwachsen. Die V-förmige Schnauze des Krokodils ist vorn abgerundet, aber schmaler als die eines Alligators.

LEBENSWEISE
Das Leistenkrokodil ist ein Salzwasserkrokodil. Es lebt sowohl im Meer als auch im Brackwasser von Flussmündungen und Sümpfen. Brackwasser entsteht, wo Meer- und Süßwasser sich mischen. Unbeweglich lauert das Krokodil auf Beute. Es kann fast senkrecht aus dem Wasser schnellen und zuschnappen. Größere Säugetiere zieht es unter Wasser, sodass sie ertrinken. Auch die Nilkrokodile Afrikas jagen auf diese Weise und erbeuten dabei sogar Antilopen oder Zebras.

NACHWUCHS
Das Krokodilweibchen schichtet für seine Eier einen Nesthügel aus Zweigen und Blättern auf. Beim Verrotten der Pflanzenteile entsteht Wärme. So werden die Eier im Innern des Hügels ausgebrütet. Das Weibchen hält in der Nähe Wache. Sind die kleinen Krokodile geschlüpft, machen sie durch quäkende Laute auf sich aufmerksam. Die Mutter trägt die Jungen vorsichtig im Maul zum Wasser und beschützt sie noch etwa zehn Wochen vor Feinden.

Nilkrokodil mit Baby im Maul

Ein Leistenkrokodil schnellt aus dem Wasser.

ERSTAUNLICH!
Bei Krokodilbabys hängt das Geschlecht von der Bruttemperatur ab: Bei Temperaturen von 28 bis 31 Grad Celsius entwickeln sich Weibchen, von 31 bis 34 Grad Celsius werden es Männchen.

Nachwuchs beim Leistenkrokodil

KRÖTE K

Kröten bewegen sich im Schreitgang und hüpfen nur im Notfall. Ihnen fehlen die starken Muskeln der Frösche.

Kröten gehören zu unseren häufigsten Amphibien. Weitverbreitet ist die Erdkröte.

MERKMALE
Die Erdkröte ist auf der Oberseite bräunlich gefärbt. Auf ihrer Rückenhaut sitzen viele kleine Warzen. Der Bauch ist weißlich und manchmal grau gesprenkelt. Die Erdkrötenmännchen besitzen keine äußere Schallblase wie die Frösche und können deshalb nur leise quaken.

LEBENSWEISE
Erdkröten sind in fast allen Lebensräumen anzutreffen, in denen es flache Gewässer gibt, sogar im Gebirge bis in 2000 m Höhe. Ihre Nahrung besteht aus Würmern und anderen kleinen Tieren, die im Boden leben. Den Winter verbringen sie unter Steinen oder in Erdhöhlen.

NACHWUCHS
Im Frühjahr verlassen die Kröten ihr Winterquartier und wandern zu ihren Laichgewässern. Hat ein Männchen ein Weibchen gefunden, umklammert es seine Partnerin. Manchmal lässt es sich von ihr huckepack bis zum Wasser tragen. Dort legt das Weibchen seine Eier ab, die vom Männchen befruchtet werden. Die Eier sind durch eine durchsichtige Eiweißhülle zu einer Art Schnur verbunden. Diese Laichschnüre heftet das Weibchen an die Stängel von Wasserpflanzen. Aus den Eiern schlüpfen Larven, aus denen Kaulquappen werden. Die Kaulquappen entwickeln sich zu kleinen Erdkröten. Dann verlassen sie das Wasser und leben an Land weiter.

Aus Kaulquappen werden kleine Kröten.

Krötenpaar auf dem Weg zum Laichgewässer

VORSICHT!
Aus Hautdrüsen kann die Erdkröte ein giftiges Sekret absondern. Es schreckt Fressfeinde ab. Für den Menschen ist das Gift ungefährlich, dennoch sollte man sich die Hände waschen, wenn man eine Kröte berührt hat.

DIE ERDKRÖTE
Bufo bufo

- Männchen etwa 9 cm, Weibchen etwa 12 cm Körperlänge
- Männchen 30 bis 50 g, Weibchen 50 bis 100 g
- Wiesen und Felder mit Gehölzen, Wälder mit Unterholz, Laichgewässer in der Nähe; in Europa
- Bodentiere wie Würmer und Asseln, Schnecken
- Aus 3000 bis 6000 Eiern entwickeln sich durch Metamorphose kleine Kröten.

WICHTIG ZU WISSEN!
Hast du schon einmal so einen Zaun am Straßenrand gesehen? Das ist ein Krötenrettungszaun. Die Kröten nehmen auf ihrem Weg zu den Laichgewässern immer den direkten Weg. Stoßen sie auf ein Hindernis, suchen sie einen Durchschlupf. Sie setzen ihren Weg am Zaun fort, bis sie in einen Sammeleimer fallen, der dann von Helfern über die Straße getragen wird.

Krötenzäune verhindern Unfälle.

K KUCKUCK

Den Ruf des Kuckucks kennt wohl jeder, aber nur wenige haben den scheuen Vogel schon einmal gesehen.

MERKMALE
Der Kuckuck hat einen mittelgrauen Kopf und eine mittelgraue Brust. Seine Unterseite sieht aus wie quer gestreift. Der Rücken ist dunkelgrau bis braun. Schnabel, Füße und Augen sind gelb. Weibchen haben meist eine gelbliche Brust mit dunklen Querbändern. Gelegentlich kommen sowohl Weibchen als auch Männchen mit rotbrauner Färbung vor.

LEBENSWEISE
Der Kuckuck legt jährlich bis zu 7000 km zurück, um von seinem Winterquartier in Südafrika in sein Brutgebiet im Norden und wieder zurück zu ziehen. Mit ihren Kuckuck-Rufen suchen die Männchen nach Weibchen. Kuckucksweibchen passen die Färbung ihrer Eier den Eiern der Wirtsvögel an. Damit sie nicht immer wieder andere Eier legen müssen, ist jedes Kuckucksweibchen auf eine bestimmte Vogelart eingestellt.

NACHWUCHS
Das Weibchen legt seine Eier in fremden Vogelnestern ab, sobald diese für einen Moment unbewacht sind. Es legt immer nur ein Ei pro Nest und entfernt dafür ein bis zwei Eier der Wirtsvögel. Die fremden Vogeleltern merken nichts. Sie brüten das Kuckucksei mit aus. Sobald die Ersatzeltern unterwegs sind, um Futter herbeizuschaffen, stößt das Kuckucksjunge alle anderen Eier aus dem Nest, denn es braucht viel Platz und Futter für sich allein.

DER KUCKUCK
Cuculus canorus

- etwa 34 cm Körperlänge, bis 63 cm Flügelspannweite
- bis 120 g
- Landschaften mit Hecken, Bäumen, kleinen Gehölzen in Europa und Asien (Überwinterung in Afrika)
- Insekten, Würmer, Raupen, Spinnen
- insgesamt rund 20 Eier, 1 Ei pro Nest, etwa 12 Tage Brutzeit

Neben dem Teichrohrsänger wählt das Kuckucksweibchen am häufigsten Hausrotschwänze, Heckenbraunellen, Bachstelzen, Rotkehlchen und Dorngrasmücken als Pflegeeltern.

Kuckucksei im Nest des Teichrohrsängers

Kuckucksmännchen

Der Sperber im Vergleich

Teichrohrsänger füttert Jungvogel

TATSACHE!
Der Kuckuck ähnelt ein bisschen dem Sperber. Das ist ein Trick: Die zukünftigen Pflegeeltern halten ein sich näherndes Männchen für einen Greifvogel und springen vom Nest, um es zu verteidigen. Diesen Moment nutzt das Kuckucksweibchen, um die Eier auszutauschen.

LACHS

Wie Aale sind auch die Lachse Wanderfische: Der Atlantische Lachs zieht aus dem Atlantik in die Flüsse Europas und Nordamerikas, um sich fortzupflanzen.

MERKMALE

Der Atlantische Lachs ist auf dem Rücken grüngrau und an den Seiten silbrig mit dunklen Punkten. Der Bauch ist weiß. Zur Laichzeit verändert sich das Aussehen, dann ist der Rücken von einem dunklen Blaugrün, während die Seiten fast orangerot leuchten. Bei den Männchen verformt sich außerdem der Unterkiefer zum sogenannten Laichhaken.

Männchen mit »Laichhaken«

LEBENSWEISE

Der Atlantische Lachs verbringt den größten Teil seines Lebens im Nordatlantik. Ähnlich wie der Aal legt er zweimal in seinem Leben eine weite Reise zurück: Von seinem Geburtsfluss zieht er ins Meer und Jahre später wieder zurück, um sich fortzupflanzen. Dabei überwinden die Fische sogar Stromschnellen und Wasserfälle. Ein gesunder Lachs kann bis zu 3 m hoch springen! Die Rückreise an seinen Geburtsort ist anstrengend und dauert bis zu einem Jahr. In dieser Zeit frisst er nicht, sondern lebt von Fettreserven. Nach der Fortpflanzung ist das Lachsleben dann meist zu Ende: Die Lachse sterben erschöpft.

NACHWUCHS

Das Weibchen wühlt eine Mulde in den kiesigen Flussgrund und legt den Laich hinein. Das Männchen gibt seinen Samen dazu. Dann werden die Eier mit Kies bedeckt. Je nach Wassertemperatur dauert es einige Monate, bis die ersten Larven schlüpfen. Nach zwei bis drei Jahren wandern die Junglachse Richtung Meer und weiter in den Nordatlantik, wo sie einige Jahre leben, bevor sie sich auf die Rückreise zu ihrem Geburtsort machen, um sich ebenfalls fortzupflanzen.

Junglachs

DER ATLANTISCHE LACHS
Salmo salar

- bis zu 1,5 m Körperlänge
- etwa 30 kg
- Atlantik; zum Laichen Rückkehr in die Flüsse (Europa, Nordamerika)
- Krebse und kleine Fische
- Aus bis zu 30 000 Eiern schlüpfen Larven, die sich über Metamorphose zu Lachsen entwickeln.

Lachszucht in Norwegen

Lachse können hoch springen und auf ihrer Wanderung gegen den Strom sogar Wasserfälle überwinden.

WICHTIG ZU WISSEN!

Die meisten Lachse stammen heute von Fischfarmen (»Aquazucht«). Wildlachse sind selten geworden. Ein Grund dafür sind die vielen Dämme, die ihnen die Rückkehr in die Flüsse unmöglich machen.

LIBELLE

Libellen sind die Flugkünstler unter den Insekten: Sie fliegen vorwärts und rückwärts, stehen in der Luft und schießen pfeilschnell davon. Eine unserer häufigsten Libellen ist die Große Pechlibelle.

MERKMALE
Libellen haben einen nadeldünnen Körper und sechs Beine. Ihre Flügel bestehen aus zwei Flügelpaaren, die mit einem Netzmuster überzogen sind. Die großen Augen liegen seitlich am Kopf. Weibchen haben einen Legebohrer am Hinterleib. Die Große Pechlibelle ist fast pechschwarz. Der Körper besteht aus neun Abschnitten, Segmente genannt. Das achte Segment am Hinterleib schillert blau.

LEBENSWEISE
Die Große Pechlibelle mag sauberes Wasser mit vielen Wasserpflanzen. Sie fliegt dicht über der Wasseroberfläche, um Insekten zu jagen. Ihre zwei Flügelpaare kann sie unabhängig voneinander bewegen, das macht sie so wendig und schnell.

NACHWUCHS
Nach der Paarung legen Libellenweibchen ihre Eier unter der Wasseroberfläche in den Stängeln von Wasserpflanzen ab. Dazu bohren sie mit ihren Legebohrern kleine Löcher hinein. Aus den Eiern schlüpfen Larven. Beim Wachsen häuten sie sich mehrmals. Die Entwicklung zur erwachsenen Libelle dauert fast ein Jahr. Deshalb müssen die Larven am Gewässergrund überwintern. Im Frühjahr klettern sie dann an einem Pflanzenstängel aus dem Wasser. Aus der letzten Larvenhaut schlüpft nun die fertige Libelle.

DIE GROSSE PECHLIBELLE
Ischnura elegans

 bis 30 mm Körperlänge, bis 40 mm Flügelspannweite

 in sauberen Gewässern mit Wasserpflanzen in Europa

 Insekten; Larven ernähren sich von winzigen Krebstieren

 Die Eier werden unter Wasser abgelegt. Über einen Zeitraum von etwa einem Jahr entwickeln sich durch Metamorphose die Libellen.

Große Königslibelle bei der Eiablage

Frisch geschlüpfte Junglibelle

Akrobatisches Paarungsrad: Das Männchen hält mit dem Hinterleibende das Weibchen am Kopf fest. Das Weibchen verbindet sich mit dem Ende seines Hinterleibs mit dem Körper des Männchens.

Männchen

Weibchen

REKORD!
Die größte Libelle aller Zeiten lebte vor etwa 300 Millionen Jahren: Die Riesenlibelle erreichte eine Flügelspannweite von mehr als 70 cm. Dagegen sind die größten europäischen Libellen mit etwa 11 cm Flügelspanne fast winzig. Zu ihnen gehört z. B. die Große Königslibelle.

LÖWE L

Löwen sind die größten Landraubtiere Afrikas und die einzigen Großkatzen, die in Rudeln leben.

MERKMALE

Löwen haben ein sandfarbenes kurzes Fell. Den Männchen wächst außerdem eine dunkle Mähne. Der Schwanz ist bis zu 1 m lang und endet in einer schwarzen Quaste. Männliche Löwen können laut brüllen: Das ist noch kilometerweit zu hören und dient der Markierung ihres Reviers.

LEBENSWEISE

Löwen leben in Rudeln, zu denen mehrere Weibchen, ihre Jungen und außerdem eine kleine Gruppe von Löwenmännchen gehören. Es herrscht Arbeitsteilung: Die Männchen verteidigen das Revier des Rudels gegen fremde Artgenossen, die Löwinnen dagegen kümmern sich um die Nahrung. Sie jagen gemeinsam, denn nur so können sie große Beutetiere wie Büffel oder Zebras von der Herde trennen und überwältigen. Von der Beute bekommen alle im Rudel etwas ab. Gejagt wird meist in der Nacht oder in der kühlen Morgendämmerung. Während der größten Tageshitze ruht das Löwenrudel sich im Schatten aus.

NACHWUCHS

Löwenbabys sind bei der Geburt nur etwa 1200 g schwer und blind. Mit etwa zwei Wochen öffnen sie die Augen. Wenn sie drei Monate alt sind, begleiten sie ihre Mutter das erste Mal auf der Jagd. Anfangs schauen sie nur zu. Aber sie lernen schnell und beteiligen sich bald. Nach einem halben Jahr werden sie entwöhnt: Die Löwin weist sie zurück, wenn sie bei ihr Milch trinken wollen.

TATSACHE!

Löwenmännchen bekommen erst mit etwa fünf Jahren eine richtige Mähne. Dann müssen sie auch die ersten ernsten Kämpfe mit Rivalen austragen. Die Mähne schützt Kopf und Hals vor Prankenhieben.

DER LÖWE
Panthera leo

- Männchen bis 190 cm, Weibchen bis 170 cm Körperlänge, bis 115 cm Schulterhöhe, bis zu 1 m Schwanzlänge
- Männchen bis 250 kg, Weibchen bis 180 kg
- Gras- und Buschlandschaften in Afrika und Indien
- Säugetiere bis Büffelgröße
- 2 bis 4 Junge, 100 bis 110 Tage Tragzeit

Löwin auf der Jagd

Der Löwennachwuchs wartet auf die Rückkehr der Mutter: Langsam kommt Hunger auf!

LUCHS

Luchse sind so scheu, dass man sie fast nie zu Gesicht bekommt. Es gibt sie nur auf der Nordhalbkugel der Erde. Bei uns lebt der Eurasische Luchs.

DER EURASISCHE LUCHS (NORDLUCHS)
Lynx lynx

- bis zu 110 cm Körperlänge, 50 bis 75 cm Schulterhöhe, bis 17 cm Schwanzlänge
- etwa 25 kg
- Wälder im Norden von Europa und Asien
- kleine bis mittelgroße Säugetiere und Vögel
- 2 bis 4 Junge, 68 bis 74 Tage Tragzeit

MERKMALE
Sein dichtes Fell ist graubraun bis rötlich und mit dunklen Tupfen übersät. Der Luchs hat einen Backenbart, einen kurzen Schwanz mit schwarzer Spitze und etwa 4 cm lange Haarbüschel oben an den Ohren. Wie Antennen fangen diese Ohrpinsel noch das leiseste Geräusch auf. Mit seinen langen Beinen kann sich der Luchs im Schnee gut fortbewegen. Die breiten Pfoten haben dichte Haarpolster und verhindern, dass der Luchs einsinkt oder sich an Eiskanten verletzt.

LEBENSWEISE
Der Luchs ist ein Waldbewohner. Mit seinem getupften Fell fällt er zwischen Bäumen und Blättern kaum auf. Als Einzelgänger ist er allein unterwegs. In seinem Revier hat er mehrere feste Plätze, an denen er sich tagsüber ausruht. In der Dämmerung und in der Nacht geht er auf die Jagd.

NACHWUCHS

Die kleinen Luchse können nach der Geburt noch nicht sehen, erst nach etwa zwölf Tagen öffnen sie ihre Augen. Fühlt sich die Mutter in ihrem Versteck nicht mehr sicher, zieht sie mit ihren Jungen um: Sanft packt sie die Kleinen im Nacken und trägt sie in ein neues Versteck. Die Luchskinder halten ganz still. Diese Tragstarre ist ein angeborenes Verhalten. Junge Luchse bleiben ungefähr ein Jahr lang bei der Mutter.

REKORD!
Luchse besitzen ein extrem feines Gehör und einen guten Sehsinn. Ein Kaninchen erspähen sie noch aus 300 m Entfernung. In der Nacht sehen sie sechsmal besser als wir. Daraus ist sogar ein Sprichwort geworden – von jemandem, der gut sehen und hören kann, sagt man: Er hat Augen und Ohren wie ein Luchs.

Familie Luchs

MARDER M

Der Steinmarder ist unser häufigster Marder. Er hält sich oft in der Nähe des Menschen auf.

MERKMALE
Der Steinmarder hat ein graubraunes Fell und einen weißen, zu den Vorderbeinen hin gegabelten Kehlfleck. Der Körper ist lang gestreckt, die Beine sind kurz. Der Marder hat ein Raubtiergebiss mit langen und besonders spitzen Eckzähnen, den Fangzähnen.

LEBENSWEISE
Als Nachttier verlässt der Steinmarder seinen Unterschlupf in der Dunkelheit, um zu jagen. Er kann hervorragend springen und klettern, auch Eichhörnchen und Vögel sind vor ihm nicht sicher. Er schafft Sprünge von 2 m Weite und mehr als 1 m Höhe. Dank der scharfen Krallen an seinen Zehen findet er fast überall Halt. Am Tag zieht er sich in eine Felsspalte oder unter Steinhaufen zurück. Er hält sich gern in der Nähe menschlicher Siedlungen auf und ruht sich dort tagsüber auf Dachböden oder in Ställen aus.

NACHWUCHS
Marder leben als Einzelgänger, nur zur Paarungszeit im Sommer kommen sie zusammen. Hat das Weibchen sich gepaart, entwickeln sich die Eier in ihrem Körper erst einmal nicht weiter. Die Keimruhe stellt sicher, dass die Jungen nicht im Winter geboren werden, wenn Nahrung knapp ist. Erst im Frühjahr beginnt die eigentliche Tragzeit, die nur etwa vier Wochen dauert. Bis zu vier kleine Marder können in einem Wurf sein. Sie sind schon mit einem halben Jahr selbstständig, dann vertreibt die Mutter sie aus ihrem Revier.

TATSACHE!
Steinmarder beißen gern Autokabel durch. Meist war vorher schon ein anderer Marder da und hat seine Duftmarke hinterlassen. Auf die reagiert der nachfolgende Marder mit seiner Beißwut. Oft ist aber auch Neugier der Grund. Häufig hinterlassen Marder im Motorraum Beutetiere, Vogeleier, Haare oder Kot.

DER STEINMARDER
Martes foina

 40 bis 50 cm Körperlänge, 20 bis 30 cm Schwanzlänge

 ungefähr 1,5 bis 2 kg

 offene Busch- und Baumlandschaften, nahe von Siedlungen; in Europa, Asien

 kleine Säugetiere, Vögel, Eier, Früchte

 einmal im Jahr 2 bis 4 Junge, mit Keimruhe 8 Monate Tragzeit

WICHTIG ZU WISSEN!
Siehst du einen Marder im Wald, wird das ein Baummarder sein. Er ist etwas größer als der Steinmarder, hat ein rötliches Fell und einen ungegabelten, gelblichen Kehlfleck. Im Klettern ist er unübertroffen.

MARIENKÄFER

DER SIEBENPUNKT-MARIENKÄFER
Coccinella septempunctata

 6 bis 8 mm Körperlänge

 Waldränder, Wiesen, Parks, Gärten; in Europa, Asien, Nordafrika, Nordamerika

 Blattläuse

 Aus Eiern entwickeln sich über Metamorphose Marienkäfer.

Jeder Marienkäfer futtert im Lauf eines Tages bis zu 100 Blattläuse weg! Das freut die Gärtner, denn Blattläuse saugen mit ihrem winzigen Stechrüssel den süßen Saft aus den Pflanzen und entziehen ihnen so viele wichtige Nährstoffe.

Der Siebenpunkt-Marienkäfer hat auf jeder Flügeldecke drei Punkte. Plus einen in der Mitte – macht zusammen sieben! Es gibt aber noch viele andere Arten, sogar welche ohne Punkte.

MERKMALE
Marienkäfer haben die Form einer Halbkugel. Unter den hartschaligen roten Deckflügeln liegen zwei weiche Hinterflügel, die nur zu sehen sind, wenn der Käfer fliegt. Zwischen den Flügeldecken und dem Kopf befindet sich der Halsschild. Beim Siebenpunkt ist er schwarz mit zwei weißen Flecken, die aussehen, als wären es Augen. Die echten Augen sitzen seitlich am Kopf, der bis auf zwei weitere weiße Punkte ebenfalls schwarz ist. Auch die sechs Beine und die kurzen Fühler sind schwarz.

LEBENSWEISE
Marienkäfer ernähren sich von Blattläusen. Sie selbst warnen mit ihrer Farbe andere Tiere, denn das Rot bedeutet im Tierreich: Ich schmecke nicht! Bei Gefahr kann ein Marienkäfer außerdem eine stinkende gelbe Flüssigkeit verspritzen. Den Winter verbringen die Käfer in Kolonien von hunderten und mehr Tieren an einem trockenen Platz unter Steinen oder Laub. Kälte überstehen sie dank eines Stoffes in ihrem Blut, der wie ein Frostschutzmittel wirkt.

NACHWUCHS
Das Käferweibchen legt seine Eier an der Blattunterseite von Pflanzen ab, an denen Blattläuse sitzen. So finden die Larven nach dem Schlüpfen sofort Futter. Sie fressen und wachsen, verpuppen sich und aus der Puppenhülle schlüpft am Ende der Käfer. Nach dem Schlüpfen ist der Marienkäfer noch ganz hell. Erst ein paar Stunden später bekommt er seine rote Farbe.

Entwicklung des Siebenpunkt-Marienkäfers

WICHTIG ZU WISSEN!

Rot mit schwarzen Punkten, schwarz mit roten Punkten oder gelb mit schwarzen Tupfen, obendrein unterschiedlich viele Punkte – und alles sind Marienkäfer. Seit einigen Jahren breitet sich bei uns der Asiatische Marienkäfer aus. Er trägt ein deutlich sichtbares schwarzes »W« auf dem Halsschild.

Asiatischer Einundzwanzigpunkt

MAULWURF M

Maulwürfe leben unter der Erde. Oberirdisch verraten aufgeworfene Erdhügel, wo ein Maulwurf lebt. Bei uns gräbt der Europäische Maulwurf.

MERKMALE

Der Maulwurf hat einen walzenförmigen Körper, mit dem er sich wie ein Bohrer durch das Erdreich schiebt, und einen kurzen Schwanz. Das samtige schwarze Fell wächst ohne Strich, es kann sich in alle Richtungen legen. So bleibt der Maulwurf nicht an der Erde hängen, wenn er rückwärts kriechen muss. Das Tier hat eine Rüsselschnauze, die Nase ist unbehaart und rosa. Die kleinen Augen liegen fast verborgen im Fell. An den schaufelartigen Vorderpfoten sitzen kräftige Krallen zum Graben.

LEBENSWEISE

Der Maulwurfsbau besteht aus langen Gängen und vielen Kammern. Beim Graben drückt der Maulwurf die Erde mit dem ganzen Körper nach oben. So entstehen die Maulwurfshügel. Maulwürfe sehen kaum etwas, aber sie haben einen guten Geruchssinn und nehmen auch kleinste Erschütterungen wahr. So finden sie Regenwürmer und andere Bodentiere, die aus dem Erdreich in die Gänge fallen. Für den Winter legt der Maulwurf Vorräte an: Er trägt Würmer in eine Kammer und beißt ihnen das Vorderende ab, damit sie nicht wegkriechen.

Maulwurf mit seiner Lieblingsspeise

NACHWUCHS

Die kleinen Maulwürfe werden in der Nestkammer geboren, die im tiefsten Teil des Baues liegt. Sie entwickeln sich sehr schnell: Bei der Geburt sind sie so klein wie ein Bohnenkern, völlig unbehaart und blind. Aber es dauert nur acht Wochen, bis sie erwachsen und selbstständig sind.

TATSACHE!

Der Name des Maulwurfs stammt vom althochdeutschen Wort für Erde: molte. Zum Graben benutzen die »Moltewürfe« nicht ihr Maul, sondern ihre Vorderpfoten.

DER EUROPÄISCHE MAULWURF
Talpa europaea

- 12 bis 16 cm Körperlänge, bis 3 cm Schwanzlänge
- ungefähr 100 g
- Wiesen, Felder, Parks, Gärten; in Mitteleuropa
- Bodentiere wie Würmer, Asseln, Käfer
- 3 bis 4 Junge, 1 Monat Tragzeit

Die Spur des Maulwurfs, seine Erdhügel, siehst du sehr oft – sogar im Winter. Um den Maulwurf selbst zu Gesicht zu bekommen, brauchst du aber sehr viel Glück.

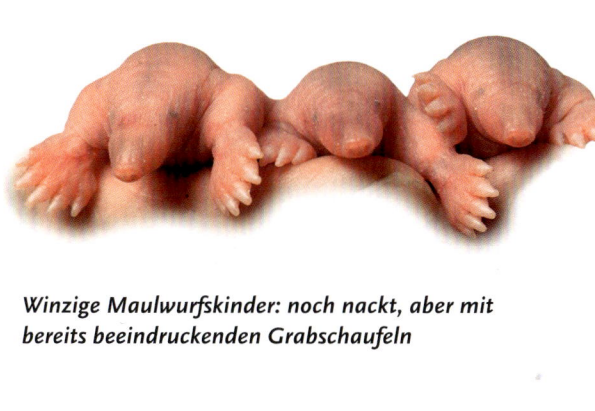
Winzige Maulwurfskinder: noch nackt, aber mit bereits beeindruckenden Grabschaufeln

M MAUS

Die Feldmaus gehört zu den Wühlmäusen. Deren Schwänze sind kürzer als die der Echten Mäuse.

Hausmaus

DIE HAUSMAUS
Mus musculus

 7 bis 10 cm Körperlänge, bis 10 cm Schwanzlänge

 20 bis 25 g

 fast überall auf der Welt in der Nähe des Menschen

 Samen, Früchte, Insekten, auch Nahrungsmittel der Menschen

 5 bis 15 Junge, etwa 3 Wochen Tragzeit, bis zu 8 Würfe pro Jahr

Unsere Hausmaus gehört zu den Echten Mäusen. Erkennungsmerkmal ist der lange Schwanz.

MERKMALE
Das Fell der Hausmaus ist graubraun, der Schwanz fast haarlos. Die knopfartigen Augen sind schwarz. Über den Augen und an der Schnauze sitzen viele Tasthaare, die Vibrissen. Wie alle Echten Mäuse besitzt die Hausmaus Nagezähne. Ihre oberen Nagezähne sind auf der Rückseite eingekerbt.

LEBENSWEISE
Mäuse sind vorsichtige Tiere. Meist sind sie nachts unterwegs. Nur wo sie sich sicher fühlen, suchen sie auch tagsüber nach Nahrung. Längst haben sie gelernt, dass es in der Nähe der Menschen immer etwas zu fressen gibt. Als Allesfresser probieren sie nahezu alles. Hausmäuse halten keinen Winterschlaf. Nur wenn es wenig Nahrung gibt und dazu eisige Kälte herrscht, fallen sie in eine Art Starre. Dann verbraucht der kleine Körper so wenig Energie, dass die Überlebenschancen bis zum Frühjahr gut sind.

NACHWUCHS
Vor der Geburt richtet die Mäusemutter ein Nest her, das sie weich auspolstert: mit Heu, Wolle, Papier, Plastiktüten oder Stoffresten. Mäusebabys sind nackt und blind, doch nach wenigen Tagen wächst ihnen ein zartes Fell. Nach zwei Wochen öffnen sie die Augen, mit acht Wochen sind sie bereits erwachsen und können selbst Nachwuchs bekommen. Mäuse sind äußerst fruchtbar: Bis zu acht Würfe im Jahr sind möglich.

WICHTIG ZU WISSEN!

Hausmäuse werden auch als Haustiere gehalten. Zuerst züchtete man die weißen Mäuse, die auch als Labortiere gehalten werden. Dann kamen verschiedenste Farbmäuse dazu, z. B. cremefarbene, braune oder gescheckte Mäuse.

Diese Hausmaus hat ihr Nest mit Zeitungspapier ausgepolstert. Unten siehst du das Nest einer Feldmaus. Die Feldmaus wohnt unter der Erde in einem weitverzweigten Bau.

MEERSCHWEINCHEN

Die Heimat der Meerschweinchen ist Südamerika. Weil sie auf Schiffen über das Meer zu uns kamen und manchmal quiekende Laute ausstoßen, haben sie ihren Namen bekommen.

MERKMALE

Der Körper ist gedrungen, der Kopf rund mit kleinen Ohren. Es gibt Langhaar- und Kurzhaar-Meerschweinchen. Das Fell kann je nach Züchtung gelockt oder glatt sein. Bei der Fellfarbe sind alle Abstufungen von Weiß, Grau, Beige, Braun oder Schwarz möglich. Auch gescheckte Tiere gibt es. Alle Meerschweinchen sind Nagetiere, ihre Zähne wachsen ein Leben lang nach.

LEBENSWEISE

Meerschweinchen fressen fast ununterbrochen. Sie haben einen Stopfdarm, ihre Verdauung funktioniert nur, wenn ständig etwas nachgeschoben wird. Sie dürfen also nie längere Zeit ohne Futter sein. Hin und wieder fressen Meerschweinchen auch ihren Kot. Er enthält Nährstoffe, die wichtig sind, damit der Darm richtig funktioniert. Meerschweinchen wollen nicht allein sein. Sie leben gern in Gesellschaft von Artgenossen.

NACHWUCHS

Hausmeerschweinchen bauen kein Nest. Das Weibchen sucht sich für die Geburt nur eine ruhige Ecke. Anders als viele andere Säugetierkinder sind Meerschweinchenjunge Nestflüchter: Sie kommen voll entwickelt mit Fell, offenen Augen und vollständigen Zähnen zur Welt. Das ist ein Erbe ihrer wilden Verwandten, denn wild lebende Meerschweinchenkinder müssen rasch in der Lage sein, mit der Gruppe umherzuziehen.

WICHTIG ZU WISSEN!

Wenn Meerschweinchen leise gurren und grunzen, bedeutet das, dass sie sich wohlfühlen. Mit lautem Pfeifen begrüßen Meerschweinchen einander und auch ihren Menschen, vor allem, wenn dieser Futter für sie bringt.

DAS HAUSMEERSCHWEINCHEN
Cavia porcellus

- je nach Rasse 22 bis 30 cm Körperlänge
- zwischen 600 und 1300 g
- als Haustier fast auf der ganzen Welt
- Gräser, Kräuter, Rinde von Weidenzweigen, Gemüse
- bis zu 7 Junge, etwa 68 Tage Tragzeit

Beim Rosetten-Meerschweinchen stehen die Haare in alle Richtungen ab, weil es ganz viele Haarwirbel hat.

Alle unsere Hausmeerschweinchen stammen vom wilden Tschudi-Meerschweinchen ab.

M MISTKÄFER

TATSACHE!

Dung enthält neben Pflanzenresten auch viel Flüssigkeit. Darin leben winzig kleine Lebewesen. Alles zusammen ist Nahrung für den Mistkäfer. Deshalb mag er nur frischen Dung. Eingetrocknet ist er für ihn nicht mehr nutzbar.

Sein Name verrät schon viel über den Mistkäfer: Er lebt vom Mist oder Dung, den Pflanzenfresser hinterlassen.

MERKMALE

Auf der Oberseite ist der Käfer schwarzblau gefärbt, die Unterseite kann bläulich, lila oder blaugrün sein. Der Körper ist deutlich in Kopf, Halsschild und Hinterleib gegliedert. Die Deckflügel sind der Länge nach gerillt. Unter den hartschaligen Deckflügeln sitzen weiche Flügel, mit denen der Mistkäfer auch fliegen kann. Die meiste Zeit bewegt er sich jedoch krabbelnd fort. Er hat sechs Beine. Das vordere Beinpaar ist etwas breiter, sodass es sich gut zum Graben eignet.

Unterseite des Käfers

LEBENSWEISE

Mistkäfer sind am Tag und in der Nacht aktiv. Sie spüren frischen Tierdung auf, von dem sie fressen und in den sie ihre Eier legen.

NACHWUCHS

Mistkäfer graben nach der Paarung gemeinsam einen unterirdischen Bau mit zahlreichen Kammern und Gängen. Der Bau befindet sich in der Nähe von einem frischen Dunghaufen, manchmal auch direkt darunter. Die Käfer tragen in jede Kammer eine kleine Portion Dung, in die das Weibchen ein Ei legt. Dann wird der Bau mit Erde verschlossen. Die Larven, die aus den Eiern schlüpfen, haben genug zu fressen, bis sie sich verpuppen. Die Puppe überwintert unter der Erde und entwickelt sich weiter. Im Frühsommer schlüpfen die neuen Mistkäfer.

DER MISTKÄFER
Geotrupes stercorarius

- 1,5 bis 2,5 cm Körperlänge
- Wälder und Viehweiden von Europa bis Asien
- Dung von Pflanzenfressern, auch verrottende Pflanzen
- Aus Eiern schlüpfen Larven, die sich über Metamorphose zu Käfern entwickeln.

Dank seiner Flügel gelangt der Mistkäfer schnell zu einem frischen Dunghaufen.

MÖWE M

Möwen sind Meeres- und Küstenvögel.
Die Silbermöwe ist besonders verbreitet.
Sie gehört zu den Großmöwen.

MERKMALE

Ihren Namen verdankt diese Möwe den silbergrauen Flügeldecken, auch Mantel genannt. Die Körperunterseite ist weiß. Der kräftige gelbe Schnabel hat auf der Unterseite einen roten Fleck. Die Augen sind ebenfalls gelb. Silbermöwen sind gute Flieger und ausdauernde Segler. Auch bei stürmischem Seewind kommen sie gut zurecht. Dank der Schwimmhäute an ihren Füßen können sie im Wasser landen und sich paddelnd fortbewegen.

Auf Fischfang

LEBENSWEISE

Silbermöwen suchen bei Niedrigwasser häufig im Watt nach Nahrung. Fast das ganze Jahr über leben sie an den Küsten, nur im Winter ziehen sie weiter ins Binnenland. Denn längst haben sie gelernt, wo sie auch in der kalten Jahreszeit immer etwas Fressbares finden: In großen Schwärmen finden sie sich an Kläranlagen und Müllhalden ein. Auch in Häfen und in der Nähe von Fischereibetrieben suchen sie nach Abfällen.

NACHWUCHS

Silbermöwen brüten in Kolonien. Die Partner erkennen einander am Ruf und finden sich auch im größten Trubel immer wieder. Männchen und Weibchen brüten abwechselnd. Gut 36 Tage dauert es, bis die geschlüpften Küken flügge sind. Auch danach bleiben sie noch in der Nähe der Eltern und werden von ihnen gefüttert.

DIE SILBERMÖWE
Larus argentatus

- 55 bis 66 cm Körperlänge, bis 150 cm Flügelspannweite
- 800 bis 1300 g
- Meeresküsten Nord- und Westeuropas
- kleine Krebse, Muscheln, Schnecken, Fische, Aas, Eier anderer Möwen
- 2 bis 3 Eier, rund 28 Tage Brutzeit

Silbermöwe im Jugendkleid

Jetzt noch an den roten Punkt picken und schon gibt es Mittagessen.

ERSTAUNLICH!

Wenn die Möwenküken gegen den roten Punkt auf dem Schnabel der Eltern picken, kommt das Futter wie auf Knopfdruck: Die Möwe würgt die mitgebrachte Nahrung hervor.

MÜCKE

Mückenlarven unter Wasser

Mücken können echte Plagegeister sein. Doch sie sind auch wichtig, weil sich viele andere Tiere von ihnen ernähren. Bei uns ist die Stechmücke weitverbreitet.

MERKMALE
Die sechs Beine der Mücke sind sehr lang. Auf dem Rücken sitzen zwei längliche Flügel. Der kleine Kopf sieht bei Männchen anders aus als bei Weibchen: Die Männchen haben zwei gefiederte Fühler, die Weibchen einen Stechrüssel.

LEBENSWEISE
Nur die Weibchen stechen und saugen Blut. Sie brauchen daraus bestimmte Nährstoffe, um Eier bilden zu können. Ihre Opfer finden sie über ihren Geruchssinn: Duftstoffe im Schweiß ziehen sie unwiderstehlich an. Mückenmännchen dagegen ernähren sich von Pflanzensäften. Schwärme werden hauptsächlich von den Männchen gebildet. Zur Paarung fliegen die Weibchen einfach in den Schwarm hinein.

NACHWUCHS
Mücken stellen sich fast überall dort ein, wo es Wasser gibt, denn das brauchen sie zur Fortpflanzung. Nach der Paarung legen die Weibchen ihre Eier in kleinen Paketen im Wasser ab. Diese Pakete werden auch Mückenschiffchen genannt. Die Larven, die aus den Eiern schlüpfen, hängen kopfüber im Wasser, nur ihr Hinterteil ragt heraus. Dort haben sie ein langes Atemrohr, über das sie Luft bekommen. Mit Haarbüscheln an ihrem Kopf strudeln sich die Larven Algen und winzige Lebewesen in ihre Mundöffnung. Sie häuten sich mehrmals, weil sie schnell wachsen. Dann verpuppen sie sich. Aus der Puppe schlüpft schließlich die Mücke in ihrer endgültigen Gestalt.

Mückenschiffchen

TATSACHE!
Dass Mückenstiche jucken, liegt an einem Eiweißstoff, den die Mücke in die Einstichstelle hineinspritzt. Der sorgt dafür, dass das Blut nicht sofort gerinnt, sondern flüssig und saugfähig bleibt. Leider reagieren wir auf den Stoff mit Juckreiz.

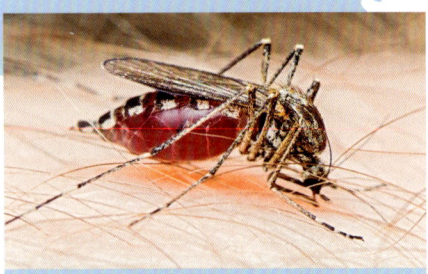

DIE STECHMÜCKE
Culex pipiens

 6 bis 8 mm Körperlänge, Männchen sind kleiner als Weibchen

 in der Nähe von Wasserstellen; weltweit

 Die Weibchen saugen Blut, die Männchen Pflanzensaft.

 Etwa 300 Eier werden als Mückenschiffchen abgelegt, über Metamorphose entwickeln sich Mücken.

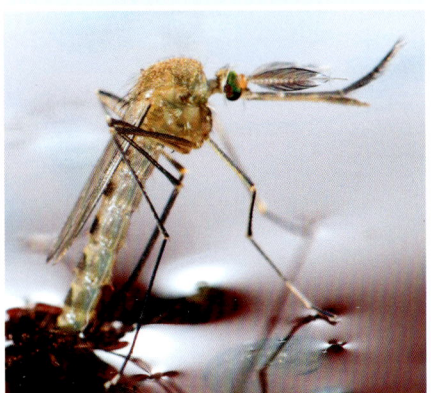
Hier ist gerade ein junges Männchen geschlüpft. Du erkennst es an den gefiederten Fühlern.

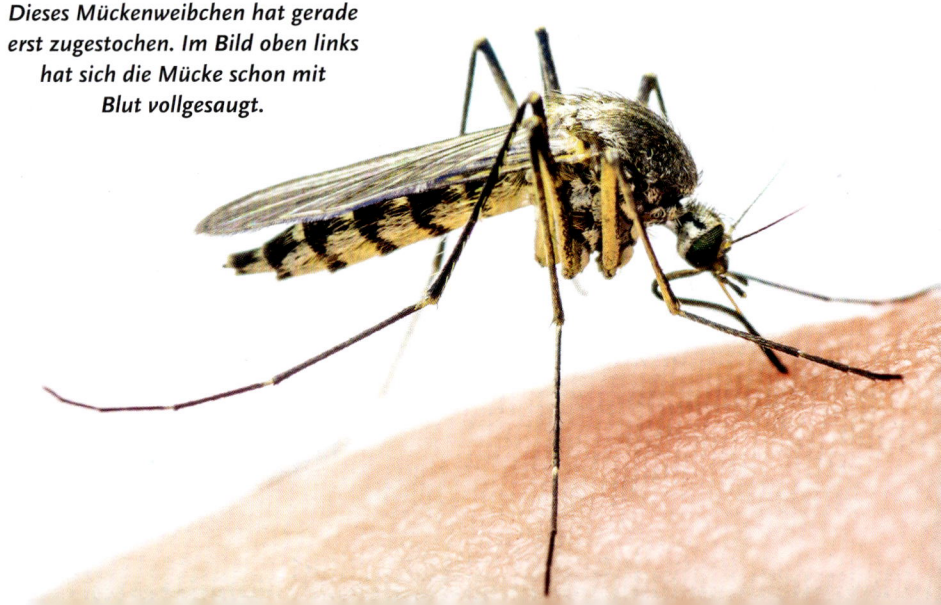
Dieses Mückenweibchen hat gerade erst zugestochen. Im Bild oben links hat sich die Mücke schon mit Blut vollgesaugt.

MUSCHEL M

Muscheln gehören zu den Weichtieren, den Mollusken. Sie haben keine Knochen, ihr weicher Körper wird von einem Gehäuse geschützt. Die Herzmuschel kannst du sehr häufig im Nordseewatt finden.

MERKMALE
Je nach Art können Muscheln ganz unterschiedlich aussehen, jedoch haben alle einen gemeinsamen Bauplan: Ihr kalkhaltiges Gehäuse besteht aus zwei Schalen. Mit kräftigen Schließmuskeln können sie diese Schalen fest aufeinanderpressen. Besonders verbreitet ist die gerillte Herzmuschel. Von der Seite betrachtet sieht sie herzförmig aus.

Fuß der Herzmuschel

DIE HERZMUSCHEL
Cerastoderma edule

 bis zu 5 cm Schalenlänge

 etwa 10 bis 20 g

 Flachwasserzonen im Atlantik, im Wattenmeer

 Plankton

 Einige Tausend Eier werden abgegeben, über Metamorphose entwickeln sich Muscheln.

LEBENSWEISE
Muscheln atmen wie die Fische über Kiemen und filtern Plankton aus dem Wasser. Das sind winzige Krebstiere und Algen, von denen sie sich ernähren. Mit ihrem Fuß können sie sich im Boden verankern oder eingraben. Viele Muscheln wie die Herzmuschel besitzen außerdem zwei Siphonen. Das sind besondere Röhren. Durch die eine strömt das Wasser hinein, wird durch die Kiemen gefiltert, und durch die andere Röhre wird es wieder abgeleitet.

NACHWUCHS
Es gibt männliche und weibliche Herzmuscheln. Sie geben Eizellen und Samen ins Wasser ab, wo die Befruchtung stattfindet. Aus den Eiern schlüpfen Larven, die auf den Meeresgrund sinken. Dort entwickeln sie sich zu Jungmuscheln.

TATSACHE!
Manchmal gelangt ein winziger Fremdkörper in eine Muschel, z. B. ein Sandkorn. Um sich zu schützen, bildet die Muschel Perlmutt um das Sandkorn herum. In immer neuen Schichten entsteht so eine Perle.

Die blauschwarze Miesmuschel sondert eine klebrige Substanz ab, die sogar unter Wasser haftet. Mit ihr setzt sie sich an Felsen oder auf anderen Miesmuscheln fest und bildet richtige Muschelbänke.

NASHORN

ERSTAUNLICH!
Das Breitmaulnashorn wird bis zu 40 km/h schnell und kann in vollem Lauf die Richtung wechseln.

Rennendes Nashornkalb

Nashörner stapften schon vor 50 Millionen Jahren über die Erde. Heute gibt es noch fünf Arten. Das größte ist das afrikanische Breitmaulnashorn.

MERKMALE
Auffälligstes Kennzeichen aller Nashörner sind die ein oder zwei Hörner vorn auf dem mächtigen Kopf. Beim Breitmaulnashorn sind es zwei. Sie bestehen aus Keratin, dem Stoff, aus dem auch unsere Haare und Fingernägel sind. Der massige Nashornkörper wirkt rund, die stämmigen Beine sind relativ kurz. Der Kopf hängt auffällig tief herab. An den Füßen hat das Nashorn jeweils drei Zehen. Das Breitmaulnashorn ist grau gefärbt.

LEBENSWEISE
Als Pflanzenfresser streifen Nashörner auf der Suche nach Nahrung durch ihr Revier. Sie können nicht gut sehen, Gehör und Geruchssinn sind dafür umso besser ausgebildet. Die Ohren befinden sich fast immer in Bewegung. Auch wenn die Tiere entspannt grasen, fangen sie jedes Geräusch ein. Ihre Hörner benutzen sie, um Rivalen zu beeindrucken und sich bei Gefahr zu verteidigen. Die Kühe und ihre Jungen bilden kleine Gruppen, die Nashornbullen sind Einzelgänger.

NACHWUCHS
Das kleine Nashorn wiegt bei der Geburt schon rund 50 kg. Schnell kann es auf eigenen Beinen stehen und der Mutter folgen. Noch ist es hornlos, doch wo einmal das große Horn wachsen wird, zeigt sich bereits ein kleiner Höcker. Zwei bis drei Jahre bleibt das junge Nashorn bei der Mutter. Sie vertreibt es erst, wenn sie erneut paarungsbereit ist.

DAS BREITMAULNASHORN
Ceratotherium simum

- 3 bis 3,8 m Körperlänge, bis 1,8 m Schulterhöhe, vordere Hornlänge etwa 1 m
- 1,8 bis 2,5 t
- Graslandschaften im südlichen und östlichen Afrika
- Gras
- 1 Junges, 16 bis 18 Monate Tragzeit

WICHTIG ZU WISSEN!
Die Nashörner sind durch die Zerstörung ihres Lebensraumes und vor allem durch die Wilderei bedroht. Viele Menschen in Asien glauben, dass Hornpulver gegen alle möglichen Krankheiten wie auch Krebs hilft, und bezahlen unglaublich viel Geld dafür. Bis heute kann man aber keinerlei medizinische Wirkung nachweisen!

Hornvergleich: Das größte gewinnt!

OTTER

Der Otter gehört zu den Mardern: Er ist ein Wassermarder. Weil er nach Fischen jagt, wird er auch Fischotter genannt. Bei uns ist der Eurasische Fischotter heimisch.

MERKMALE

Der Fischotter hat wie alle Marder einen lang gestreckten Körper mit kurzen Beinen und einen langen Schwanz. Sein breiter Kopf ist flach, an der Schnauze sitzen Tasthaare. Die kleinen Ohren verschwinden fast im Fell. Zwischen den Zehen wachsen Schwimmhäute. Das dichte braune Fell schützt den Otter vor Kälte und Nässe. Selbst beim Tauchen wird er nie bis auf die Haut nass.

LEBENSWEISE

Fischotter halten sich gern an sauberen Flüssen mit bewachsenen Ufern auf. Zwischen Sträuchern und Bäumen finden sie gute Verstecke. Am Ufer gräbt sich der Fischotter einen Bau, dessen Eingang unter der Wasseroberfläche liegt. Die Wohnkammer ist so angelegt, dass auch Hochwasser sie nicht überflutet. Ein Schacht nach oben, sorgt für Frischluft. In der Dämmerung und nachts jagen die Otter im Wasser. Sie sind flinke und wendige Schwimmer. Ein Otter kann bis zu acht Minuten lang tauchen. Im Winter taucht er sogar unter dem Eis von zugefrorenen Flüssen.

NACHWUCHS

Die kleinen Otter kommen blind und nackt zur Welt und wiegen nur etwa 100 g. Dank der nahrhaften Milch der Mutter wachsen sie aber schnell. Mit sechs Wochen führt ihre Mutter sie das erste Mal ins Wasser. Von ihr lernen die jungen Fischotter auch das Jagen: Erst schauen sie zu, dann probieren sie es selbst. Mit etwa einem Jahr sind sie selbstständig.

REKORD!

Der Fischotter hat eines der dichtesten Felle im Tierreich. 50 000 bis 60 000 Haare wachsen auf einem Quadratzentimeter. Die einzelnen Haare sind wie bei einem Reißverschluss so miteinander verzahnt, dass sie eine wärmeisolierende Luftschicht festhalten und Wasser abweisen.

DER EURASISCHE FISCHOTTER
Lutra lutra

- bis 90 cm Körperlänge, etwa 40 cm Schwanzlänge
- bis zu 11 kg
- an Flüssen in fast ganz Europa und weiten Teilen Asiens
- Fische, Muscheln, Schnecken, Frösche, auch Wasservögel
- bis zu 5 Junge, 58 bis 62 Tage Tragzeit

Ottermama mit Nachwuchs

Fischotter sind super Rückenschwimmer.

P PANDA

Obwohl die Großen Pandas Bären und damit Raubtiere sind, fressen sie nur Bambus. Früher waren sie in Asien weitverbreitet, heute gibt es nur noch wenige wild lebende Pandas.

MERKMALE

Das weiße Fell hat eine auffällige Zeichnung: Ohren, Gliedmaßen und ein Streifen von der Brust bis zu den Schultern sind schwarz. Auch die Augen sind schwarz umrandet. Der Kopf ist groß, insgesamt wirkt der Panda rundlich. Sein besonderes Kennzeichen ist der Pseudo-Daumen: Wie ein sechster Finger sitzt er an jeder der beiden Vorderpfoten. Es ist ein verlängerter Knochen der Handwurzel. Der Panda hat lange, spitze Krallen und wie alle Bären einen Stummelschwanz.

Vorderpfote mit Pseudo-Daumen

LEBENSWEISE

Pandas leben in Bambuswäldern, die sie als Einzelgänger durchstreifen. Sie ernähren sich von ausgewählten Bambussorten. Weil Bambusblätter wenig Nährstoffe enthalten, müssen die Bären rund 20 kg am Tag fressen. Damit sind sie bis zu 14 Stunden lang beschäftigt. Mit ihren Pseudo-Daumen greifen sie die Pflanzen, um die Blätter dann mit dem Maul abzustreifen. Sind sie satt, lehnen sie sich mit dem Rücken an einen Baumstamm und dösen. Nachts ziehen sie sich in eine mit Laub gepolsterte Höhle zurück. Pandas halten keinen Winterschlaf, obwohl es in den Bergwäldern in Westchina sehr kalt werden kann. Da Bambus auch im Winter wächst, finden die Bären das ganze Jahr über Nahrung.

NACHWUCHS

Das Pandaweibchen bringt meist ein Junges zur Welt. Sind es doch einmal mehr, kümmert sich die Mutter nur um eines. Bei der Geburt ist der kleine Bär noch winzig und wiegt weniger als 100 g. Doch er wächst schnell. Mit etwa fünf Monaten probiert er zum ersten Mal Bambus. Mit eineinhalb Jahren ist der junge Panda erwachsen und sucht sich ein eigenes Revier.

WICHTIG ZU WISSEN!

Pandas gelten als stark gefährdet. Deshalb wird versucht, sie in zoologischen Gärten und Forschungsstationen zu züchten.

DER GROSSE PANDA
Ailuropoda melanoleuca

	bis 150 cm Körperlänge, 70 bis 85 cm Schulterhöhe
	100 bis 150 kg
	Bambuswälder in China
	verschiedene Bambusarten
	alle 2 bis 3 Jahre ein Junges, etwa 12 Monate Tragzeit

TATSACHE!

Es gibt auch einen Kleinen Panda. Er sieht wie ein rothaariger Waschbär aus und ist mit Mardern und nicht etwa mit dem Großen Panda verwandt. Trotzdem gibt es Gemeinsamkeiten: Beide Arten fressen am liebsten Bambus und sind in Asien heimisch.

PAPAGEI P

Die meisten Papageien sind in Regenwäldern und an Flussufern zu Hause. Einer der bekanntesten und größten ist der Hellrote Ara.

DER HELLROTE ARA
Ara macao

 bis 90 cm Körperlänge, 115 bis 120 cm Flügelspannweite

 1 kg

 Regenwälder, Flussufer und Savannen; in Mittel- und Südamerika

 Früchte, Nüsse, Samen, Knospen

 2 bis 4 Eier, etwa 4 Wochen Brutzeit

MERKMALE

Hellrote Aras sind prächtig gefärbt: Kopf und Körper leuchten rot, in den Flügeln und am Schwanz zeigen sich auch gelbe, grüne und tiefblaue Farbtöne. Die Schwanzfedern sind sehr lang. Wie alle Papageien hat der Ara einen großen und kräftigen Schnabel, mit dem er mühelos harte Nussschalen knacken kann. Der Schnabel hilft außerdem wie eine dritte Hand beim Klettern. Auch die Papageienfüße sind an das Klettern in Bäumen angepasst: Zwei Zehen zeigen nach vorn, zwei nach hinten. So lässt sich ein Ast perfekt umklammern.

LEBENSWEISE

Hellrote Aras leben in Schwärmen von etwa 20 Vögeln. Hoch in den Bäumen suchen sie nach Nahrung. Regelmäßig fliegen sie auch bestimmte Flussufer an und picken dort mineralstoffhaltigen Lehm auf. Der wirkt wie ein Medikament gegen allerlei Beschwerden. Aras sind am Tag aktiv. Die Nacht verbringen sie gemeinsam auf ihren Schlafbäumen. Bei Gefahr stoßen die Papageien ein schrilles Kreischen aus. So werden alle Vögel in ihrer Umgebung gewarnt. Hellrote Aras können 40 Jahre und älter werden.

NACHWUCHS

Aras bleiben meist ein Leben lang zusammen und ziehen viele Nachkommen miteinander auf. Das Nest liegt in einer Baumhöhle. Das Weibchen brütet allein und wird währenddessen vom Männchen mit Nahrung versorgt. Rund 100 Tage dauert es nach dem Schlüpfen noch, bis die kleinen Papageien flügge sind.

Papageien drücken ihre Zuneigung durch »Schnäbeln« aus.

Graupapagei

ERSTAUNLICH!

Papageien sind sehr intelligent und sprachbegabt. Viele von ihnen können Wörter nicht nur nachsprechen, sie verstehen auch deren Bedeutung. Als besondere Sprachgenies gelten die afrikanischen Graupapageien.

PFERDE

Schon vor etwa 5000 Jahren begannen die Menschen, aus Wildpferden Nutztiere zu züchten. Heute gibt es viele verschiedene Rassen. Man teilt sie ein in Ponys, Kaltblut-, Warmblut- und Vollblutpferde.

DAS PRZEWALSKI-PFERD:
Das asiatische Przewalski-Pferd ist die einzige Wildpferdrasse, die in ihrer Urform überlebt hat – dank gezielter Züchtung in Tierparks.

MERKMALE
Unter den Huftieren sind Pferde die Einhufer, weil sie nur eine Zehe besitzen. Der Zehennagel aus festem Horn bildet den Huf. Die Beine sind lang und dünn, der Körper ist dagegen kräftig. Mit den seitlich am Kopf sitzenden Augen haben Pferde fast Rundumsicht. Nur das, was direkt vor ihrer Nase und hinter ihnen passiert, sehen sie nicht. Die Nüstern sind die Nasenöffnungen des Pferdes. Pferde haben einen sehr guten Geruchs- und Hörsinn. Ihre Ohren sind immer in Bewegung. Pferde gibt es in verschiedenen Fellfarben und -mustern.

LEBENSWEISE
Pferde sind Herdentiere. Eine Herde besteht aus mehreren Stuten, ihren Fohlen, einigen Junghengsten und einem Leithengst. Ein Wallach ist ein kastrierter Hengst, also einer, der keinen Nachwuchs mehr zeugen kann. Eine genaue Rangordnung regelt das Zusammenleben. Als Fluchttiere können Pferde schnell und ausdauernd laufen. Aber sie besitzen auch eine Waffe: Mit Huftritten können sie Angreifer schwer verletzen. Sie keilen auch mit den Hinterhufen aus. Ihre Zuneigung zeigen sich Pferde, indem sie sich gegenseitig beknabbern. Bekannte Gangarten der Pferde sind Schritt, Trab und Galopp. Islandpferde gehen auch Pass (wie Kamele) und Tölt.

NACHWUCHS
Das Fohlen kommt nach etwa elf Monaten Tragzeit meist in der Nacht zur Welt. Sobald die Mutter es trocken geleckt hat, versucht es, aufzustehen und auf seinen noch wackligen Beinen das Gleichgewicht zu halten. Dann sucht es das Euter der Mutter und trinkt das erste Mal. Die Milch ist fast drei Monate lang die einzige Nahrung des Fohlens. Erst nach und nach knabbert es auch an Gras und Heu.

Apfelschimmel *Schimmel*
Palomino *Fuchs*
Falbe *Brauner*
Pinto (Schecke) *Rappe*

Schwarzwälder Kaltblut

DAS KALTBLUT
Kaltblüter gehören zu den ältesten europäischen Pferderassen. Aus Wildpferden entstanden in verschiedenen Regionen durch jahrhundertelange Züchtung unterschiedliche Rassen. Der Name Kaltblut hat nichts mit der Körpertemperatur zu tun, er bezieht sich auf das Temperament.

EINSATZ:
als Arbeitspferd

MERKMALE UND CHARAKTER:
groß, massig und stark genug, um Kutschen zu ziehen; bewegt sich langsam, ist sehr geduldig und selten aus der Ruhe zu bringen

BEKANNTE RASSEN:
Ardenner, Brabanter, Noriker, Percheron, Schwarzwälder Kaltblut, Schleswiger Kaltblut, Shire Horse

DAS PERCHERON:
Das französische Percheron wird seit etwa 300 Jahren gezüchtet. Es gibt kleine (1,5 m bis 1,65 m) und große (bis 1,8 m).

DER BRABANTER:
Der belgische Brabanter gehört zu den ältesten Kaltblutrassen. Er gilt als besonders sanftmütig.

PFERDE   P

DER MUSTANG:
Die amerikanischen Wildpferde wurden durch die Europäer eingeführt. Sie stammen von Arabern und spanischen Warmblütern ab.

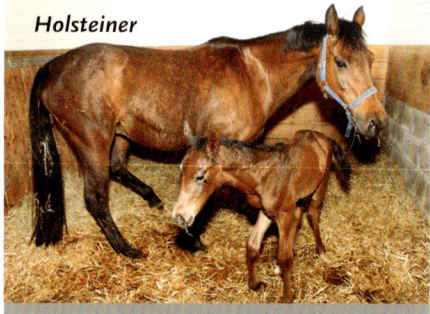
Holsteiner

Haflinger

DAS VOLLBLUT
Vollblüter sind die teuersten Pferde der Welt. Sie gehen zurück auf die Araberpferde, eine sehr alte Pferderasse aus dem Orient. Der Name Vollblut sagt aus, dass es sich um reinblütige Pferde mit einem langen Stammbaum handelt.

EINSATZ:
vor allem als Rennpferd

MERKMALE UND CHARAKTER:
feingliedriger als andere Pferde, gelten als sehr temperamentvoll und schnell

RASSEN:
Arabisches Vollblut, Englisches Vollblut, Anglo-Arabisches Vollblut

DAS WARMBLUT
Als die arabischen Pferde nach Europa kamen, begannen die Menschen, diese mit ihren Kaltblutpferden zu kreuzen, um leichtere und elegantere Pferde zu züchten. Warmblüter sind also eine Kreuzung aus Kalt- und Vollblut.

EINSATZ:
als Freizeit- und Turnierpferd

MERKMALE UND CHARAKTER:
muskulös und stark, aber auch wendig und schnell; eben eine Mischung aus Kaltblut- und Vollblut

BEKANNTE RASSEN:
American Quarter Horse, Andalusier, Hannoveraner, Holsteiner, Islandpferd, Knabstrupper, Lipizzaner, Mustang, Paint Horse, Trakehner

DAS PONY
Ponys unterscheiden sich von Warm- und Kaltblütern durch ihren Charakter und ihre Größe: Pferde, deren Stockmaß höchstens 1,48 m beträgt, werden als Ponys bezeichnet. Auch Ponys stammen von Wildpferden ab.

EINSATZ:
als Gefährten für Reitanfänger, besonders für Kinder

MERKMALE UND CHARAKTER:
volle Mähne, voller Schweif, robust, langlebig, genügsam, freundlich, intelligent und ein wenig dickköpfig

BEKANNTE RASSEN:
Connemara-, Dartmoor- und Exmoor-Pony, Falabella, Haflinger, Konik, Welsh-Pony, Shetland-Pony

Shire Horse: 1,78 m
1,48 m
Connemara-Pony: knapp unter 1,48 m
Shetland-Pony: unter 1 m

DER KNABSTRUPPER:
Den dänischen Knabstrupper kennst du als »Kleiner Onkel« aus Pippi Langstrumpf.

DAS ISLANDPFERD:
In Island gibt es nur diese eine Pferderasse. Damit das auch so bleibt, dürfen dort keine Pferde einreisen.

DAS PAINT HORSE:
Das amerikanische Paint Horse sieht aus wie angemalt (engl. »to paint« = malen). Es ist eine Weiterzüchtung des American Quarter Horse und wie dieses ein echtes Westernpferd.

TATSACHE!
Das Stockmaß eines Pferdes wird am Widerrist gemessen, also am Übergang vom Hals zum Rücken. Mit einem durchschnittlichen Stockmaß von 1,78 cm ist das Shire Horse die größte Pferderasse. Zu den kleinsten zählen das Shetland-Pony und mit maximal 86 cm das argentinische Mini-Pony Falabella.

PINGUIN

Pinguine gehören zu den Vögeln, aber fliegen können sie nicht. Sie sind großartige Schwimmer und Taucher. Der größte ist der Kaiserpinguin.

DER KAISERPINGUIN
Aptenodytes forsteri

 100 bis 130 cm Körperlänge

 bis 37 kg

 Gewässer, Küsten und Inseln der Antarktis

 Fische, Tintenfische, kleine Krebse

 1 Ei, etwa 64 Tage Brutzeit

MERKMALE

Kaiserpinguine haben einen schwarzen Kopf und einen weißen Bauch. Rücken und Flügel sind blauschwarz. Brustansatz, Ohrflecken und Unterschnabel sind gelblich oder orange hervorgehoben. Das Gefieder wird regelmäßig mit einem öligen Sekret aus einer Drüse unter dem Schwanz eingefettet. So lässt es beim Tauchen kein Wasser durch. Eine dicke Fettschicht schützt den Pinguin vor Kälte. An seinen Füßen sitzen Schwimmhäute. Die Rufe der Kaiserpinguine klingen wie ein lautes Trompeten.

LEBENSWEISE

An Land bewegen sich die Pinguine unbeholfen, im Meer sind sie in ihrem Element. Kaiserpinguine tauchen bis zu 500 m tief und sind 35 km/h schnell. Bei der Jagd schwimmen sie mitten in einen Fischschwarm hinein. Blitzschnell ändern sie dabei die Richtung und schnappen zu.

ERSTAUNLICH!

Gegen die extreme Kälte rücken Kaiserpinguine eng zusammen. Innen in der Gruppe erreicht die Temperatur bis zu 37 Grad Celsius. Am Rand ist es am kältesten. Die Pinguine verändern immer wieder ihre Position, sodass jeder einmal in die Mitte vorrückt und sich aufwärmen kann.

NACHWUCHS

Kaiserpinguine bauen kein Nest. Das Männchen trägt das Ei auf seinen Füßen, bedeckt es mit seiner dicken Bauchfalte und brütet es aus. Dabei muss es darauf achten, dass das Ei nicht davonrollt. Das Küken darin würde sofort erfrieren. Das Weibchen kehrt dagegen ins Meer zurück. Sind die kleinen Pinguine geschlüpft, behalten sie noch eine Weile ihren kuscheligen Platz auf Papas Füßen. Die Männchen füttern sie mit einer milchigen Flüssigkeit, die sie aus ihrem Magen hervorwürgen. Nun sollten die Mütter schnell zum Schichtwechsel zurückkehren, damit auch die Männchen wieder auf Nahrungssuche gehen können.

Im Frühjahr wandern die Kaiserpinguine vom offenen Meer über das Eis zu ihren Brutplätzen. Dabei legen sie bis zu 200 km zurück – auf dem Bauch rutschend geht es schneller und ist weniger anstrengend.

PUMA P

Der Puma ist eine Raubkatze, die nur in Amerika lebt. Er wird auch Berglöwe oder Silberlöwe genannt.

MERKMALE
Der Puma hat ein kurzes Fell, das sandfarben, silbergrau oder auch rotbraun sein kann. Die Pfoten sind groß, an den Vorderpfoten sitzen fünf Zehen, an den Hinterpfoten vier. Seine Krallen kann der Puma einziehen. Er hat einen langen Schwanz, kräftige Beine und kann bis zu 5 m hoch springen.

LEBENSWEISE
Pumas markieren ihre Reviere mit Kot und Urin und hinterlassen außerdem Kratzspuren an Bäumen. So wissen alle anderen Pumas Bescheid und können einander außerhalb der Paarungszeit aus dem Weg gehen. Der Puma ist ein Anschleichjäger: Fast lautlos nähert er sich seiner Beute, um sie dann plötzlich anzuspringen und ihr mit einem kräftigen Biss das Genick zu brechen.

NACHWUCHS
Pumaweibchen können bis zu sechs Junge in einem Wurf bekommen. Im Durchschnitt sind es aber weniger. Die Mutter sorgt allein für sie, denn weil Pumas Einzelgänger sind, haben sich Männchen und Weibchen kurz nach der Paarung schon wieder getrennt. Die kleinen Pumas tragen zunächst ein helles Fell mit dunklen Flecken. Sie trinken etwa sechs Wochen lang Milch, bevor sie ihre erste Fleischmahlzeit probieren. Im Alter von etwa 20 Monaten sind sie so selbstständig, dass sie sich eigene Reviere suchen.

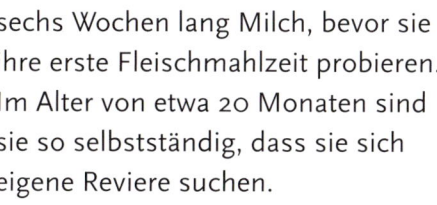

Bei ihm steht schon Fleisch auf dem Speiseplan.

TATSACHE!
Obwohl der Puma nicht gerade klein ist, gehört er nicht zu den Groß-, sondern zu den Kleinkatzen. Er ist also näher mit einer Hauskatze verwandt als mit einem Löwen.

DER PUMA
Puma concolor

- 70 bis 150 cm Körperlänge, bis 70 cm Schulterhöhe, etwa 90 cm Schwanzlänge
- Männchen 50 bis 70 kg, Weibchen 34 bis 48 kg
- fast alle Landschaften in Nord-, Mittel- und Südamerika
- kleine und große Säugetiere, häufig Hirsche
- 2 bis 3 Junge, 3 Monate Tragzeit

PYTHON

Pythons sind Würgeschlangen. Sie sind ungiftig, dafür aber meist sehr lang und unglaublich stark. Der Königspython ist eine relativ kleine Art. Deshalb wird er häufig in Terrarien gehalten.

DER KÖNIGSPYTHON
Python regius

 80 bis 200 cm Körperlänge

 1 bis 3 kg

 Savannen und Regenwälder in West- und Zentralafrika

 kleine Säugetiere und Vögel

 5 bis 6 Eier, etwa 50 bis 80 Tage Brutzeit

MERKMALE
Der Königspython ist dunkelbraun bis schwarz und trägt ein Muster aus hellen Flecken mit dunkler Mitte. Die Bauchseite ist einfarbig hell. Pythons haben wie alle Schlangen eine an der Spitze gespaltene Zunge, mit der sie riechen: Beim Züngeln fangen sie Duftstoffe aus der Luft auf und leiten sie in den Mund. Dort befinden sich besondere Sinneszellen, die auf Gerüche spezialisiert sind.

LEBENSWEISE
Der Königspython hält sich während der größten Tageshitze gern in verlassenen Bauten von Mäusen oder Termiten auf. In der Abenddämmerung macht er sich auf die Suche nach kleinen Säugetieren. Pythons können auch auf Bäume klettern und Vögel jagen. Die Schlangen finden ihre Beute über ihren Geruchssinn. Außerdem verraten ihnen kleinste Erschütterungen, wo sich ein Tier befindet. Würgeschlangen töten ihre Beute, indem sie diese mit dem ganzen Körper umschlingen und erdrücken. Wie alle Schlangen streift auch der Python regelmäßig seine alte Haut ab, wenn sie ihm zu eng geworden ist. Darunter ist ihm bereits eine neue Haut gewachsen.

NACHWUCHS
Ein Königspythonweibchen trägt seine Eier etwa 130 Tage lang in seinem Körper aus. Wenn es die Eier dann gelegt hat, beginnt die eigentliche Brutzeit. Königspythons gehören nämlich zu den Schlangen, die tatsächlich brüten: Das Weibchen ringelt sich sorgfältig um sein Gelege, um es gleichmäßig warm zu halten. Die kleinen Königspythons sind nach dem Schlüpfen 20 bis 40 cm lang. Sie wachsen schnell und häuten sich bald.

Frisch geschlüpftes Pythonbaby

Netzpython

REKORD!
Sehr große Schlangen gibt es in Asien, Afrika und Australien. Als die längsten Schlangen der Welt gelten die asiatischen Netzpythons. Den Rekord hält eine in Malaysia gefundene Schlange mit etwa 8 m Länge.

Dieser Python verschlingt gerade eine Maus. Man sieht sogar die Wölbung am Hals.

QUALLE Q

Sie scheinen friedlich durch das Wasser zu schweben – doch Vorsicht, ihre Tentakel enthalten Nesselfäden. Manche, wie unsere Ohrenquallen, sind harmlos. Andere haben ein Nesselgift, das sogar tödlich ist.

Die tödliche Seewespe ist eine Würfelqualle.

MERKMALE

Quallen bestehen fast nur aus Wasser. Zwischen zwei dünnen Zellschichten befindet sich eine gallertartige Masse. An den oft klebrigen Tentakeln, den Fangarmen, sitzen Nesselkapseln. Sie enthalten giftige Nesselfäden, die bei Berührung herausschießen und das Opfer lähmen. Das Gift ist je nach Quallenart unterschiedlich stark. Am gefährlichsten sind die Würfelquallen. Die in Nord- und Ostsee heimische Ohrenqualle gehört zu den Schirmquallen. Sie ist für den Menschen ungefährlich, eine Berührung kann aber allergische Reaktionen auslösen. Ihren Namen hat sie von den vier ohrenförmigen Ringen auf dem Schirm. Daran kannst du sie gut erkennen.

LEBENSWEISE

Quallen bewegen sich selbstständig im Wasser fort, indem sie ihren Schirm zusammenziehen und wieder öffnen. Dadurch gibt es eine Art Rückstoß, der die Qualle vorwärts trägt. Sie lassen sich aber auch von der Strömung treiben. Mit ihren Tentakeln gehen sie auf Beutefang. Das gelähmte Opfer wird durch die Tentakel in die Qualle gezogen.

NACHWUCHS

Quallen sorgen auf verschiedene Art für Nachwuchs. Manche stoßen Teile ihres Körpers ab, aus denen dann neue Quallen heranwachsen. Bei den Ohrenquallen geben die Männchen Samen ins Wasser ab, der von den Weibchen aufgenommen wird. Ihre befruchteten Eier werden ins Wasser abgegeben. Aus ihnen schlüpfen winzige Larven, die sich erst zu Polypen und dann zu Miniquallen weiterentwickeln.

REKORD!

Die gefährlichste Qualle der Welt ist die australische Seewespe: Das Gift aus ihren bis zu 3 m langen Tentakeln kann einen Menschen töten.

DIE OHRENQUALLE
Aurelia aurita

 20 bis 30 cm Schirmdurchmesser

 in fast allen Ozeanen, auch in Nord- und Ostsee

 Plankton, kleine Krebse, Wasserflöhe

 Aus Eiern schlüpfen Larven, die sich über Metamorphose von Polypen zu Miniquallen entwickeln.

Die Gelbe Haarqualle oder Feuerqualle, die manchmal an Nord- und Ostseeküste auftaucht, ist nicht ganz so harmlos. Ihr Gift verursacht brennende Hautrötungen.

VORSICHT!

Manchmal kannst du am Strand angespülte Quallen finden. Anschauen ist erlaubt. Aber fasse sie nicht an, denn die Nesselkapseln können immer noch aktiv sein! Ist die Qualle orangerot und hat keine Ringe, dann halte dich auf jeden Fall fern – das ist eine Feuerqualle!

Angespülte Ohrenquallen

RABENKRÄHE

Intelligent, unternehmungslustig, sehr anpassungsfähig und mit einer krächzenden Stimme – Rabenkrähen sind neben den Elstern unsere häufigsten Rabenvögel und gehören noch dazu zu den Singvögeln.

DIE RABENKRÄHE
Corvus corone

- etwa 48 cm Körperlänge, 80 bis 100 cm Flügelspannweite
- 400 bis 600 g
- offene Landschaften mit Bäumen, Feldern und Wiesen, auch Parks und Gärten; in Westeuropa
- Insekten, Weichtiere, Sämereien, Früchte, Aas, Essensreste
- 4 bis 5 Eier, 20 Tage Brutzeit

MERKMALE

Rabenkrähen sind blauschwarz gefiedert. Nur die Unterart der Nebelkrähe, die vor allem östlich der Elbe lebt, ist an Bauch und Rücken grau gefärbt. Der Ruf ist ein lautes Krächzen. Obwohl das nicht sehr melodisch klingt, werden die Krähen zu den Singvögeln gezählt.

LEBENSWEISE

Rabenkrähen untersuchen alles, was fressbar sein könnte. Sogar Abfalleimer leeren sie aus, um den Inhalt zu prüfen. Harte Nüsse lassen die intelligenten Vögel aus der Luft auf den Boden fallen, damit die Schale aufplatzt. Stadtkrähen haben sogar herausgefunden, dass Autos richtig gute Nussknacker sind, und platzieren ihre Nüsse gern auf Straßen. Rabenkrähen sind tagaktiv. Für die Nacht suchen sie in Schwärmen ihre Schlafbäume auf.

NACHWUCHS

Die Rabenkrähen bauen ihr großes Nest in einer Astgabel in einem hohen Baum. Das Weibchen brütet allein, während sich das Männchen um die Futterbeschaffung kümmert. Die kleinen Krähen haben ein graues Daunenkleid. Mit weit aufgesperrtem Schnabel betteln sie um Nahrung. Alle Vogelküken machen das, sie »sperren«. Für die Eltern ist das ein Schlüsselreiz: Sie können daraufhin gar nicht anders, als ihr Futter in den Schnabel zu stopfen. Kleine Krähen verlassen mit etwa vier Wochen das Nest, betteln bei den Eltern aber noch lange um Futter.

Jungvogel im Daunenkleid

REKORD!

Der größte Rabenvogel ist der Kolkrabe, der vor allem in Wäldern und Bergregionen heimisch ist. Er kann bis zu 65 cm lang werden und eine Flügelspannweite von 135 cm erreichen.

»Sperrender« Jungvogel

RATTE R

Klettern, schwimmen, tauchen – selbst ein Ironman kann Wanderratten nichts vormachen. Sie gehören zur großen Tiergruppe der Echten Mäuse und stammen vermutlich aus dem Nordosten von Asien. Heute sind sie weltweit verbreitet.

MERKMALE
Die Wanderratte wirkt groß und kräftig, ihr Schwanz ist etwas kürzer als ihr Körper. Er hat zahlreiche Schuppenringe, aus denen Haare wachsen. An der stumpf aussehenden Schnauze sitzen lange Tasthaare. Das graubraune Fell kann auch bräunlich oder fast schwarz sein.

LEBENSWEISE
Wanderratten legen sich Baue unter der Erde an, die mindestens zwei Ein- und Ausgänge haben, dazu eine Wohnkammer und mehrere Vorratskammern. Auch in der Kanalisation und in allen möglichen Hohlräumen finden Ratten Platz für ihre Nester. Sie können gut schwimmen und klettern, deshalb gelangen sie fast überall hin. Wanderratten sind sehr soziale Tiere. Sie leben in großen Familien, in denen eine klare Rangordnung herrscht. Und sie sind klug: Futter, das einem Familienmitglied schlecht bekommen ist, rühren sie nicht mehr an.

NACHWUCHS
Neugeborene Ratten sind nackt und blind. Nach 15 Tagen öffnen sie ihre Augen. Im Alter von drei Wochen verlassen sie schon zum ersten Mal den Bau. Sie spielen gern und erkunden neugierig ihre Umgebung. Mit zwei Monaten sind sie bereits erwachsen und können selbst schon wieder Nachwuchs bekommen.

DIE WANDERRATTE
Rattus norvegicus

- bis 29 cm Körperlänge, bis 23 cm Schwanzlänge
- 250 bis 450 g
- auf der ganzen Welt, häufig in der Nähe des Menschen
- Getreide, Früchte, Wurzeln, auch Essensreste
- 5 bis 7 Junge, etwa 3 Wochen Tragzeit

WICHTIG ZU WISSEN!
Von der Wanderratte stammen auch unsere als Haustiere gehaltenen Ratten ab, die Farbratten. Mit der Hausratte sind sie nicht verwandt, das ist eine eigene Art.

Farbratte

Neugeborene Rattenbabys: noch nackt und blind

Wanderratte auf Wanderschaft

REGENWURM

TATSACHE!

Wird dem Regenwurm von Fressfeinden ein kleines Stück seines Hinterendes abgebissen, bildet er es neu. Würde man ihn aber in der Mitte zerteilen, müsste er jämmerlich sterben, denn dort sitzen seine wichtigsten Organe.

Regenwürmer leben unter der Erde: Graben, Fressen und Ausscheiden sind ihre Hauptbeschäftigungen. Unser typischster Regenwurm heißt eigentlich Tauwurm.

MERKMALE

Der Regenwurm hat eine rotbraune Färbung. Sein Körper ist deutlich in Abschnitte (Segmente) unterteilt; bis zu 160 können es sein. In der vorderen Körperhälfte gibt es eine Verdickung, den sogenannten Gürtel. Er spielt bei der Fortpflanzung eine Rolle. Auf jedem Segment hat der Regenwurm vier Paar Borsten, mit deren Hilfe er sich kriechend fortbewegt. Weil seine Haut keinen Schutz vor den gefährlichen UV-Strahlen bietet, kann er an der Erdoberfläche rasch einen tödlichen Sonnenbrand bekommen und austrocknen.

LEBENSWEISE

Regenwürmer graben Gänge und Röhren. Sie fressen Erde und abgestorbene Pflanzenteilchen. Dadurch lockern sie den Boden und reichern ihn mit Nährstoffen an, denn was Regenwürmer wieder ausscheiden, ist wertvoller Humus. Bei starken Regenfällen kommen Regenwürmer an die Erdoberfläche, daher ihr Name. Warum, das weiß man nicht genau. Vielleicht haben sie Angst zu ertrinken, wenn ihre Röhren unter Wasser stehen. Regenwürmer atmen nämlich über die Haut.

Kothaufen des Tauwurms

NACHWUCHS

Regenwürmer sind Zwitter, also Männchen und Weibchen zugleich. Sie können sich gegenseitig befruchten. Das geschieht beim Tauwurm meist im Herbst. Die Eier werden in Kokons in der Erde abgelegt, wo sie sich den Winter über weiterentwickeln. Nur bei Frost stoppt die Entwicklung. Sobald sich das Erdreich im Frühjahr über 10 Grad Celsius erwärmt, schlüpfen die Jungwürmer.

DER REGENWURM (TAUWURM)
Lumbricus terrestris

- 2 bis 30 cm Körperlänge
- je nach Länge und Dicke zwischen 0,06 und 3 g
- in nährstoffreicher und lockerer Erde; in Europa
- Erde, abgestorbene Pflanzenteilchen
- Kokons mit Eiern werden im Boden abgelegt und sich selbst überlassen.

Kokons des Tauwurms

Viele Tiere fressen Regenwürmer: Maulwürfe, Igel, Spitzmäuse, Kröten, Vögel – und sogar Käfer! Der Goldlaufkäfer kann locker einen Regenwurm überwältigen.

HEY! DER MAULWURF WAR ZUERST DA!!

RIND   R

Das schwarz-weiße Holstein-Rind ist unsere häufigste Milchkuh. Man nennt sie auch »Schwarzbunte«.

Unsere Hausrinder stammen vom Auerochsen ab, einem großen Wildrind, das inzwischen ausgestorben ist. Rinder gehören zu unseren wichtigsten Nutztieren, von ihnen bekommen wir Milch, Fleisch und Leder.

MERKMALE
Rinder gehen auf den Zehenspitzen: Zwei ihrer Zehen sind besonders ausgebildet und enden vorn in Klauen. Die beiden anderen Zehen sind ganz klein und zeigen nach hinten. Beim Auftreten auf den Boden spreizen sich die Klauen ein wenig, sodass das Rind auf weichem Untergrund nicht einsinkt. Die meisten Rinder haben Hörner. Mit ihrem Schwanz vertreiben sie lästige Insekten.

LEBENSWEISE
Hausrinder fressen Gras. Um es besser verdauen zu können, würgen sie das Gras wieder hoch und kauen es erneut. Deshalb heißen sie auch Wiederkäuer.

NACHWUCHS
Weibliche Rinder, die schon ein Kalb geboren haben, heißen Kühe. Vorher sind es Färsen. Männliche Rinder werden Bulle oder Stier genannt. Der Nachwuchs ist das Kalb. Kühe können einmal im Jahr ein Kalb zur Welt bringen. Gleich nach seiner Geburt sucht es das Euter der Mutter und trinkt Milch. Wenn die Mutter aber als Milchkuh gehalten wird und rasch wieder gemolken werden soll, bekommt ihr Kalb schon nach wenigen Tagen Ersatzmilch zu trinken und wird von der Mutter getrennt. 18 Monate dauert es, bis aus dem Kalb ein junges Rind geworden ist.

DAS HAUSRIND
Bos primigenius taurus

 je nach Rasse 1,2 bis 1,6 m Körperlänge und etwa 1,2 bis 1,7 m Schulterhöhe

 je nach Rasse 400 bis 800 kg

 als Nutztier auf Weide und im Stall; in Europa und Amerika

 Gras, Klee, Heu; in der Stallhaltung auch Kraftfutter

 1 Kalb, 280 Tage Tragzeit

Alpenkühe – offiziell Braunvieh genannt – tragen Glocken, damit auf den Bergalmen keine verloren geht.

Um das zottelige Schottische Hochlandrind zu treffen, musst du nicht nach Schottland reisen. Es grast auch bei uns auf vielen Weiden, sogar im Winter.

WICHTIG ZU WISSEN!

Der Rindermagen besteht aus vier Abschnitten: Pansen, Netzmagen, Blättermagen, Labmagen. Zuerst wird das Gras im Pansen durchgeknetet und von Bakterien zersetzt. Im Netzmagen wird es weiter zerkleinert und verdaut. Dann würgt das Rind die Nahrung wieder hoch und kaut sie erneut. Im Blättermagen wird die Masse weiter zerkleinert. Zum Schluss landet das Futter im Labmagen, wo es endgültig verdaut wird.

ROBBEN

Robben sind Raubtiere des Meeres. Das erkennst du schon an ihren Namen: Es gibt Seeleoparden und Seelöwen, außerdem See-Elefanten und Walrösser. Bei uns sind Seehund und Kegelrobbe die häufigsten Robben.

MERKMALE

Robben haben ein kurzes, dichtes Fell und eine dicke Fettschicht, die sie vor Kälte schützt. An Land wirken sie plump und unbeholfen. Sie »robben« vorwärts, indem sie ihren Körper wie eine Raupe anspannen und wieder ausstrecken. Im Wasser sind sie wendig und schnell. Robben haben scharfe Krallen an den Vorderflossen. Die Hinterflossen zeigen mit den Unterseiten zueinander.

LEBENSWEISE

Im Wasser bewegen sich Robben vor allem durch kräftige Schläge ihrer Hinterflossen vorwärts. Mit den Vorderflossen steuern sie. Die Ohr- und Nasenlöcher verschließen sich beim Tauchen automatisch. Die Nahrung besteht aus Fischen und Muscheln. Seehunde sind bei der Jagd besonders schnell: Sie können 35 km/h erreichen und eine halbe Stunde lang tauchen, ohne Luft zu holen. Robben kommen regelmäßig an Land, um sich auszuruhen und zu schlafen.

Bei Niedrigwasser gibt vor allem die Nordsee Sandbänke frei, auf denen Seehunde und Kegelrobben einträchtig nebeneinanderliegen. Wo es keine Sandbänke gibt, suchen die Tiere auch ruhige Strandabschnitte auf.

NACHWUCHS

Der Robbennachwuchs kommt an Land zur Welt. Seehunde bekommen ihre Jungen im Sommer, die Kegelrobben im Winter. Seehundbabys haben bereits das gleiche Fell wie die Erwachsenen. Sie können damit sofort ins Wasser. Schwimmen müssen sie nicht erst lernen, die Fähigkeit ist ihnen angeboren. Sie folgen der Mutter gleich nach der Geburt mit der ersten Flut ins Meer und lernen von ihr das Jagen. Kleine Kegelrobben werden mit einem schneeweißen Fell geboren. Es ist noch nicht wasserdicht, deshalb müssen die Jungen zunächst an Land bleiben. Erst nach etwa einem Monat wächst das Erwachsenenfell und die kleinen Robben können das erste Mal ins Wasser.

DER SEELEOPARD:

Der Seeleopard ist ein gefährlicher und schneller Jäger in den Meeren um den Südpol. Er frisst gerne Robben und Pinguine.

DIE KEGELROBBE
Halichoerus grypus

Die Kegelrobbe verdankt ihren Namen dem kegelförmigen Kopf mit der langen Schnauze.

 1,80 bis 2,50 m Körperlänge

 Männchen bis zu 250 kg, Weibchen bis 150 kg

 küstennahe Meeresregionen nördlich des Äquators

 Fische

1 Junges, 11 Monate Tragzeit

ROBBEN R

WICHTIG ZU WISSEN!

Junge Seehunde verständigen sich mit ihrer Mutter durch laute Kontaktrufe, die wie ein Heulen klingen. Man nennt sie deshalb Heuler. Es kommt vor, dass Heuler durch Stürme oder starke Strömungen von ihrer Mutter getrennt werden. Doch nicht jeder Seehund, der allein am Strand liegt, ist in Not. Manchmal wartet er dort nur auf seine Mutter, die im Meer auf der Jagd ist.

Seehundbabys werden bis zu sechs Wochen lang gesäugt. Dazu kommen Mutter und Kind regelmäßig an Land.

DER SÜDLICHE SEE-ELEFANT
Mirounga leonina

Mit den Bullen des Südlichen See-Elefanten hast du die größten Robben vor dir. Ihr typisches Kennzeichen ist der große, aufblasbare Rüssel, der über das Maul hängt. Er soll andere Männchen beeindrucken und das Gebrüll verstärken.

- Männchen bis über 6 m, Weibchen bis 4 m Körperlänge
- Männchen bis 4000 kg, Weibchen bis etwa 800 kg
- um und auf den Inseln nördlich der antarktischen Polarregion
- Tintenfische, Fische, Haie und Rochen, Krebstiere
- 1 Junges, 11 Monate Tragzeit

DER SEEHUND
Phoca vitulina

Seehunde haben einen hundeartigen Kopf. Sie sind unsere häufigsten Robben.

- bis 1,70 m Körperlänge
- etwa 100 kg
- küstennahe Meeresregionen nördlich des Äquators
- Plattfische, Heringe, Muscheln
- 1 Junges, 11 Monate Tragzeit

Die flauschig-weißen Kegelrobbenbabys bleiben nach der Geburt an Land. Die Muttermilch ist so nahrhaft, dass sie schnell wachsen und an Gewicht zulegen.

DAS WALROSS
Odobenus rosmarus

An seinen auffälligen Eckzähnen ist das Walross gut zu erkennen und wer die größten Hauer hat, egal, ob Männchen oder Weibchen, bekommt den besten Ruheplatz. Von den plumpen, dickhäutigen Tieren solltest du dich nicht täuschen lassen. Walrösser sind auf ihren Flossen schneller unterwegs als Seehunde.

- bis 3 m Körperlänge
- Männchen etwa 1200 kg, Weibchen bis 800 kg
- vor und auf dem Treibeis der Arktis
- Muscheln, Schnecken, Krebstiere, Tintenfische, Seegurken
- 1 Junges, 11 Monate Tragzeit

DER KALIFORNISCHE SEELÖWE:

Der Kalifornische Seelöwe lebt in großen Kolonien an der Küste Kaliforniens und Mexikos. Er kann im Wasser 40 km/h erreichen und gilt als besonders eleganter Taucher.

SCHAF

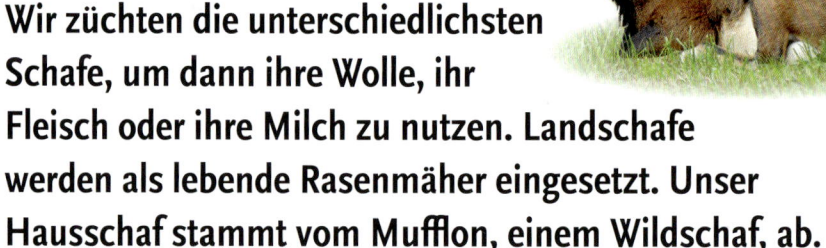
Das Mufflon

Wir züchten die unterschiedlichsten Schafe, um dann ihre Wolle, ihr Fleisch oder ihre Milch zu nutzen. Landschafe werden als lebende Rasenmäher eingesetzt. Unser Hausschaf stammt vom Mufflon, einem Wildschaf, ab.

DAS HAUSSCHAF
Ovis orientalis aries

 100 bis 190 cm Körperlänge
60 bis 80 cm Schulterhöhe

 je nach Rasse 50 bis 100 kg

 Graslandschaften; weltweit

 Gras und Heu

 meist Zwillinge, etwa 150 Tage Tragzeit

MERKMALE
Das dichte Fell kann weiß, grau, braun, schwarz oder gemustert sein und muss einmal im Jahr geschoren werden. Es besteht aus einer sehr dichten Unterwolle und den darüberliegenden längeren Haaren. Die Unterwolle ist mit einem feinen Fettfilm überzogen, dem Wollwachs oder Lanolin. Es sorgt dafür, dass die Wolle auch bei Regen trocken bleibt und gut wärmt. Sowohl männliche als auch weibliche Schafe können Hörner tragen, das hängt von der Rasse ab. Männliche Tiere heißen Bock oder Widder, kastriert sind es Hammel. Weibliche Tiere nennt man Schafe oder Mutterschafe, der Nachwuchs ist das Lamm.

LEBENSWEISE
Schafe sind Herdentiere, allein fühlen sie sich nicht wohl. Einen Großteil des Tages verbringen sie mit Fressen. Wie Kühe sind sie Wiederkäuer: Die Nahrung wird noch einmal hochgewürgt und erneut gekaut. Am liebsten liegen die Tiere dabei im Gras und ruhen sich aus.

NACHWUCHS
Die Lämmer kommen im Frühjahr zur Welt. Die Mutter leckt sie nach der Geburt trocken und prägt sich dabei ihren Geruch ein. Daran erkennt sie ihren Nachwuchs in der Herde immer wieder. Die Lämmer merken sich das typische Blöken ihrer Mutter. So gehen sie auch in einer großen Herde nie verloren. Etwa zwei Jahre dauert es, bis aus einem Lamm ein erwachsenes Schaf geworden ist.

Die Schafe auf den Deichen an der Nordseeküste sind keine reine Touristenattraktion. Sie haben eine klare Aufgabe: die Graspflege. Denn die Graswurzeln halten die Erde zusammen. Und die Schafe halten beim Weiden das Gras kurz und dicht, dabei trampeln sie auch noch die Erde fest.

TATSACHE!
Schafe haben eine feine Nase, vor allem aber gute Augen. Sie erkennen ihre Artgenossen am Gesicht. Auch Menschen können sie unterscheiden. Versuche haben gezeigt, dass Schafe sich ungefähr 50 verschiedene Gesichter merken können.

SCHILDKRÖTE S

Schildkröten gehören wie Echsen, Schlangen und Krokodile zu den Kriechtieren. Manche leben an Land, andere im Wasser. Die Griechische Landschildkröte wird häufig als Haustier gehalten.

Kopfbereich

Schwanzbereich

MERKMALE

Schildkröten haben einen Panzer aus Knochenplatten. Bei Gefahr ziehen sie Kopf und Beine komplett ein. Der Panzer der Griechischen Landschildkröte ist oval, gewölbt und gelblich braun mit einer dunklen Musterung. Jede Schildkröte besitzt ihr eigenes Muster. Kopf und Beine sind schuppig. An den Vorderfüßen sitzen je fünf scharfe Krallen, an den Hinterfüßen je vier. Schildkröten haben einen Schwanz, der in einem Hornnagel endet.

Hornnagel

LEBENSWEISE

Griechische Landschildkröten leben in trockenen Busch- und Strauchlandschaften. Sie bewegen sich zwar langsam, aber bei der Futtersuche legen sie an einem Tag manchmal mehr als 100 m zurück. Sie sind wechselwarm; um ihre Körpertemperatur zu regulieren, wechseln sie vom Schatten in die Sonne und umgekehrt. Sinkt die Temperatur im Winter unter 8 Grad Celsius, fallen die Schildkröten in eine Winterstarre. Ihr Herzschlag verlangsamt sich und ihr Körper verbraucht kaum noch Energie.

NACHWUCHS

Nach der Paarung gräbt das Schildkrötenweibchen mit den Hinterbeinen ein Loch in die Erde und legt seine Eier hinein. Danach schaufelt es das Loch wieder zu. Die Sonnenwärme entscheidet über das Geschlecht der kleinen Schildkröten. Wenn es kühl ist, entwickeln sich vor allem Männchen, bei ausreichender Wärme vor allem Weibchen. Die jungen Schildkröten sind von Geburt an auf sich allein gestellt. Griechische Landschildkröten können 80 Jahre und älter werden.

Die größte lebende Schildkröte ist mit einer Länge von bis zu 2,5 m die Lederschildkröte. Sie lebt in den tropischen Meeren, doch zur Eiablage kriecht sie an Land. Wenn die Schildkrötenbabys schlüpfen, rennen sie sofort ins Meer.

WICHTIG ZU WISSEN!

In der Natur sind Griechische Landschildkröten vom Aussterben bedroht und streng geschützt. Als Haustiere dürfen sie nur gehalten werden, wenn sie aus der Zucht stammen.

DIE GRIECHISCHE LANDSCHILDKRÖTE
Testudo hermanni

 bis 25 cm Körperlänge

 etwa 1,5 kg

 trockene und warme Landschaften im Mittelmeerraum

Gräser, Kräuter, Blüten, Früchte

etwa 6 Eier, bis zu dreimal im Jahr ein Gelege, etwa 90 Tage Brutzeit

SCHMETTERLINGE

Schmetterlinge leben fast auf der ganzen Welt, nur nicht dort, wo es sehr kalt wird. Es gibt Tag- und Nachtfalter. Zu unseren häufigsten Tagfaltern gehören Tagpfauenauge, Kleiner Fuchs, Hauhechel-Bläuling und Zitronenfalter.

MERKMALE

Schmetterlinge haben zwei Vorderflügel, zwei Hinterflügel und sechs Beine. Ihre Flügel bestehen aus vielen winzigen Schuppen. Bei Berührung fallen sie ab. Deshalb sollte man Schmetterlingsflügel niemals anfassen. Am Kopf sitzen Fühler, die bei einigen Arten sehr lang sind. Die Augen bestehen aus unzähligen Einzelaugen und werden auch Facettenaugen genannt. Dank dieser Augen nehmen Schmetterlinge ultraviolettes Licht wahr, das für uns Menschen nicht sichtbar ist. Schmetterlinge haben einen Saugrüssel, mit dem sie Nektar aus Blüten saugen. Er kann  so lang sein wie der Körper des Schmetterlings. Damit er nicht im Weg ist, lässt er sich aufrollen.

NACHWUCHS

Das Weibchen legt seine Eier nach der Paarung an den Blättern bestimmter Pflanzen ab. Die Entwicklung vom Ei zum Falter findet über Metamorphose statt: Aus den Eiern schlüpfen nach wenigen Wochen Raupen. Sie beginnen sofort damit, an den Blättern ihrer Wirtspflanze zu fressen. Dabei wird ihnen ihre Haut immer wieder zu eng. Sie häuten sich deshalb mehrmals. Die Raupen verpuppen sich schließlich. Einige, wie unsere Tagfalter, verankern sich dabei mit einem Gespinstfaden in der Umgebung, andere spinnen eine dichte Hülle, einen Kokon, um sich herum. Schließlich schlüpft der fertige Falter.

DAS TAGPFAUENAUGE
Nymphalis io

Das Tagpfauenauge hat auf jeder Flügeloberseite einen bunt schillernden Augenfleck. Weil sie in geschützten Winterquartieren überwintern, siehst du sie schon ab März wieder fliegen.

 5 bis 6 cm Flügelspannweite

 Waldränder, Parks und Gärten in Europa und Asien

 Nektar von Disteln und Sommerflieder, bevorzugt an lila Blüten

 bis zu 200 Eier auf Brennnesselblättern, bis zu zweimal im Jahr

LEBENSWEISE

Schmetterlinge leben fast überall, wo es Pflanzen gibt: auf Wiesen und Feldern, in Parks und Gärten, an Waldrändern und auch im Wald. Tagfalter fliegen tagsüber von Blüte zu Blüte, um dort süßen Nektar zu trinken. Manche Schmetterlinge leben nur ein bis zwei Wochen. Andere überwintern in einem geschützten Versteck.

Raupe   *Puppe*   *Geschlüpfter Falter*

WICHTIG ZU WISSEN!

Nicht alle Schmetterlinge leuchten bunt. Nachtfalter, die in der Dämmerung und in der Dunkelheit unterwegs sind, haben oft eine bräunliche Färbung. So sind sie während ihrer Ruhezeit am Tag gut getarnt.

DAS KLEINE NACHTPFAUENAUGE:

Wie das Tagpfauenauge trägt auch das Nachtpfauenauge Augenflecken auf den Flügeln. Damit kann es Angreifer verwirren. Auf den ersten Blick könnten sie glauben, selbst einem großen Fressfeind gegenüberzustehen.

SCHMETTERLINGE

S

DER KOHLWEISSLING:

Kohlweißlinge siehst du bei uns sehr häufig. Bei Landwirten sind sie nicht sehr beliebt, denn die Raupen hinterlassen große Schäden bei der Kohlernte. Durch den Export von Kohl hat sich der Kohlweißling über Europa hinaus ausgebreitet.

DER KLEINE FUCHS
Aglais urticae

Den Kleinen Fuchs kennst du ganz sicher. Er gehört zu unseren häufigsten Tagfaltern. Er überwintert an geschützten Orten und ist bereits im März wieder unterwegs.

- 4 bis 5 cm Flügelspannweite
- fast überall, wo Brennnesseln wachsen; in Europa und Asien
- Nektar verschiedener Blumen
- bis zu 150 Eier auf Brennnesselblättern, bis zu dreimal im Jahr

DER HAUHECHEL-BLÄULING
Polyommatus icarus

Beim Hauhechel-Bläuling sind besonders die Männchen blau gefärbt, die Weibchen wirken eher bräunlich. Ab Ende April kannst du sie beobachten.

- 2,5 bis 3 cm Flügelspannweite
- Wiesen und Felder in Europa, Nordafrika und Asien
- hauptsächlich Nektar des Klees
- bis zu 120 Eier an Klee, Wicken und Kriechendem Hauhechel, bis zu dreimal im Jahr

DER ZITRONENFALTER
Gonepteryx rhamni

Der Zitronenfalter überwintert unter Laub oder im Gehölz. Schon im Frühjahr ist er deshalb einer der ersten Falter, die du beobachten kannst.

- bis 5,5 cm Flügelspannweite
- Waldränder und lichte Wälder in Europa, Asien und Nordwestafrika
- Nektar von Wildpflanzen wie Seidelbast, Lerchensporn, Blutweiderich
- bis zu 120 Eier an den Knospen von Kreuzdorn und Faulbaum

Zitronenfalter

Flügelschuppen

Kleiner Fuchs

95

SCHNECKE

Selbst große Schnecken wie die Weinbergschnecke können mitsamt Gehäuse auf dünnen Zweigen balancieren.

Sie haben keine Knochen und sind weich, schleimig und sehr langsam. Es gibt sie ohne oder mit Haus. Die Weinbergschnecke kennst du bestimmt.

DIE WEINBERGSCHNECKE
Helix pomatia

- Körper bis zu 10 cm lang, Gehäuse bis zu 5 cm hoch
- 25 bis 30 g
- Warme, feuchte Stellen im Feld, an Wiesenrändern und in Weinbergen; in Europa
- Pflanzen, vor allem junge Blätter und Triebe, selten Aas
- Aus 40 bis 60 Eiern schlüpfen kleine Weinbergschnecken.

MERKMALE

Der lang gestreckte Körper ist von einer lederartigen Haut umgeben. Der untere Teil des Körpers ist der muskulöse Fuß. Durch Zusammenziehen der Muskeln entsteht eine wellenartige Bewegung, mit der sich die Schnecke bewegt. Schleimdrüsen auf der Fußunterseite sondern einen klebrigen Stoff ab. Diese Schleimspur schützt vor Verletzungen und erleichtert das Vorwärtsgleiten. Am Kopf der Schnecke befinden sich zwei Paar Fühler. An dem langen Fühlerpaar sitzen kleine Augen, die kurzen Fühler sind zum Tasten und Riechen. Das Schneckenhaus der Gehäuseschnecke besteht aus Kalk, den sie aus der Erde aufnimmt. Solange die Schnecke wächst, wird immer wieder ans Haus angebaut.

LEBENSWEISE

Schnecken haben eine Raspelzunge, Radula genannt. Mit ihr raspeln sie winzige Teilchen von Pflanzen ab. Aber sie fressen auch Aas. Schnecken mögen eine warme und eher feuchte Umgebung. Sobald sie mit ihren Augen oder Fühlern irgendwo dagegenstoßen, ziehen sie sie sofort ein.

NACHWUCHS

Schnecken sind Zwitter, also Männchen und Weibchen zugleich. Bei einer Paarung können sie ebenfalls gleichzeitig sowohl Männchen als auch Weibchen sein. Danach legen Weinbergschnecken etwa 60 weißliche Eier unter Laub oder in einer Erdhöhle ab. Aus ihr schlüpfen winzige Schnecken. Ihr Häuschen ist noch durchscheinend und sehr zerbrechlich.

TATSACHE!

Den Winter verbringen Gehäuseschnecken in Winterstarre an einem sicheren Platz. Ihr Haus verschließen sie dann mit einem Kalkdeckel. Die meisten Nacktschnecken, die kein Haus haben, sterben dagegen im Herbst. Nur die Eier überwintern.

Die Rote Wegschnecke ist eine Nacktschnecke. Ihr Schleim macht sie für die meisten Tiere ungenießbar.

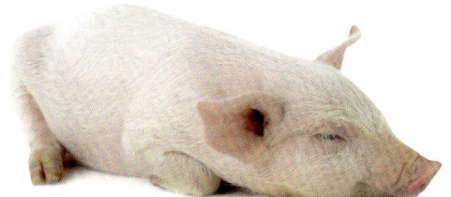

SCHWEIN

Schweine sind empfindsam, intelligent und reinlich. Aber sie werden vor allem wegen ihres Fleisches gehalten. Nicht alle Hausschweine sind rosa, es gibt verschiedene Rassen. Alle stammen vom Wildschwein ab.

Angler Sattelschwein   *Buntes Bentheimer Landschwein*   *Ungarisches Wollschwein*   *Vietnamesisches Hängebauchschwein*

MERKMALE

Hausschweine haben einen großen Kopf, kurze Beine und einen Ringelschwanz. Ihre Haut ist mit Borsten besetzt. Die großen Ohren hängen oft nach vorn. Die Schnauze endet in der sogenannten Rüsselscheibe mit zwei großen Nasenlöchern. Diese Rüsselscheibe ist sehr beweglich. Die Schweine wühlen damit in der Erde und spüren leckeres Futter auf. Das männliche Schwein ist der Eber, das weibliche Schwein wird Sau genannt. Ihre Jungen heißen Ferkel.

LEBENSWEISE

Schweine sind sehr gesellig und halten sich gern in der Gruppe auf. Als Allesfresser wühlen sie in der Erde nach Wurzeln, Knollen und kleinen Bodentieren. Sie lieben es, im Schlamm zu baden. An heißen Tagen kühlen sie sich auf diese Weise ab und pflegen zugleich ihre empfindliche Haut.

NACHWUCHS

Eine Sau kann zweimal im Jahr bis zu zwölf Ferkel bekommen. Schweinemütter sind sehr fürsorglich und verteidigen ihren Nachwuchs bei Gefahr. Kleine Hausschweine sehen schon fast so aus wie die Erwachsenen.

DAS HAUSSCHWEIN
Sus scrofa domestica

 je nach Rasse 60 bis 200 cm Körperlänge, bis zu 110 cm Schulterhöhe

 bis 150 kg

Laub- und Mischwälder mit Waldwiesen; als Nutztier weltweit in Stallhaltung

Früchte, Gemüse, Pflanzen, Fleisch – Schweine sind Allesfresser.

bis zu zweimal im Jahr 7 bis 12 Junge, 112 bis 114 Tage Tragzeit

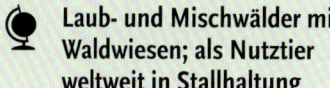

WICHTIG ZU WISSEN!

Viele Hausschweinrassen sind sehr anfällig für Stress. Sie können sogar ähnliche Krankheiten wie der Mensch bekommen. Deshalb werden Schweine auch in der medizinischen Forschung eingesetzt.

Hausschweine sind nur glücklich, wenn sie Auslauf haben und in der Erde nach Futter wühlen können. Doch die meisten Schweine werden in engen Ställen in der Mast gehalten.

SEEPFERDCHEN

Seepferdchen gehören zu den Fischen. Die kleinen Meerestiere sind vor allem in warmen Meeren zu Hause, wo sie sich in der Nähe der Küsten aufhalten.

MERKMALE
Der Kopf mit der langen Schnauze erinnert an einen Pferdekopf. Auf dem Rücken befindet sich eine kleine Rückenflosse, die beiden Brustflossen sind ebenfalls sehr klein. Seepferdchen schwimmen aufrecht im Wasser. Ihr Körper endet in einem Greifschwanz, mit dem sie sich an Wasserpflanzen festhalten können. Die Färbung ist je nach Art sehr unterschiedlich. Seepferdchen sind außerdem in der Lage, ihre Farbe der Umgebung anzupassen.

Schwimmendes Seepferdchen

LEBENSWEISE
Seepferdchen leben meist paarweise zusammen und besetzen ein festes Revier. Die Nacht verbringen sie zwischen Wasserpflanzen, wo sie sich mit ihrem Schwanz festklammern. Am Morgen trennt sich das Paar für die Nahrungssuche.

NACHWUCHS

Das Kinderkriegen ist Sache des Männchens. Es hat an seinem Bauch eine spezielle Bruttasche. Dort gibt das Weibchen bei der Paarung die Eier hinein. Das Männchen befruchtet sie mit seinem Samen und brütet sie aus. Wenn die kleinen Seepferdchen schlüpfen, pumpt das Männchen Wasser in die Bruttasche und spült die Jungen regelrecht hinaus. Die Kleinen sind von Anfang an selbstständig.

DAS SEEPFERDCHEN
Hippocampus

 je nach Art zwischen 1,5 und 30 cm Körperlänge

 warme und gemäßigte Küstengewässer

 kleine Krebse und Garnelen

 Das Männchen brütet bis zu 200 Eier in seiner Bauchtasche aus.

ERSTAUNLICH!

Ein enger Verwandter der Seepferdchen ist der Große Fetzenfisch, der vor der Küste von Süd- und Westaustralien lebt. Er sieht aus, als würden ihm Hautfetzen vom Körper hängen. Diese Auswüchse dienen der Tarnung: Zwischen den Algen, die in ihrem Lebensraum wachsen, sind Fetzenfische kaum zu entdecken.

Großer Fetzenfisch

SPATZ S

Der Spatz oder Sperling ist dort zu finden, wo auch Menschen leben. Weil Körner seine Hauptnahrung sind, hat er rasch Getreidefelder als Futterquelle entdeckt. Der Feldsperling ist vor allem auf dem Land verbreitet. In den Städten hat sich der Haussperling angesiedelt.

Feldspatz

Hausspatz

MERKMALE
Spatzen haben ein graubraunes Gefieder. Beim Hausspatz trägt das Männchen einen dunklen Brustlatz und einen grauen Scheitel, beim Feldspatz ist der Scheitel braun. Die Weibchen sind unauffälliger gefärbt. Spatzen gehören zu den Singvögeln. Ihr Ruf klingt wie ein lautes Tschilpen.

LEBENSWEISE
Spatzen sind sehr gesellig und halten sich meist im Schwarm auf. Sie mögen Hecken und Büsche, in denen sie Unterschlupf finden. Sie nehmen auch gern Staubbäder: Mit den Flügeln wirbeln sie Staub auf und verteilen ihn in ihrem Gefieder. Daher stammt auch die Bezeichnung »Dreckspatz«. Tatsächlich reinigen sich die Vögel aber auf diese Weise von Ungeziefer: Läuse und Milben bleiben im Staub haften und werden entfernt, wenn sich der Spatz anschließend schüttelt und mit dem Schnabel durch sein Gefieder fährt.

NACHWUCHS
Männchen und Weibchen wechseln sich mit dem Brüten ab. Die kleinen Spatzen brauchen zunächst eiweißreiche Kost, deshalb sammeln die Eltern Raupen und Insekten. Erst später stehen Sämereien auf dem Speiseplan.

Der Spatzenvater verteilt leckere Raupen.

So ein großes Spatzenkind bekommt schon Körner von der Mutter.

WICHTIG ZU WISSEN!
Hausspatzen haben zwar gelernt, Brotkrumen und Essensreste aufzupicken, doch das ist nicht gesund für sie. Sie können sogar krank davon werden.

DER HAUSSPERLING (SPATZ)
Passer domesticus

- 12 bis 15 cm Körperlänge, etwa 24 cm Flügelspannweite
- bis 32 g
- weltweit, mit Ausnahme der Tropen und der Polarregionen
- Samen aller Art, Raupen und Insekten für die Jungen
- 4 bis 6 Eier, bis zu dreimal im Jahr, 14 Tage Brutzeit

Hausspatzen nisten an allen möglichen Orten: in Mauernischen, hinter Regenrinnen und sogar in Straßenlaternen. Als Baumaterial für ihr Nest nehmen sie, was gerade in Reichweite ist. Das kann auch Papier oder Wolle sein.

99

S SPINNE

Es gibt eine unglaubliche Anzahl unterschiedlicher Spinnen. Nach ihrer Jagdmethode kann man sie grob in drei Gruppen einteilen: die Lauerjäger, die Jagdspinnen und die Webspinnen. Eine Webspinne kennt fast jeder – die Gartenkreuzspinne.

DIE GARTENKREUZSPINNE
Araneus diadematus

 Weibchen bis zu 2 cm, Männchen etwa 1 cm Körperlänge

 etwa 1 g

 Wälder, Gärten, buschreiche Landschaften; in Mitteleuropa

 Fliegen, Mücken, Schmetterlinge, Heuschrecken, Wespen

 Aus bis zu 100 Eiern schlüpfen nach ungefähr 8 Monaten kleine Gartenkreuzspinnen.

MERKMALE

Spinnen haben acht Beine. Die Weibchen sind größer als die Männchen. Die Gartenkreuzspinne ist eine Webspinne. Die Spinndrüsen am Hinterleib produzieren den Spinnenfaden, den die Spinne mithilfe ihrer Fußklauen geschickt verwebt. Sie hat ein helles Kreuz auf ihrem Rücken, das aus fünf weißen Flecken besteht. Am Kopf sitzen zwei Giftklauen. Für den Menschen ist das Gift ungefährlich.

Spinndrüse

LEBENSWEISE

Die Gartenkreuzspinne ist eine Radnetzspinne: Sie webt große Netze, die an ein Rad erinnern. Meist hält sie sich in der Mitte des Netzes auf. Verfängt sich ein Insekt darin, spürt sie die Erschütterungen und eilt herbei. Die Beute wird mit einem Giftbiss gelähmt. Hat die Spinne keinen Hunger, wird die Beute zu einem Paket versponnen und als Vorrat ans Netz gehängt. Ist sie hungrig, spritzt sie gleich einen Verdauungssaft in die Beute und saugt sie aus.

NACHWUCHS

Die Paarung ist für das Männchen gefährlich: Wenn das Weibchen nicht in Stimmung ist, betrachtet sie das viel kleinere Männchen als Beute und tötet es. Um sich anzukündigen, zupft das Männchen am Netz. Nach der Paarung im Herbst legt das Weibchen seine Eier in einen Kokon, den es dafür spinnt; dann stirbt es. Aus den Eiern schlüpfen im Frühjahr die kleinen Spinnen. Sie häuten sich mehrmals, bis sie ihre endgültige Größe erreicht haben.

Weibchen trifft Männchen (rechts)

ERSTAUNLICH!

Das Netz der Gartenkreuzspinne kann einen Durchmesser von 70 cm erreichen. Die Spinne webt es fast jeden Tag neu. Das alte Netz frisst sie zum größten Teil auf, denn es enthält viel nahrhaftes Eiweiß.

Winzig klein, aber ein großer Jäger: Die Zebraspringspinne baut kein Netz. Sie lauert ihrer Beute auf und springt sie aus etwa 5 cm Entfernung an. Dabei benutzt sie ihren Faden als eine Art Rettungsleine.

STORCH S

Störche sind Zugvögel. Wenn bei uns im Herbst die Nahrung knapp wird, fliegen sie nach Afrika. Dafür brauchen sie gut einen Monat. Im Frühling kehren sie zurück.

MERKMALE

Der Weißstorch verdankt seinen Namen dem weißen Gefieder. Nur die Schwungfedern der Flügel sind schwarz. Die langen Beine sind dünn und rot. Auch der lange Schnabel ist rot gefärbt. Störche klappern damit, wenn sie sich gegenseitig am Nest begrüßen. Er dient auch dazu, das Nest gegenüber anderen Störchen zu verteidigen.

LEBENSWEISE

Ende März, Anfang April kehrt zuerst das Männchen aus dem Süden zurück. Es besetzt ein Nest und beginnt, es herzurichten. Störche benutzen über viele Jahre hinweg dasselbe Nest und bauen ständig daran. Bald nach dem Männchen kommt auch das Weibchen wieder. In den ersten Tagen geht es vor allem darum, ausreichend zu fressen, um sich von den Strapazen des langen Fluges zu erholen. Am Boden bewegen Störche sich langsam schreitend. Haben sie Beute entdeckt, stoßen sie blitzschnell mit dem Schnabel zu.

NACHWUCHS

Die kleinen Störche sind anfangs nie allein: Während ein Elternteil nach Futter sucht, bleibt der andere am Nest und schützt die Storchenkinder vor Regen und Kälte. Bei zu viel Sonne stellt sich der Storch vor seine Jungen und breitet die Flügel wie einen Sonnenschirm aus. Spätestens im August müssen die jungen Störche selbstständig sein. Dann treten sie ihre erste lange Reise in den Süden an.

TATSACHE!

Da Störche Segelflieger sind, brauchen sie kräftige Aufwinde, um auf der langen Strecke nicht zu schnell zu ermüden. Diese gibt es aber nur über Land. So verläuft eine Route von Europa aus über die Türkei und die Sinaihalbinsel nach Afrika, die andere über Spanien und Gibraltar.

DER WEISSSTORCH
Ciconia ciconia

- 78 bis 100 cm Körperlänge, bis 220 cm Flügelspannweite
- 2,5 bis 4,5 kg
- Wiesen, Flusslandschaften und Feuchtgebiete in Europa und Afrika
- Frösche, Mäuse, Schnecken, Fische, Eidechsen, Insekten, Regenwürmer
- 2 bis 7 Eier, 32 Tage Brutzeit

Der Schwarzstorch ist bis auf Brust und Bauch schwarz. Er lebt zurückgezogen in feuchten Waldgebieten und meidet die Nähe des Menschen.

Am Nest gibt es immer etwas auszubessern.

T TAUBE

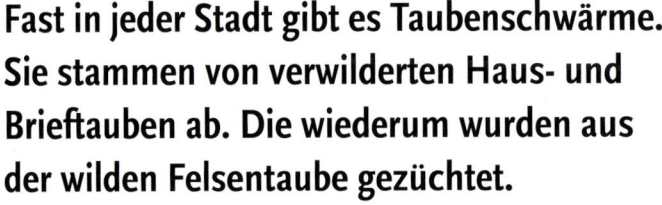

Fast in jeder Stadt gibt es Taubenschwärme. Sie stammen von verwilderten Haus- und Brieftauben ab. Die wiederum wurden aus der wilden Felsentaube gezüchtet.

MERKMALE

Stadttauben können in vielen Farben auftreten, aber häufig sehen sie ihren wilden Verwandten, den Felsentauben, sehr ähnlich: Das Gefieder ist graublau. An Hals und Brust schillern die Federn rötlich und violett, grünlich und gelblich. Die Flügeldecken sind dunkel gemustert. Die Augen sind rot bis rötlich braun.

LEBENSWEISE

Ein Taubenpärchen bleibt meist für ein ganzes Vogelleben zusammen. Der Täuberich sucht ein geeignetes Revier aus. Dann lockt er das Weibchen mit gurrenden Rufen herbei. Der Nestbau ist Gemeinschaftsarbeit, jeder steuert bei, was sich aus Taubensicht verwenden lässt: Zweige, Halme, Federn, Plastikfolie. Tauben sind ursprünglich Felsenbrüter. Stadttauben nisten auf schmalen Vorsprüngen an Gebäuden und in fast jeder anderen erdenklichen Nische.

DIE STADTTAUBE (STRASSENTAUBE)
Columba livia domestica

- bis zu 35 cm Körperlänge, bis 68 cm Flügelspannweite
- 300 bis 400 g
- verwildert in Städten auf der ganzen Welt
- Körner, Nahrungsabfälle
- 2 Eier, bis zu sechsmal im Jahr, etwa 18 Tage Brutzeit

NACHWUCHS

Taubenküken bekommen anfangs eine besondere Nahrung, die Kropfmilch. Der Kropf ist eine kleine Ausbuchtung in der Speiseröhre der erwachsenen Tauben. Hier bildet sich ein fettiges und sehr nahrhaftes Sekret, eine Art Brei. Erwachsene Tauben sind vor allem Körnerfresser. Wenn sie nebenbei kleine Steinchen verschlucken, ist das kein Versehen: Die Steinchen helfen bei der Verdauung harter Körner.

Tauben können kopfabwärts Wasser trinken! Andere Vögel müssen zum Trinken den Kopf heben und das Wasser die Kehle hinunterrinnen lassen.

Früher gab es auf jedem größeren Hof einen Taubenschlag. Ihr Fleisch wurde gegessen. Heute ist die Taubenhaltung meist ein Hobby. Gezüchtet werden sie für Schönheitswettbewerbe oder als Brieftauben. Zuchttauben erkennst du an einem Ring am Fuß.

TATSACHE!

Verwilderte Taubenschwärme sind in Städten meist nicht gern gesehen: Im Taubenkot bildet sich bei der Zersetzung eine aggressive Säure. Diese Säure zerstört die Fassaden und Dächer von Gebäuden. Deshalb ist es in vielen Städten mittlerweile verboten, Tauben zu füttern. In Venedig z. B., dort waren die Taubenschwärme lange Zeit eine Touristenattraktion.

TIGER

Tiger sind die größten Raubkatzen. Es gibt sie nur in Asien. Der größte ist der Sibirische Tiger. Er wird auch Amurtiger genannt – nach dem Fluss, der sich durch seinen Lebensraum zieht.

MERKMALE
Typisch ist das rötlich gelbe Tigerfell mit den dunklen Streifen. Kehle, Bauch und Innenseite der Beine sind fast weiß. Der Kopf ist rund, mit einem weißen Backenbart. An der Schnauze sitzen lange Tasthaare.

LEBENSWEISE
Als Einzelgänger beanspruchen Männchen und Weibchen eigene Reviere. Wichtig ist, dass es dort viele Wildtiere gibt, denn Sibirische Tiger fressen jeden Tag etwa 9 kg Fleisch. Weil sie in einer kalten Region leben, verbraucht ihr Körper besonders viel Energie. Ein Tiger schleicht sich auf seinen großen Pfoten fast lautlos an seine Beute an. Dann springt er ihr von hinten auf den Rücken. Ist die Beute zu Boden gegangen, wird sie mit einem Biss in die Kehle getötet. Der Sibirische Tiger ist stark gefährdet, weil die Menschen ihn und auch seine Beutetiere jagen und seinen Lebensraum immer weiter zerstören.

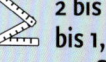
Junge Tiger üben Anspringen

NACHWUCHS
Tigerbabys sind zunächst blind und hilflos. Erst mit zwei Wochen öffnen sie ihre Augen. Acht Wochen lang werden sie im Versteck von ihrer Mutter gesäugt. Dann bekommen sie die ersten kleinen Fleischstücke. Es dauert etwa ein halbes Jahr, bis die jungen Tiger selbst erste Jagdversuche unternehmen. Mit vier Jahren müssen sie sich ein eigenes Revier suchen.

Eine Tigermutter wäscht ihr Junges. Sieht fast so aus, als würde es kitzeln.

Liger-Dame

TATSACHE!
Der Sibirische Tiger ist der einzige Tiger, dem ein besonderes Winterfell wächst. In seiner Heimat kann es bis zu minus 40 Grad Celsius kalt werden. Die meisten anderen Tigerarten leben in wärmeren Regionen, in denen niemals Schnee fällt.

DER SIBIRISCHE TIGER
Panthera tigris altaica

- 2 bis 2,50 m Körperlänge, bis 1,10 m Schulterhöhe, 1 m Schwanzlänge
- Männchen 120 bis 300 kg, Weibchen 100 bis 160 kg
- Wälder im Norden von China und Russland
- vor allem Hirsche, Rehe und Wildschweine
- 2 bis 4 Junge, etwa 100 Tage Tragzeit

WICHTIG ZU WISSEN!
Weiße Tiger kommen in der Natur nur sehr selten als Farbvariante des Bengalischen Tigers vor. Alle bekannten Weißen Tiger sind Züchtungen. Ebenso die sogenannten Liger. Sie entstehen, wenn sich ein Tigerweibchen mit einem Löwenmännchen paart. In der Natur völlig unmöglich – sie würden sich niemals begegnen!

TINTENFISCH

Der Name täuscht: Tintenfische sind keine Fische, sondern Weichtiere. Sie bilden die Hauptarten der Kopffüßer. Neben den achtarmigen Kraken zählen auch die zehnarmigen Sepien und Kalmare dazu.

MERKMALE

Der Krake hat am Kopf acht lange Fangarme, Tentakel genannt. Deshalb heißt er auch Oktopus: Octo bedeutet auf Lateinisch acht. An den Tentakeln sitzen in zwei Reihen Saugnäpfe. Der Krake ist bräunlich. Er kann sich aber an die Farbe und Musterung der Umgebung anpassen und damit perfekt tarnen. Im Notfall stößt der Tintenfisch eine tintenartige Wolke aus. Während sein Feind durch die Wolke verwirrt ist, kann er selbst fliehen.

LEBENSWEISE

Kraken »laufen« mit ihren Fangarmen über den Meeresboden. Mit den Saugnäpfen halten sie sich fest. Zum Schwimmen saugen sie Wasser ein und stoßen es wieder aus, sodass ein Rückstoß entsteht. Sie können sich außerdem sehr dünn machen: Weil sie kein festes Skelett besitzen, schaffen sie es, sich durch 2 cm enge Öffnungen zu zwängen.

NACHWUCHS

Nach der Paarung legt das Weibchen seine Eier in Felsspalten ab. Danach bleibt es in der Nähe, bewacht das Gelege und fächelt immer wieder frisches Wasser zu. Während dieser Zeit nimmt das Weibchen keine Nahrung mehr zu sich und stirbt meist an Erschöpfung, sobald die jungen Kraken geschlüpft sind.

TATSACHE!

Kraken sind hochintelligent. Sie gelten zwar als scheu, sind aber neugierig und lernen schnell. So schaffen sie es, den Deckel einer Dose mit leckerem Inhalt aufzuschrauben, auch wenn sie das nie zuvor beobachtet haben.

DER KRAKE (OKTOPUS)
Octopus vulgaris

- mit Fangarmen 30 bis 90 cm Körperlänge
- 3 bis 9 kg
- in bis zu 200 m Tiefe in nicht zu kalten Meeren; weltweit
- Krebse, Muscheln, Fische
- bis zu 400 000 Eier, bis zu 65 Tage Brutzeit

Findest du so etwas am Strand, ist es das Überbleibsel einer Sepia: der Schulp. Er ist ein Innenskelett aus Kalk, hat viele Luftkammern und gibt der Sepia Auftrieb. Sepien gehören zu den zehnarmigen Tintenfischen. Sie leben am Boden flacher Meere und sind Meister der Tarnung.

Kalmare haben einen langen, röhrenförmigen Körper und zehn Fangarme: acht kurze und zwei lange.

ERSTAUNLICH!

Manchmal werden Pottwale mit Saugnapfnarben gefunden. Verdächtigt wird der Riesenkalmar: Er kann mit Fangarmen etwa 5 m lang werden und lebt in der Tiefsee, wo es sehr dunkel ist. Deshalb sind seine Augen so groß wie Fußbälle. Seine Saugnäpfe sind trotzdem eher klein. Man nimmt deshalb an, dass die Pottwale als Kind angegriffen wurden und die Narben mitwuchsen.

UNKE

Unken gehören zu den Froschlurchen. Eine unserer häufigsten Unken ist die Gelbbauchunke.

MERKMALE
Der Name verrät schon, wie die Gelbbauchunke aussieht: Ihr Bauch ist leuchtend gelb mit bläulichen Flecken. Der Rücken ist grau, lehmfarben oder oliv und mit Warzen übersät. Anders als bei Fröschen, Kröten und sogar den Rotbauchunken haben die Männchen keine Schallblase. Ihr Ruf, ein dumpfes Uh-uh-uh-uh, ist deshalb nicht sehr laut. Gelbbauchunken haben ungewöhnliche Pupillen: Sie sind herzförmig.

LEBENSWEISE
Unken brauchen Wasser. Sie besiedeln schon kleinste Tümpel oder mit Regenwasser gefüllte Traktorspuren. Aktiv werden die Unken meist erst in der Dämmerung oder in der Nacht. Dann fühlen sie sich sicher.

NACHWUCHS
Mit ihren Unkenrufen markieren die Männchen ihr Revier und versuchen, Weibchen anzulocken. Nach der Paarung setzt das Weibchen mehrere Eipakete an Wasserpflanzen ab. Manchmal werden die Eier auch einfach am Gewässergrund abgelegt. Weil sich flaches Wasser rasch erwärmt, entwickeln sich die Eier schnell. Das ist wichtig, denn im Sommer können kleine Tümpel leicht austrocknen. Unter günstigen Bedingungen ist die Metamorphose der Unken schon nach vier bis fünf Wochen abgeschlossen. Die kleinen Unken sind in der Lage, kilometerweit über Land zu wandern und sich neue Gewässer zu suchen.

DIE GELBBAUCHUNKE
Bombina variegata

- 35 bis 55 mm Körperlänge
- 6 bis 10 g
- sehr flache und möglichst sonnige kleine Gewässer in Europa und Asien
- Insekten, Larven, Würmer, Schnecken
- Aus etwa 170 Eiern entwickeln sich über Metamorphose die jungen Unken.

ERSTAUNLICH!
Bei Gefahr zeigen Unken den Unkenreflex: Sie pressen ihren Bauch auf den Boden und biegen Arme und Beine so nach oben, dass die gelbe Haut sichtbar wird. Die Farbe signalisiert: Vorsicht, giftig! Tatsächlich können Gelbbauchunken über Drüsen auf ihrer Haut ein giftiges Sekret absondern.

Die Rotbauchunke findest du eher in Mittel- und Osteuropa. Im Gegensatz zur Gelbbauchunke haben die Männchen der Rotbauchunke eine Schallblase. Deshalb sind ihre Unkenrufe viel lauter.

W WALE

Die Wale im Größenvergleich

Blauwale sind die größten Säugetiere der Erde. Aber nicht alle Wale sind Riesen. Der Schweinswal, der in der Nordsee lebt, ist etwa so groß wie ein Delfin.

MERKMALE

Es gibt Zahnwale und Bartenwale. Zahnwale wie Pottwal und Orca machen Jagd auf Fische und andere Meereslebewesen. Bartenwale wie der Blauwal haben anstelle von Zähnen Hornplatten in ihrem Oberkiefer, die Barten. Damit filtern sie winzige Lebewesen und Nährstoffe aus dem Wasser.

Zum Luftholen kommen Wale regelmäßig an die Wasseroberfläche. Die Nasenöffnung, das Blasloch, sitzt oben auf dem Kopf. Wenn Wale ausatmen, sieht das wie eine Nebelfontäne aus. Die große Schwanzflosse, Fluke genannt, sitzt anders als bei Fischen nicht senkrecht, sondern waagerecht am Körper. Damit bewegen sich die Wale im Wasser vorwärts.

LEBENSWEISE

Wale sind sehr soziale und intelligente Tiere, die sich oft in Gruppen aufhalten. Eine solche Gruppe wird Schule genannt. Zur Verständigung benutzen Wale eine Vielzahl von Lauten, die sie zu Melodien zusammenfügen. Walgesänge sind unter Wasser kilometerweit zu hören. Die Tiere schwimmen weite Strecken durch die Ozeane. Sie halten sich gern in den kalten Polarmeeren auf, weil es dort viel Nahrung gibt. Doch um ihren Nachwuchs zur Welt zu bringen, ziehen sie in Richtung Äquator, wo es wärmer ist.

NACHWUCHS

Säugetierkinder werden normalerweise mit dem Kopf voran geboren. Bei den meisten Walen aber erscheint zuerst die Schwanzflosse. Das Kalb ist nur etwa ein Drittel so groß wie ein erwachsener Wal. Die Mutter stupst es zur Wasseroberfläche, damit es seinen ersten Atemzug machen kann. Der kleine Wal bleibt immer dicht bei seiner Mutter. Er schwimmt an ihrer Seite oder unter dem Bauch. Hier ist er sicher und geschützt.

Das ist die Fluke eines Buckelwals.

DER BLAUWAL
Balaenoptera musculus

Der Blauwal ist das schwerste und größte Tier, das jemals auf der Erde gelebt hat. Allein sein Herz wiegt mehr als 500 kg! Du könntest bequem darin sitzen. Anders als die meisten Wale ist der Blauwal lieber allein unterwegs.

 23 bis 30 m Körperlänge

 100 bis 180 t

 Nordatlantik, Pazifik, antarktische See, Indischer Ozean

 Plankton, winzige Krebse (Krill), kleine Fische

 1 Junges, 11 Monate Tragzeit

DER BELUGA:

Wegen seiner hellen Farbe nennt man den Beluga auch Weißwal. Er ist mit dem Narwal verwandt und lebt wie dieser im Nordpolarmeer. Er bevorzugt flachere Gewässer und stöbert dort meist am Meeresgrund nach Nahrung.

WALE

DER BUCKELWAL:

Buckelwale gehören zu den Bartenwalen. Sie haben besonders große Flipper – so nennt man die Brustflossen der Wale. Sie sind berühmt für ihren Gesang und ihre Sprünge. Beim Tauchen bilden sie einen Buckel – daher haben sie ihren Namen.

DER POTTWAL
Physeter macrocephalus

Pottwale wagen sich in Meerestiefen von mehr als 1000 m vor. Dort lebt ihre Lieblingsspeise, der Riesenkalmar. Immer öfter stranden Pottwale im Wattenmeer, weil sie in der flachen Nordsee die Orientierung verlieren.

- 12 bis 19 m Körperlänge
- 15 bis 48 t
- alle großen Ozeane
- Tiefsee-Kalmare und andere Tintenfische
- meist 1 Junges, Tragzeit nicht genau bekannt

DER ORCA (SCHWERTWAL)
Orcinus orca

Orcas werden oft in Meeresaquarien gehalten. In Freiheit sind sie intelligente Jäger, die in der Gruppe Jagd auf Robben und Pinguine machen. Auffällig ist die hohe Finne, also die Rückenflosse. Sie erinnert an ein Schwert.

- 7 bis 9 m Körperlänge
- bis zu 6 t
- in fast allen Meeren, besonders häufig im Nordpolarmeer
- Fische, Meeressäuger, Seevögel
- 1 Junges, 12 Monate Tragzeit

DER SCHWEINSWAL
Phocoena phocoena

Schweinswale gehören zu den kleinsten Walen. Es gibt sie auch bei uns in Nord- und Ostsee. Sie sind gefährdet, weil sie sich leicht in den großen Fischerei-Schleppnetzen verheddern und darin als unbeabsichtigter Beifang jämmerlich ersticken.

- 1,5 bis 1,8 m Körperlänge
- 50 bis 70 kg
- in den Küstengewässern nördlich des Äquators
- kleine Fische und Krebse
- 1 Junges, 10 bis 11 Monate Tragzeit

TATSACHE!

Wale wurden vom Menschen fast bis zur Ausrottung gejagt. Vor allem im 19. und frühen 20. Jahrhundert waren große Walfangflotten auf den Meeren unterwegs. Das Fett der Tiere wurde zu Tran verkocht, einem Öl, das man als Brennstoff nutzte. Heute ist Walfang eigentlich international verboten. Doch manche Länder wie Island, Norwegen und Japan halten sich nicht daran.

DER NARWAL:

Das »Einhorn des Meeres« lebt im Nordpolarmeer. Sein langer Stoßzahn ist zugleich Waffe und Sinnesorgan. Früher hielt man angespülte Narwalstoßzähne tatsächlich für den Beweis, dass Einhörner existieren.

107

W WELLENSITTICH

Wellensittiche gehören zu den
Papageien. Ihre Heimat ist Australien, doch
als Ziervögel werden sie auf der ganzen Welt gehalten.

DER WELLENSITTICH
Melopsittacus undulatus

- 18 bis 20 cm Körperlänge, ewa 25 cm Flügelspannweite
- 25 bis 45 g
- Graslandschaften in Australien, als Ziervögel weltweit
- vor allem Körner, manchmal auch Obst und Gemüse
- 4 bis 6 Eier, 18 Tage Brutzeit

Junger blauer Zuchtwellensittich

MERKMALE

Wild lebende Wellensittiche sind grün mit einem wellenförmigen dunklen Quermuster, dem sie ihren Namen verdanken. Stirn, Gesicht und Kehle sind gelb, auf den Wangen sitzen dunkle Flecken. Die Schwanzfedern sind grünblau. Bei den Zuchtformen gibt es auch blaue, gelbe und weiße Sittiche. Männchen und Weibchen unterscheiden sich in der Farbe der Wachshaut. So heißt die unbefiederte Haut oberhalb des Schnabels. Bei Männchen ist sie blau, bei Weibchen braun.

LEBENSWEISE

Wellensittiche sind sehr gesellige Vögel, das Alleinsein mögen sie gar nicht. In Australien leben sie in großen Schwärmen. Wellensittiche kennen eine Vielzahl von Rufen und Lauten. Viele lernen es, Wörter und ganze Sätze nachzusprechen.

Küken

NACHWUCHS

Auch beim Brüten sind die Vögel gesellig. Ein Baum mit geeigneten Hohlräumen wird gleich von mehreren Pärchen zum Nisten genutzt. Das Weibchen brütet allein und wird vom Männchen mit Futter versorgt. Wenn die Küken schlüpfen, haben sie noch keine Federn. Sie sind nackt und blind. Es dauert aber nicht lange, bis die ersten Federn sprießen. Nach einer Woche öffnen die kleinen Sittiche die Augen. Im Alter von drei Monaten sind sie schon erwachsen.

Wellensittichschwarm in Australien

TATSACHE!

In der Natur sind Greifvögel die größten Feinde der Wellensittiche. Den besten Schutz bietet da der Schwarm: Der Angreifer erkennt vor lauter Wellensittichen kein einzelnes Tier mehr, das er sich herausholen könnte. Mit diesem Schwarmtrick schützen sich auch viele andere Vogelarten.

WESPE

Pollen, Nektar, Früchte, Marmelade – Wespen fressen alles. Für ihren Nachwuchs jagen sie Insekten oder holen ein Stückchen Wurst von deinem Teller.

MERKMALE
Die Wespe ist gelb-schwarz gestreift und wenig behaart. Ihr Körper wirkt wie in zwei Teile geteilt: Das ist die berühmte Wespentaille. Wespen haben zwei lange Fühler, zwei Paar Flügel und einen Stachel. Anstelle eines Rüssels besitzen sie scharfe Beißwerkzeuge.

LEBENSWEISE
Die Wespe lebt in großen Gemeinschaften von 2000 bis 8000 Tieren. Wie bei Bienen und Ameisen gibt es eine Königin, Arbeiterinnen und Drohnen. Die Königin legt die Eier, die Arbeiterinnen übernehmen den Nestausbau, die Futtersuche und das Versorgen von Königin und Brut. Die Drohnen (Männchen) sind für die Paarung da.

NACHWUCHS

Hat sich die Wespenkönigin mit einem Drohnen gepaart, baut sie ein Nest aus einer papierartigen Masse, die sie aus Holz gewinnt. Dazu raspelt sie mit ihren Mundwerkzeugen feine Fasern von Bäumen oder Balken ab und zerkaut sie zu Brei. In jede Wabe wird dann ein Ei gelegt. Daraus schlüpfen die Larven. Die Königin füttert sie mit einem Brei aus Insekten. Aus den ersten Larven werden unfruchtbare Arbeiterinnen. Sie kümmern sich jetzt um das Nest, um die nächsten Eier und die Larven. Im Herbst entwickeln sich aus bestimmten Eiern fruchtbare Weibchen, die selbst zu neuen Königinnen werden können. Drohnen entstehen aus Eiern, die nicht befruchtet worden sind. Sie sterben, sobald sie sich mit einem Weibchen gepaart haben.

WICHTIG ZU WISSEN!
Anders als bei den Bienen sterben die alte Wespen-Königin und ihr Staat im Spätherbst. Die Jungköniginnen überwintern an einer geschützten Stelle. Sie beginnen im Frühjahr mit dem Nestbau und gründen einen neuen Staat.

DIE WESPE
Vespula vulgaris

 Königin bis 20 mm, Drohnen bis 17 mm, Arbeiterinnen bis 14 mm Körperlänge

 Wiesen und Wälder in Mitteleuropa, auch in der Nähe von Gebäuden

 Süße Pflanzensäfte, Obst, zuckerhaltige Lebensmittel; die Larven brauchen tierisches Eiweiß in Form von Insekten.

 Aus Eiern entwickeln sich über Metamorphose neue Wespen.

VORSICHT!
Wespen können ihren Stachel mehrmals benutzen, da er im Gegensatz zum Bienenstachel keine Widerhaken hat. Fressfeinde merken sich das und verbinden Gelb-Schwarz mit Gefahr. Das wiederum machen sich andere Insekten zunutze.

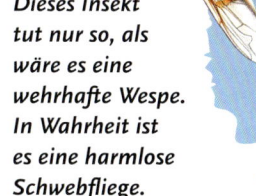
Dieses Insekt tut nur so, als wäre es eine wehrhafte Wespe. In Wahrheit ist es eine harmlose Schwebfliege.

Auch die Hornissen gehören zu den Echten Wespen. Eine Arbeiterin kann bis zu 25 mm groß werden, die Königin sogar bis zu 35 mm.

WILDKANINCHEN

Die ursprüngliche Heimat der Wildkaninchen liegt in Nordafrika und Spanien. Heute sind sie fast überall verbreitet. Von ihnen stammen unsere Hauskaninchen ab.

MERKMALE
Das braune Fell ist auf der Brust- und Bauchseite weißlich. Auch der kurze Schwanz, die Blume, ist weiß. Die Ohren, Löffel genannt, sind kürzer als der Kopf. Insgesamt wirkt der Körper rundlich. Die Augen sind dunkelbraun.

LEBENSWEISE
Wildkaninchen leben in Kolonien von dreißig und mehr Tieren. Mit ihren Krallen graben und scharren sie Baue in die Erde. Kaninchen sind wachsam: Immer wieder richten sie sich auf und prüfen die Umgebung. Bei Gefahr stoßen sie schrille Pfiffe aus und trommeln mit den Hinterläufen auf den Boden. So werden alle Mitglieder der Kolonie gewarnt und können sich in Sicherheit bringen. Als Pflanzenfresser verbringen Wildkaninchen den größten Teil des Tages mit der Nahrungsaufnahme. Sie nehmen außerdem immer wieder ihren eigenen Kot zu sich. Dadurch können sie die schwer verdauliche Pflanzenkost besser verwerten.

NACHWUCHS
Das Weibchen gräbt eine Nesthöhle und polstert sie mit trockenem Heu und Haaren aus seinem Bauchfell aus. Neugeborene Kaninchen haben noch kein Fell und können auch noch nicht sehen. Anders als Hasenkinder sind sie Nesthocker. Erst nach drei Wochen verlassen sie zum ersten Mal den Bau und erkunden die Umgebung.

WICHTIG ZU WISSEN!
Wildkaninchen sind vor allem in der Morgen- und Abenddämmerung aktiv. Nur wo sie sich sehr sicher fühlen, halten sie sich auch tagsüber längere Zeit außerhalb des Baues auf.

DAS WILDKANINCHEN
Oryctolagus cuniculus

- 38 bis 48 cm Körperlänge, bis 8 cm lange Ohren
- 1,5 bis 2,5 kg
- Busch- und Graslandschaften mit sandigen Böden und sonnigen Hanglagen; fast auf der ganzen Welt beheimatet
- Gräser, Kräuter, Wurzeln, Knospen, Rinde
- 4 bis 6 Junge, bis zu siebenmal im Jahr, 1 Monat Tragzeit

Kaninchenkinder auf Erkundungstour

Wachsames Kaninchen

Erst schnuppern, dann vorsichtig nähern.

Die Spur eines hoppelnden Kaninchens kannst du im Winter bei Schnee besonders gut erkennen.

WILDSCHWEIN

Wildschweine sind die Vorfahren unserer Hausschweine. Als Allesfresser finden sie fast überall genug Nahrung. Mancherorts haben sie sich so stark vermehrt, dass sie in die Städte vordringen.

DAS WILDSCHWEIN
Sus scrofa

 140 bis 180 cm Körperlänge, bis zu 100 cm Schulterhöhe

 120 bis 200 kg

 Wälder, Feld- und Wiesenlandschaften in Waldnähe; weltweit

 Wurzeln, Würmer, Insektenlarven, Früchte, Eicheln, Bucheckern, Feldfrüchte

 5 bis 7 Junge, 114 bis 118 Tage Tragzeit

MERKMALE
Wildschweine haben ein dunkles Borstenfell und einen Pinselschwanz, auch die Ohren sind dicht behaart. Das Fell der Jungen, der Frischlinge, ist in den ersten Lebensmonaten hell und dunkel längs gestreift. Mit seiner Rüsselschnauze wühlt das Schwein in der Erde nach Nahrung. Die Eckzähne, Hauer genannt, sind stark ausgeprägt, besonders beim männlichen Wildschwein, dem Keiler. Wildschweine können schlecht sehen, aber sie haben eine feine Nase. Sie können grunzen, schnauben und quieken.

LEBENSWEISE
Die Wildschweinmütter, die Bachen, leben mit den Frischlingen zusammen in einer Rotte. Junge Keiler bilden eigene Rotten, ältere streifen als Einzelgänger umher. Eine Rotte aus Bachen und Frischlingen wird von einer erfahrenen alten Leitbache angeführt. Sie weiß, wo es die besten Futterstellen und Suhlen gibt. Suhlen sind schlammige Senken, in denen sich die Schweine gern wälzen. So pflegen sie ihr Fell und ihre Haut: Wenn der Schlamm getrocknet ist, wird er mitsamt allem Ungeziefer an einem Baumstamm wieder abgescheuert.

NACHWUCHS
Vor der Geburt sucht sich die Bache einen geschützten Ort, den Wurfkessel. Hier kommen die Jungen zur Welt. Sie bleiben mit ihrer Mutter etwa für drei Wochen beim Wurfkessel. Erst dann sind sie kräftig genug, um mit der Rotte umherzustreifen.

Egal, ob Bache oder Keiler: Wenn dir ein Wildschwein in dieser Stellung begegnet, heißt es Beine in die Hand nehmen. Oder besser: auf den nächsten Baum klettern. Denn Wildschweine können nicht klettern – dafür aber ziemlich schnell rennen.

WICHTIG ZU WISSEN!
Wildschweinmütter verteidigen ihren Nachwuchs sehr aggressiv und greifen auch Menschen an, die den Kleinen zu nahe kommen. Mit ihren Hauern kann eine Wildsau schwere Verletzungen zufügen. Einer Bache mit Frischlingen sollte man deshalb unbedingt aus dem Weg gehen.

W WOLF

Wolfsaugen sind goldgelb.

Der Wolf ist ein Wildhund und die Stammform unserer Haushunde. Er ist bei uns ausgerottet worden, aber inzwischen wieder zurückgekehrt.

MERKMALE
Wölfe haben lange Beine, große Pfoten und einen buschigen Schwanz. Der Kopf ist breit und groß, die Ohren stehen aufrecht. Der Europäische Wolf hat ein graues Fell, das auch gelblich oder bräunlich wirken kann. Im Gesicht, an Kehle, Brust und Bauch ist es heller.

LEBENSWEISE

Wölfe leben in Rudeln. Ein Wolfsrudel besteht aus den Elterntieren und den Jungen der letzten drei Jahre. Innerhalb des Rudels herrscht eine klare Rangordnung. Die Wolfseltern sind die Leittiere und führen die Gruppe an. Wölfe verständigen sich mit verschiedenen Lauten wie Knurren, einem kurzen Bellen oder durchdringendem Heulen. Mit dem Heulen zeigen sie ihre Zusammengehörigkeit und ihre Stärke als Rudel. Auch durch die Körperhaltung können Wölfe sich mitteilen. Wölfe sind in der Natur die Gesundheitspolizei: Sie jagen vor allem kranke Tiere.

NACHWUCHS
Kurz vor der Geburt sucht sich die Wölfin ein Versteck, in dem sie ihre Jungen ungestört zur Welt bringen kann. Bis zu acht Wochen lang werden die Welpen gesäugt. Wenn die älteren Tiere erfolgreich gejagt und gefressen haben, springen die Welpen an ihnen hoch und schnappen mit dem Maul bettelnd nach ihren Schnauzen. Daraufhin würgen die Wölfe einen Teil des Futters vorverdaut wieder hoch. Mit etwa einem halben Jahr begleiten die jungen Wölfe das Rudel schon bei der Jagd.

WICHTIG ZU WISSEN!
Mittlerweile kehrt der Wolf über Polen zu uns zurück. Einzelne Wölfe haben sich sogar schon bis in den Süden Deutschlands vorgewagt. Keine Sorge: Wölfe greifen in der Regel keine Menschen an, wenn man sie in Ruhe lässt.

DER EUROPÄISCHE WOLF
Canis lupus lupus

- 90 bis 110 cm Körperlänge, 70 bis 90 cm Schulterhöhe, bis 40 cm Schwanzlänge
- 30 bis 50 kg
- 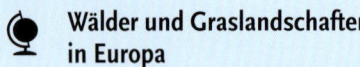 Wälder und Graslandschaften in Europa
- 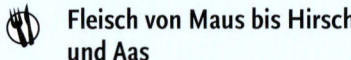 Fleisch von Maus bis Hirsch und Aas
- 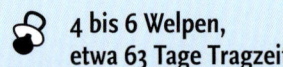 4 bis 6 Welpen, etwa 63 Tage Tragzeit

Wolfsmütter kümmern sich liebevoll um ihren Nachwuchs.

TATSACHE!
Wölfe haben eine energiesparende Methode, um im Schnee gut voranzukommen: Sie laufen hintereinander und treten in die Pfotenabdrücke des vorderen Tieres. Die Spur sieht aus, als wäre nur ein einziger Wolf unterwegs gewesen.

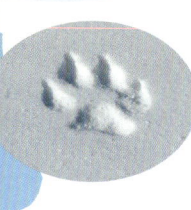

Yakkalb

YAK Y

Das Yak ist eine Rinderart in Zentralasien. Besonders für die Menschen im Hochland ist es ein unverzichtbares Nutztier. Es wird dort schon seit langer Zeit als Haustier gezüchtet. Das Wildyak hingegen ist vom Aussterben bedroht!

MERKMALE
Yaks haben ein langes, zotteliges Fell, das aus mehreren Schichten besteht. Es schützt gut vor Kälte. Beim Wildyak ist es dunkelbraun oder schwarz, Hausyaks können auch hellbraun, weiß oder gescheckt sein. Das Yak hat lange Hörner, die seitlich am Kopf wachsen. Sein Widerrist, also die höchste Stelle am Rücken, ist besonders ausgeprägt. Von der Seite betrachtet sieht es aus, als hätte das Yak einen Buckel.

LEBENSWEISE
Wild lebende Yaks bilden kleine Herden, die aus Kühen mit Kälbern und Jungtieren bestehen. Yakbullen sind meist Einzelgänger oder schließen sich zu kleinen Junggesellengruppen zusammen. Bei Schneestürmen rücken die Tiere eng zusammen und stellen sich mit dem Hinterteil zum Wind. So kann ihnen die Kälte am wenigsten anhaben. Die Kühe bilden dabei einen schützenden Ring um die Kälber. Im Deutschen wird das Yak auch Tibetischer Grunzochse genannt: Yaks sind bekannt für das laute Grunzen, mit dem sie sich verständigen.

NACHWUCHS
Die Yakkuh bringt meist ein Junges zur Welt. Das Kalb hat bereits ein dichtes Fell, das von der Mutter gleich trocken geleckt wird.

Hausyaks werden als Reittiere und Lastenträger genutzt. Außerdem liefern sie Milch, Fleisch, Wolle und Leder. Sogar ihr Dung wird verwendet – als Brennmaterial.

DAS YAK
Bos mutus

- bis 3 m Köperlänge, Bullen bis 2 m Schulterhöhe, Kühe bis 1,5 m Schulterhöhe
- Bullen bis 1000 kg, Kühe bis 500 kg
- als Nutztier fast überall in Zentralasien
- Gras
- 1 Kalb, etwa 257 Tage Tragzeit

REKORD!
Kein anderes Wildrind ist ein so guter Kletterer wie das Yak: Dank seiner besonders scharfkantigen Hufe überwindet es sogar Steigungen von bis zu 75 Grad! Deshalb ist es besonders gut als Lastenträger für Bergtouren im Himalaya geeignet.

Z ZEBRA

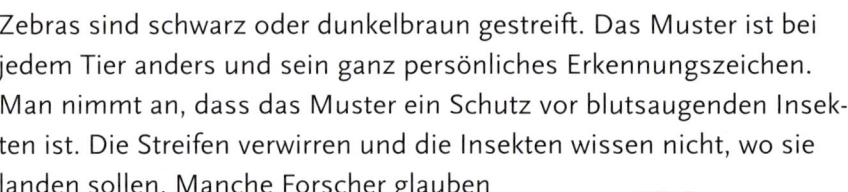

Zebras leben in Afrika. Das Steppenzebra kommt besonders häufig vor.

DAS STEPPENZEBRA
Equus quagga

 1,7 bis 2 m Körperlänge, bis 140 cm Schulterhöhe, 40 bis 60 cm Schwanzlänge

 200 bis 400 kg

 Graslandschaften Afrikas

 Gras

 1 Junges, 12 Monate Tragzeit

MERKMALE

Zebras sind schwarz oder dunkelbraun gestreift. Das Muster ist bei jedem Tier anders und sein ganz persönliches Erkennungszeichen. Man nimmt an, dass das Muster ein Schutz vor blutsaugenden Insekten ist. Die Streifen verwirren und die Insekten wissen nicht, wo sie landen sollen. Manche Forscher glauben auch, dass die Streifen eine Tarnung vor Raubtieren sind.

Schutz durch Masse: Zebras und Gnus

LEBENSWEISE

Ein Hengst führt die Herde an, zu der mehrere Stuten und ihre Fohlen gehören. Junghengste bilden eigene Gruppen. Die Tiere erkennen sich gegenseitig am Streifenmuster, am Geruch und an der Stimme. Sie wiehern nicht, sondern geben Laute von sich, die wie ein keuchendes Bellen klingen. Zebras schließen sich oft mit Antilopen und Gnus zusammen. So bilden sich gemischte Herden von vielen tausend Tieren. Die Masse bietet Sicherheit: Raubtieren wie Löwen oder Hyänen fällt es dann schwer, ein einzelnes Tier auszusuchen.

NACHWUCHS

Die Stute bringt meist ein Fohlen zur Welt. Mehr als acht Monate lang wird es gesäugt. Aber das erste Gras probiert es schon, wenn es gerade eine Woche alt ist. Ist das kleine Zebra eine Stute, bleibt es in der Herde der Mutter. Ein kleiner Hengst schließt sich nach etwa zwei Jahren einer Gruppe von anderen Junghengsten an.

Keine Gymnastik, sondern das Waschprogramm! Zebras wälzen sich im Sand, um sich zu reinigen.

REKORD!

Das größte Zebra ist das Grevyzebra: Es kann bis zu 3 m lang werden und eine Schulterhöhe von 150 cm erreichen. Anders als das Steppenzebra bildet es keine großen Herden, sondern streift oft allein umher. In der Wildnis ist es vom Aussterben bedroht.

Zebrafohlen im Galopp

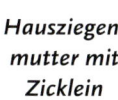
Ziegenbock

ZIEGE Z

Ziegen sind klug, genügsam, kräftig und robust. Sie sind leichtfüßig im bergigen Gelände unterwegs – selbst dort, wo Rinder schon lange nicht mehr folgen können. Bereits vor mehr als 10 000 Jahren züchteten Menschen Hausziegen. Sie liefern Milch, Fleisch und Leder.

TATSACHE!

Wie Schafe werden auch Ziegen heute als Landschaftspfleger eingesetzt: Indem sie die Schösslinge abfressen, sorgen sie dafür, dass Grasflächen nicht von Büschen überwachsen werden.

MERKMALE

Ziegen tragen Hörner auf dem Kopf. Bei männlichen Tieren, den Ziegenböcken, sind sie meist länger als bei den weiblichen Ziegen. Die Böcke haben außerdem ein langes Haarbüschel unter dem Kinn, den Ziegenbart. Die Augen sind hell. Die Pupille zieht sich bei starkem Lichteinfall zu einem horizontalen Strich zusammen. Es gibt weiße, braune, graue, schwarze und gefleckte Hausziegen. Der kurze Ziegenschwanz steht in die Höhe. Ziegen können meckern, blöken und bei Gefahr einen Warnpfiff ausstoßen.

DIE HAUSZIEGE
Capra aegagrus hircus

	je nach Rasse 50 bis 110 cm Körperlänge und 40 bis 60 cm Schulterhöhe
	je nach Rasse 30 bis 120 kg
	ursprünglich vor allem in Bergregionen verbreitet; als Nutztier weltweit
	Gräser, Kräuter, Blätter, Knospen
	1 bis 3 Junge, 150 Tage Tragzeit

LEBENSWEISE

Ziegen sind gesellige Tiere, die in kleinen Gruppen mit fester Rangordnung leben. Ranghöhere Tiere dürfen als Erste an die besten Futterplätze. Um an besonders leckere Blätter und Knospen von Bäumen zu kommen, richten die Ziegen sich auf den Hinterbeinen auf und machen sich ganz lang. Sie können auch gut klettern. Manchmal steigen sie sogar in Bäume! Vor allem zum Ausruhen suchen sie sich gern erhöhte Plätze aus.

NACHWUCHS

Ziegen können bis zu drei Junge bekommen, die Zicklein genannt werden. Meist sind es aber Zwillinge. Neugeborene Zicklein haben noch keine Hörner, aber die kleinen Hornansätze sind schon zu erkennen.

In Marokko gibt es »Ziegenbäume«: Der Arganbaum bietet saftige Blätter in einer ansonsten kargen Landschaft. Dafür klettern die Ziegen bis in die Baumkrone.

Hausziegenmutter mit Zicklein

DIE WELT DER PFLANZEN UND PILZE

Sie begegnen uns ständig in unserem ganz normalen Alltag. Zum Frühstück essen wir Brot aus Getreide, wir spielen Fußball auf dem Rasen, zum Geburtstag gibt es Blumen und im Wald suchen wir Pilze. Auf der Welt gibt es ungefähr 340 000 Pflanzen- und 100 000 Pilzarten. Wissenschaftler haben die Pflanzen nach gemeinsamen Merkmalen in Gruppen zusammengefasst, so etwa die Nadelbäume oder die Laubbäume. Die Pilze bilden dabei ein eigenes Reich, wir haben sie deshalb neben die Pflanzen gestellt.

Z wie Zirbe

Die Zirbe heißt auch Zirbel-Kiefer und gehört wie die Tanne und die Fichte zu den Nadelbäumen. Hast du gewusst, dass Nadeln umgewandelte Blätter sind?

A wie Ahorn

Vorsicht Flugobjekt – im Herbst ist es so weit. Dann sind die Ahornsamen reif und fliegen wie Propeller vom Baum. Auch Linde und Birke haben geflügelte Samen, die der Wind weit verbreitet.

B wie Brombeere

Von wegen Beere! Brombeeren sind wissenschaftlich gesehen gar keine echten Beeren, sondern eigentlich Sammelsteinfrüchte. Passe beim Kauen einmal genau auf. Jede kleine Einzelbeere hat ihren eigenen Stein mit Samen drin. So wie die Kirsche, die auch eine Steinfrucht ist.

L WIE LÖWENZAHN

Ein Windstoß genügt und der Stängel der Pusteblume steht kahl da. Blumen haben geniale Tricks, wie sie ihre Samen verbreiten. Samen hängen an Fallschirmen, sind als leckere Beeren getarnt oder haben Widerhaken. Alles hilft, um weit verteilt zu werden. Denn darum geht es. Und irgendwo wächst dann wieder eine neue Blume.

F WIE FLECHTE

Der Pilz hält mit seinen Fäden die grünen Algen feucht und versorgt sie mit wichtigen Mineralien. Die Algen geben dem Pilz Zucker als Nahrung – zusammen sind sie stark und bilden die sogenannten Flechten. Davon gibt es etwa 25 000 verschiedene Arten auf der Erde.

P WIE PILZ

Pilze sind seltsame Lebewesen. Sie zählen weder zu den Pflanzen noch zu den Tieren. Was du über der Erde siehst, ist nur ein kleiner Teil des Pilzes und wichtig für seine Vermehrung. Unter der Erde oder im Holz wächst dagegen ein großes Netz aus langen, weitverzweigten, feinen Fäden.

G WIE GEMÜSE

Halloween ohne Kürbislaterne kann man sich gar nicht vorstellen. So ist der Kürbis sicher unser schaurigstes Gemüse. Überhaupt gibt es eine Menge Gemüsesorten. Der Kürbis ist z. B. mit der Gurke und der Zucchini verwandt, die Tomate mit Aubergine, Paprika und Kartoffel. Welches Gemüse isst du am liebsten?

STAMMBAUM FÜR DEN EXTRA-ÜBERBLICK:

Vom Ahorn bis zur Zirbe, die Pflanzen auf diesen beiden Seiten sind nur wenige Beispiele für die vielen in diesem Lexikon. Sieh dir mal den Stammbaum der Pflanzen ganz hinten in diesem Buch genau an. Dann kannst du erkennen, wie sie als Verwandte zusammengehören.

AHORN

Samen des Berg-Ahorns: hier noch unreif ...

Ahornbäume wachsen nicht nur in Laubwäldern, sondern werden in Städten gern als Straßenbäume und in Parks angepflanzt. Ihre Laubfärbung ist im Herbst besonders schön, Ahorn leuchtet in vielen Rot- und Orangetönen.

... und hier mit ausgereiften Samen.

DER BERG-AHORN
Acer pseudoplatanus

- bis 30 m, ausladende Krone
- ursprünglich in kühleren Bergregionen, angepflanzt auch in anderen Landschaften und in Städten; vor allem in Europa und Westasien
- meist fünf zugespitzte Blattlappen
- gelbgrüne Rispen
- April bis Mai
- Flügelnüsschen

MERKMALE

Ahornbäume erkennt man an der typischen Form ihrer Blätter: Sie haben drei bis fünf Zacken, man sagt auch: Sie sind drei- bis fünflappig. Die Lappen laufen an den Enden meist spitz zu. Die Rinde ist eher grau als braun und von vielen kleinen Rissen durchzogen. Die gelbgrünen Blüten bilden hängende Rispen. Ahornblüten erscheinen noch vor den Blättern. Die Früchte, die bis zum Herbst heranreifen, sind kleine Nüsschen mit zwei Flügeln. Dank dieser Flügel werden sie vom Wind fortgetragen. So können sich die Samen weit verbreiten.

BESONDERHEITEN

Das Holz von Ahornbäumen wird gern zum Bau von Möbeln genutzt. Es ist gelblich weiß. In Nordamerika gibt es riesige Ahornwälder, die im Herbst rot leuchten. Dabei handelt es sich um eine spezielle Art: den Zucker-Ahorn. Er transportiert nach dem Winter eine stark zuckerhaltige Nährstofflösung über den Stamm in die Knospen. Diesen Pflanzensaft kann man abzapfen und Ahornsirup daraus machen. Das Blatt des Zucker-Ahorns war Vorlage für das Symbol der kanadischen Nationalflagge.

Ahornsirup schmeckt besonders gut zu Pfannkuchen!

Berg-Ahorn im Herbst

Feld-Ahorn

Spitz-Ahorn im Herbst

WICHTIG ZU WISSEN!

Neben dem Berg-Ahorn kommen bei uns auch der Feld-Ahorn und der Spitz-Ahorn häufig vor. Beim Feld-Ahorn laufen die Blattlappen stumpf zu, beim Spitz-Ahorn sind sie besonders spitz. Bei beiden Arten stehen die Blüten außerdem in dichten Büscheln.

Blüten des Spitz-Ahorns

BIRKE B

Birken gehören zu den ersten Bäumen, die im Frühjahr zartgrüne Blätter austreiben. Die Pollen der Blüten lösen bei manchen Menschen allergische Reaktionen wie Schnupfen aus. Weitverbreitet ist die Hänge-Birke.

MERKMALE
Die weißliche Rinde der Hänge-Birke schält sich teilweise ab und ist von schwarzen Rissen durchzogen. Die dünnen Zweige sind lang, die Blätter dreieckig. An den Rändern haben sie feine Spitzen. Die großen Spitzen tragen weitere kleine Spitzen. Diese Blattform nennt man doppelt gesägt – gesägt deshalb, weil die Spitzen an die Zähne einer Säge erinnern. Im Herbst färbt sich das Laub goldgelb.

Weibliche Kätzchen

Männliche Kätzchen

BESONDERHEITEN
Die Hänge-Birke ist einhäusig: Es sitzen sowohl männliche als auch weibliche Blüten am selben Baum. Die Blüten heißen Kätzchen. Sie hängen etwa 3 cm lang herunter. Im Spätsommer reifen die Früchte heran, winzige geflügelte Nüsschen, die der Wind davonträgt. Birken sind meist die ersten Bäume, die sich auf einer Fläche ansiedeln, weil sie keine großen Ansprüche an den Boden stellen.

Unreife Kätzchen

Birkenblatt im Herbst

TATSACHE!
Weil Birkenrinde sich gut abschälen lässt, stellte man früher Gebrauchsgegenstände daraus her, z. B. Schachteln und Körbe, Matten und sogar Schuhe. Birkenrinde diente auch als Verbandsmaterial bei Verletzungen, denn sie enthält einen Stoff, der Wunden besser heilen lässt.

DIE HÄNGE-BIRKE (WEISS-BIRKE)
Betula pendula

- 📏 5 bis 25 m
- 🌍 auf fast jedem Boden, in Mittel- und Nordeuropa weitverbreitet; Birken gelten als Pionierpflanzen
- 🍃 dreieckige Blätter, doppelt gesägt
- 🌸 männliche und weibliche Kätzchen
- 📅 Ende März bis Mai
- 🌰 kleine Flügelnüsschen

BRENNNESSEL

DIE GROSSE BRENNNESSEL
Urtica dioica

- bis 150 cm
- besonders nährstoffreiche Standorte in Wäldern, auf Wiesen und an Wegrändern; nördlich des Äquators
- längliche, ovale Blätter mit Brennhaaren
- graugrüne bis gelbgrüne Rispen
- Juli bis Oktober
- winzige graugrüne Nüsschen

Autsch! Wer einmal eine Brennnessel angefasst hat, weiß, woher ihr Name kommt: Der Kontakt mit ihren Brennhaaren verursacht brennende Quaddeln auf der Haut.

MERKMALE
Die Große Brennnessel hat einen kantigen, festen Stängel. Ihre Blätter sind länglich oval, also leicht eiförmig, und laufen zum Ende hin spitz zu. Die Blattränder haben feine Zacken. Blätter und Stängel sind mit Brennhaaren besetzt, die eine Mischung aus chemischen Stoffen enthalten, darunter auch Ameisensäure. So schützt sich die Brennnessel davor, von Tieren gefressen zu werden.

BESONDERHEITEN
Unter der Lupe zeigt sich die kugelförmige Verdickung an der Spitze eines Brennhaares. Eine leichte Berührung genügt, damit sie abbricht. Dabei dringt das Brennhaar wie eine Spritze in die Haut ein und gibt seine Säure ab. Doch nicht alle Tiere lassen sich von Brennnesseln abschrecken. Die Raupen von Schmetterlingen wie dem Kleinen Fuchs oder dem Tagpfauenauge ernähren sich sogar ausschließlich von Brennnesselblättern. Und auch Menschen mögen Brennnesseln: Die zarten Frühjahrstriebe können wie Spinat zubereitet werden. Aus den Blättern lässt sich außerdem ein Tee aufgießen.

Raupe des Tagpfauenauges

TATSACHE!
Nicht alles, was Nessel heißt, brennt auch. Taubnesseln sind nicht direkt mit den Brennnesseln verwandt und haben auch keine Brennhaare. Sie bleiben meist kleiner als die Brennnesseln, dafür sind ihre Blüten aber viel auffälliger und größer. Es gibt sie in Gelb, Rosa und Weiß.

Blühende Brennnessel

Nüsschen der Brennnessel

BROMBEERE B

Brombeersträucher können mehr als 4 m hoch werden und undurchdringliche Dickichte bilden. Um an die süßen Früchte zu kommen, musst du beim Pflücken gut aufpassen: Brombeerranken sind mit spitzen Stacheln übersät!

MERKMALE

Die Brombeere ist ein Kletterstrauch – die Ranken klettern gern an anderen Büschen und Bäumen in die Höhe. Dabei verzweigen sie sich vielfach und bilden rasch ein dichtes Gestrüpp. Die Ranken und die Hauptblattadern auf den Unterseiten der Blätter sind mit vielen Stacheln besetzt. Die Blüten haben fünf weiß bis rosa gefärbte Blütenblätter. Die Früchte sind reif, wenn sie fast schwarz sind und sich leicht ablösen lassen.

BESONDERHEITEN

Die Brombeere wirft ihre Blätter im Herbst nicht ab, sondern behält sie oft über den Winter. Erst im Frühjahr fallen die letzten Blätter. In einem Brombeerdickicht finden vor allem kleine Wildtiere wie Mäuse, Kaninchen und Vögel Schutz. Die vielen Stacheln und ineinander verzweigten Ranken schützen sie vor Fressfeinden.

DIE BROMBEERE
Rubus fruticosus

- mehr als 4 m
- an Waldrändern, in Hecken und Gebüschen, vor allem auf nährstoffreichem Boden; in Europa, Nordamerika, Nordafrika und im Südwesten Asiens
- dunkelgrüne ovale Blätter, fünf- bis siebenzählig gefingert, Blattränder gesägt
- weiße bis rosa Blüten
- Mai bis August
- Ab August reifen die Brombeeren heran.

WICHTIG ZU WISSEN!

Brombeeren sind mit den Rosen verwandt, und wie diese haben sie keine Dornen, sondern Stacheln. So wird unterschieden: Dornen sind umgebildete Blätter oder auch Wurzeln. Stacheln sind spitze Vorsprünge an Stängeln. Die meisten Stacheln lassen sich leicht abstreifen, Dornen sitzen dagegen sehr fest.

B BUCHE

Unreife Bucheckern

Früher bedeckten riesige Wälder aus Rot-Buchen Europa. Heute werden diese immer kleiner. Einige Waldgebiete sind mittlerweile in Deutschland zum Weltnaturerbe erklärt worden und damit besonders geschützt.

DIE ROT-BUCHE
Fagus sylvatica

 bis 40 m

 bis in 1600 m Höhe fast überall in Europa

 ovale Blätter mit glattem Rand

 männliche und weibliche Blüten an einem Baum

 April bis Mai

Die Bucheckern sitzen jeweils paarweise in stacheligen Fruchtbechern.

MERKMALE
Der Buchenstamm ist sehr gerade. Auf der glatten grauen Rinde siedeln sich oft grüne Algen an. Die ovalen Blätter haben glatte Ränder und eine kurze Spitze. Im Frühling sind sie weich und von feinen Härchen bedeckt. Später im Jahr sind sie glatt. Die Blüten erscheinen ungefähr zur selben Zeit wie die ersten Blattaustriebe. Männliche und weibliche Blüten wachsen auf einem Baum, das bedeutet, die Buche ist einhäusig. Die männlichen Blüten hängen in Büscheln herab, die weiblichen Blüten stehen aufrecht. Bis zum Herbst bilden sich dreikantige, stachelige Fruchtbecher. Wenn sie reif sind, öffnen sie sich und die darin enthaltenen Nüsschen, die Bucheckern, fallen zu Boden.

BESONDERHEITEN
Die Rot-Buche verdankt ihren Namen dem Holz, das einen schönen rötlichen Farbton hat. Ihr Laub ist dagegen grün und färbt sich im Herbst braun. Oft bleiben die vertrockneten Blätter den ganzen Winter über am Baum und fallen erst im Frühjahr zu Boden.

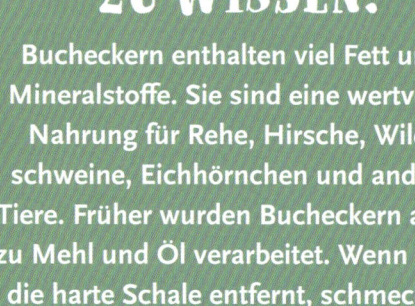

WICHTIG ZU WISSEN!
Bucheckern enthalten viel Fett und Mineralstoffe. Sie sind eine wertvolle Nahrung für Rehe, Hirsche, Wildschweine, Eichhörnchen und andere Tiere. Früher wurden Bucheckern auch zu Mehl und Öl verarbeitet. Wenn man die harte Schale entfernt, schmecken Bucheckern leicht nussig. Zu viele sollte man aber nicht essen, da sie das schwach giftige Fagin enthalten.

Wenn du im Park eine Buche siehst, die tatsächlich rote Blätter hat, handelt es sich um eine Blut-Buche. Ein rötlicher Farbstoff überdeckt hier das Grün.

Aus den Bucheckern keimen Sprösslinge.

CHRISTOPHSKRAUT C

Etwa 30 verschiedene Christophskräuter gibt es. Alle wachsen auf der Nordhalbkugel der Erde, denn sie mögen es kühl und feucht. In Europa ist das Ährige Christophskraut zu Hause.

MERKMALE

Das Christophskraut hat einen aufrechten Stängel, aus dem langstielige Laubblätter wachsen. Diese können bis zu 30 m lang sein. Jeweils drei Blätter sitzen zusammen, man sagt dazu dreizählig gefiedert. Ab Mai bilden sich dichte Trauben von weißen Blüten. Sie haben vier Blütenblätter und bis zu 20 lange Staubblätter, die man gut erkennen kann. In den Staubblättern wird der Pollen gebildet. Ab August reifen die Früchte des Christophskrauts heran. Es sind etwa 1 cm lange Beeren, die zunächst grün sind und sich später schwarz färben. Manche Vögel fressen die reifen Beeren.

BESONDERHEITEN

Das Christophskraut ist eine Staude, das heißt, es wächst und blüht nicht nur ein Jahr lang, sondern viele Jahre. Es treibt aus einem sogenannten Rhizom. Das ist ein Wurzelstock, aus dem nach unten die Wurzeln wachsen, nach oben die grünen Teile der Pflanze. Im Rhizom werden das Jahr über Nährstoffe eingelagert. So kann die Pflanze im Frühjahr, wenn es warm wird, gleich mit dem Wachsen loslegen. Außerdem vermehrt sich das Christophskraut über das Rhizom: Aus Seitentrieben entstehen neue oberirdische Sprossteile. Dabei breitet sich die Staude immer weiter aus.

TATSACHE!

Die Pflanze ist nach dem heiligen Christophorus benannt. Er galt als Schutzheiliger bei Krankheiten aller Art, unter anderem auch bei der Pest. Im Mittelalter wurde das Kraut als Heilmittel bei dieser Seuche angewandt, doch schon damals warnten Ärzte, dass das Kraut giftig und zu gefährlich sei.

DAS ÄHRIGE CHRISTOPHSKRAUT
Actaea spicata

- 40 bis 70 cm
- wächst bevorzugt auf feuchtem und kalkhaltigem Untergrund in fast ganz Europa, bis weit in den Norden
- Blätter dreizählig gefiedert, am Rand grob gezähnt
- traubige Blütenstände
- Mai bis Juli
- schwarze, eiförmige Beeren

Rotbeeriges Christophskraut

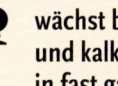
Weißbeeriges Christophskraut

Das Ährige Christophskraut mit den schwarzen Beeren hat zwei nahe Verwandte: das Rotbeerige und das Weißbeerige Christophskraut. Alle Arten sind giftig!

D DISTEL

DIE NICKENDE DISTEL
Carduus nutans

 30 bis 120 cm

 auf Weiden, an Böschungen, Wegrändern und im Brachland; in ganz Europa

 dornige Laubblätter

 violette Körbchenblüten von bis zu 6 cm Durchmesser

Juli bis September

 ölhaltige Samen; die Schirmchenflieger werden durch den Wind verbreitet.

Mit Disteln bist du auf einem Spaziergang sicher schon einmal aneinandergeraten. Sie sind mit stechenden oder kratzenden Dornen bewehrt. Eine unserer häufigsten Disteln ist die Nickende Distel.

MERKMALE

Die Nickende Distel ist nach ihren Blüten benannt, die aussehen, als würden sie ein wenig hängen und dabei »nicken«. Die Laubblätter haben spitze, stechende Zacken. Sie wachsen in einer Rosette am Boden und auch am Stängel. Die Blüten sitzen am Stängelende. Wie bei allen Korbblütlern bilden die Blüten ein kugeliges Blütenkörbchen mit vielen kleinen Einzelblüten darin. Bei der Nickenden Distel sind sie violett. Umgeben ist das Körbchen von grünen Hüllblättern. Die Blüten selbst verströmen einen süßen Duft. Sind sie verblüht, stecken weiße, haarige Schirmchen, Pappus genannt, im Körbchen. An jedem einzelnen hängt ein Distelsamen. Der Wind trägt sie davon und sorgt so für die Verbreitung.

BESONDERHEITEN

Im ersten Jahr hat die Nickende Distel nur eine Blattrosette, also einen Blätterkranz, der ganz dicht am Boden wächst. Im zweiten Jahr schieben sich dann die Stiele in die Höhe, an denen die Blüten wachsen. Nachdem die Distel ihre Samen ausgebildet hat, stirbt sie ab – älter als zwei Jahre wird sie nicht.

Der Distelfalter mag nicht nur den Nektar der Pflanze, er legt auch gern seine Eier auf Distelblättern ab.

Distelsamen werden gern von Vögeln gefressen. Der Distelfink (auch Stieglitz genannt) hat sich sogar auf Disteln spezialisiert.

WICHTIG ZU WISSEN!

Rinder, Pferde und andere Weidetiere verschmähen Disteln, aber für viele andere Tiere sind sie eine begehrte Nahrungsquelle: Schmetterlinge, Bienen und Hummeln saugen den Nektar aus den Blüten, andere Insekten mögen den Pollen. Für bestimmte Schmetterlingsraupen ist die Distel Futterpflanze.

DOST D

Dost ist auch als
Oregano oder Wilder Majoran bekannt.
Reibe ein Blatt zwischen deinen Fingern, dann riechst
du seinen aromatischen Duft. Kommt er dir bekannt
vor? Wir würzen damit Pizza und andere Gerichte.

MERKMALE

Aus dem unterirdischen Wurzelstock, dem Rhizom, wachsen kräftige vierkantige Stängel in die Höhe, die leicht behaart sind. Von den Stängeln gehen kleine Zweige ab. Wenn Dost ausreichend Platz hat, kann er zu einem richtigen kleinen Busch heranwachsen. Die Blätter sind schmal und oval, auf den Unterseiten sind kleine Punkte zu erkennen: Das sind Drüsen, über die die Pflanze ätherische Öle absondert. Sie verleihen dem Dost seinen würzigen Duft und sein Aroma. An den Zweigenden bilden sich rosa bis weinrote Blüten. Der ursprünglich aus dem Mittelmeerraum stammende Dost mag es trocken und warm. Er wächst an sonnigen Hängen, Wegrändern und Hecken.

BESONDERHEITEN

Dost ist eine wichtige Futterpflanze für Bienen und zahlreiche Schmetterlingsarten. Sein Nektar enthält besonders viel Zucker. Er ist außerdem eine bekannte Würz- und Heilpflanze. Als Tee hilft er gegen Husten, Verdauungsstörungen und Entzündungen im Mund. Dost hat auch eine schmerzstillende und krampflösende Wirkung.

TATSACHE!

Der Dost gehört zu den Lippenblütlern. Bei diesen Pflanzen sind die Blütenblätter zu einer Art Ober- und Unterlippe verwachsen. So entsteht eine Öffnung, in die die Insekten auf der Suche nach Nektar hineinkriechen müssen. Ein Trick der Pflanze: So wird sie sicher mit Pollen bestäubt.

DER DOST (OREGANO)
Origanum vulgare

 20 bis 60 cm

 auf trockenem, kalkhaltigem Boden in Mittel- und Südeuropa

 länglich ovale Blätter, etwa 2 bis 4 cm lang

 rosa bis weinrote Lippenblüten

 Juli bis September

 braune, knapp 1 mm große Nüsschen

Wenn du frische Dostblätter in Olivenöl einlegst, entfaltet er nach ein paar Tagen sein Aroma.

E EFEU

Normale Efeublätter: drei- bis fünflappig

VORSICHT!
Für Menschen sind Früchte und andere Teile der Pflanze giftig. Durch eine besondere Bearbeitung lässt sich aber ein Extrakt für Arzneimittel gewinnen. Dann kann Efeu bei Erkältungskrankheiten helfen.

Efeu ist ein Kletterstrauch und erklimmt mühelos Höhen von mehr als 15 m. Er gehört zu den wenigen Pflanzen, die im Winter ihre Blätter nicht verlieren. Daran kannst du ihn gut erkennen.

Haftwurzeln des Efeus

MERKMALE
Efeu bildet lange Ranken, an deren Unterseite in lockeren Abständen Haftwurzeln sitzen. Damit findet Efeu sogar an glatten Hauswänden Halt. Die immergrünen, ledrigen Blätter sind auf der Oberseite dunkelgrün mit einem hellen Adernetz, auf der Unterseit hellgrün. An einer Pflanze kommen zwei verschiedene Blattformen vor: In Bodennähe und im Schatten sind die Blätter drei- bis fünflappig. Ist der Efeu älter, blüht er. An seinen Blütentrieben sitzen Blätter, die keine lappigen Ausbuchtungen haben. Die Blüten sind hellgrün und sitzen doldenartig an Zweigen.

BESONDERHEITEN
Efeu blüht erst im Herbst, wenn andere Pflanzen schon längst verblüht sind. Das freut besonders Bienen, Wespen und Schwebfliegen. Die dunkelblauen Früchte reifen im Frühjahr heran. Sie sehen aus wie Beeren, sind aber Steinfrüchte. So heißen Früchte, bei denen der eigentliche Samen von einem holzigen Kern umschlossen ist. Der Kern wiederum ist von Fruchtfleisch umgeben. Vögel fressen die Früchte des Efeus gern.

DER EFEU
Hedera helix

- 15 m und mehr
- auf nicht zu trockenen Böden, am liebsten im Halbschatten; auf der ganzen Welt
- dunkelgrüne Blätter, drei- bis fünflappig an Zweigen mit Haftwurzeln, ungelappt an Zweigen mit Blüten
- hellgrüne Dolden ab dem 8. Lebensjahr
- September bis Oktober
- dunkelblaue Steinfrüchte, die wie Beeren aussehen; Reifezeit März bis April

Die Mönchsgrasmücke frisst Efeubeeren.

Blattform an Blütentrieben

126

EICHE

Unglaublich, Eichen können zwischen 600 und 900 Jahre alt werden. Aber weil das harte und robuste Eichenholz in der Möbelindustrie sehr beliebt ist, erreichen nur wenige Eichen so ein hohes Alter. Bei den Germanen galt der Baum als heilig.

MERKMALE

Eichenstämme haben eine raue, zerfurchte Rinde. Der Stamm wächst nicht kerzengerade, sondern sieht knorrig aus, ebenso die Äste. Die Blätter treiben erst spät im Frühjahr aus, wenn andere Bäume schon ihr frisches Grün tragen. Sie sind gelappt, das heißt: Sie haben keine Spitzen. Bis zum Herbst wachsen die Eicheln heran: hellbraune, eiförmige Nüsse. Sie sitzen am unteren Ende in einer Kappe, dem Eichelhütchen. Wenn sie reif sind, fallen sie von allein heraus.

BESONDERHEITEN

Bei uns gibt es zwei Eichenarten, die vor allem durch ihre Früchte zu unterscheiden sind: Die Stiel-Eiche bildet Eicheln, von denen ein bis drei Stück an einem langen Stiel sitzen; daher auch der Name. Bei der Trauben-Eiche wachsen die Eicheln gleich zu mehreren wie in einer Traube an einem sehr kurzen Stiel. Eicheln enthalten viel Fett und Eiweiß. Sie sind eine wichtige Nahrung für Wildtiere.

DIE STIEL-EICHE
Quercus robur

- bis 40 m
- in Wäldern und Parks in fast ganz Europa, nicht im hohen Norden
- dunkelgrüne gelappte Blätter
- männliche Blüten als hängende grüne Kätzchen, weibliche Blüten wie kleine braune Ähren
- April bis Mai
- hellbraune Eicheln

Frucht der Trauben-Eiche

Frucht der Stiel-Eiche

Kätzchen der Stiel-Eiche

TATSACHE!

Aus Eichenrinde wurde früher Gerbsäure zum Gerben von Leder gewonnen. Sie wird bis heute in der Medizin als Naturheilmittel eingesetzt, das bei Entzündungen helfen kann.

Knorrige alte Eiche

FARN

DER ADLERFARN
Pteridium aquilinum

 bis zu 2 m

 vor allem an feuchten und halbschattigen Standorten auf der ganzen Welt

 Aus dem Boden schieben sich im Frühjahr die hellgrünen Farnwedel.

 Farn bildet keine Blüten, sondern Sporangien.

 Farn entwickelt keine Früchte. In den Sporangien reifen die Sporen, über die er sich vermehrt.

VORSICHT!
Alle Farne sind giftig, manche mehr, manche weniger. Der Adlerfarn ist der giftigste von allen. Es wird sogar davor gewarnt, die Sporen einzuatmen. Also Vorsicht, denn auch für Tiere sind die Pflanzen gefährlich.

Farne gehören zu den ältesten Pflanzen auf der Erde. Schon vor unvorstellbaren 300 Millionen Jahren wuchsen sie in dichten Wäldern. Damals waren sie so groß wie Bäume! Heute ist der bis zu 2 m hohe Adlerfarn unser größter heimischer Farn.

MERKMALE
Farne haben keine Zweige und Blätter, sondern Wedel. Beim Adlerfarn entspringen sie an einem langen Stiel aus dem unterirdischen Wurzelstock. Dieses Rhizom kann sich weit verzweigen, sogar über viele Meter. Die Farnwedel sind hellgrün und entstehen jedes Jahr neu, denn im Spätherbst werden sie braun und sterben ab. Wie die meisten Farne wächst der Adlerfarn vor allem in lichten Wäldern, wo der Boden ausreichend feucht ist. Pralle Sonne und Trockenheit mag er gar nicht. Ebenfalls sehr verbreitet ist der Wurmfarn. Seine Wedel werden rund 1 m lang und sind rosettenförmig angeordnet.

BESONDERHEITEN
Farne bilden keine Blüten, sondern Sporangien. Das sind kleine braune Hüllen, die auf der Unterseite der Wedel sitzen. In den Sporangien reifen die Sporen heran, über die Farne sich vermehren. Im Spätsommer und Herbst platzen die Sporangien auf und setzen die Sporen frei, die vom Wind davongetragen werden. Danach welken die Farnwedel und sterben ab.

Farnwedel

Wenn sich die Wedel des Wurmfarns aus dem Boden schieben, sind sie noch vollkommen eingerollt. Je höher sie wachsen, desto mehr entfalten sie sich.

FICHTE F

Die Fichte ist ein Nadelbaum und die häufigste Baumart in unseren Wäldern. Für die Herstellung von Möbeln, Bauholz und Papier wird sie gezielt angepflanzt.

Junger Fichtenzapfen

DIE FICHTE
Picea abies

- bis 50 m
- ursprünglich nur in feuchten, kühlen Gebieten Europas, durch Pflanzung heute weitverbreitet
- dunkelgrüne, vierkantige Nadeln
- männliche Blüten wie längliche Kätzchen, weibliche Blüten klein und rund
- Mai
- bis zu 15 cm lange Zapfen, an denen die Samen wie Schuppen sitzen

MERKMALE

Fichten sind schlanke, hohe Bäume. Der gerade Stamm hat eine rotbraune Rinde, von der sich schuppenartige Stückchen ablösen. Die Zapfen hängen von den Zweigen nach unten. Dadurch unterscheiden sie sich von Tannenzapfen, die aufrecht auf den Zweigen sitzen. Die Nadeln wachsen auf ganz kleinen Stielen und sind vorne ziemlich spitz. Fühl mal! Die männlichen Blüten sind anfangs rot, später gelblich. Sie hängen als längliche Kätzchen herunter. Zapfen entwickeln sich aber nur aus den kleinen runden weiblichen Blüten an den weiter oben wachsenden Zweigen der Fichte.

BESONDERHEITEN

Nadeln sind umgebildete Blätter in Nadelform. Anders als Laubbäume behalten Fichten ihre Blätternadeln im Winter. Eine wachsartige Schicht auf den Nadeln verhindert, dass der Baum zu viel Feuchtigkeit verliert. Über winzige Drüsen werden ätherische Öle freigesetzt: Sie sorgen für den typischen Fichtenduft.

TATSACHE!

Fichten werden häufig von Borkenkäfern befallen. Die Käfer nisten sich unter der Rinde ein, wo sie sich durch die Bastschicht fressen und regelrechte Gänge anlegen. Der Bast ist die Schicht, in der alle wichtigen Nährstoffe transportiert werden. Befallene Fichten sterben deshalb ab.

Der Fichtenborkenkäfer

FINGERHUT

Roter Fingerhut wächst wild an Waldrändern und auf Lichtungen. Alle Teile der Pflanze sind hochgiftig!

DER ROTE FINGERHUT
Digitalis purpurea

- 40 bis 150 cm
- an sonnigen Waldrändern und auf Lichtungen; in West- und Mitteleuropa
- längliche, spitz zulaufende Blätter, am unteren Pflanzenteil an langen Stielen, weiter oben direkt am Stängel
- rote bis violette Trichterblüten, Einzelblüten bis 6 cm lang
- Juni bis August
- Kapselfrüchte mit vielen kleinen Samen

Der vorstehende Teil der Blüte ist ein perfekter Landeplatz für Hummeln.

MERKMALE

Der Stängel des Roten Fingerhuts schiebt sich aus einer Blattrosette am Boden gerade in die Höhe. Die länglich ovalen Blätter sind leicht zugespitzt. Sie sitzen an langen Stielen. Die roten bis violetten Blüten stehen in einer dichten Traube in der oberen Pflanzenhälfte. Sie sind trichterförmig und erinnern an Fingerhüte, die man sich beim Nähen zum Schutz vor Nadelstichen über den Finger stülpt – daher der Name. Das Innere der Blüten ist mit dunklen, hell umrandeten Flecken übersät.

BESONDERHEITEN

Der Rote Fingerhut wächst meist so, dass seine Blüten nach Süden zeigen, also in die Richtung, aus der im Tagesverlauf das meiste Sonnenlicht kommt. Die Blüten weisen mit der Öffnung nach unten. So sind die empfindlichen Staubgefäße vor Regen und Schmutz geschützt.

VORSICHT!

Roter Fingerhut wird in der Medizin als Heilpflanze eingesetzt. Vor allem die Blätter enthalten Stoffe, die zur Behandlung von Herzerkrankungen genutzt werden. Aber in der falschen Dosierung sind alle Teile des Fingerhuts sehr giftig: Schon der Verzehr von wenigen Blättern oder Blüten kann zum Tod führen. Also Finger weg von der Pflanze!

FLECHTE F

Auf der Gelben Wandflechte siehst du die schüsselförmigen Sporenlager ihres Pilzes.

Flechten wachsen vor allem dort, wo es schattig und nicht zu trocken ist. Sie besiedeln Steine, Baumstämme und auch totes Holz. Eine besonders häufig zu findende Flechte ist die Gelbe Wandflechte.

MERKMALE

Die Gelbe Wandflechte wird nur wenige Millimeter hoch. Sie sitzt an Bäumen, Felsen und Mauern. Wo sie viel Licht bekommt, ist sie gelblich oder orange gefärbt. Wächst sie im Schatten von Bäumen auf deren Rinde, ist sie eher graugrün. Die Wandflechte ist eine sogenannte Laubflechte, weil ihr Äußeres wie eine Vielzahl von kleinen Blättern aussieht. So vergrößert sie die Fläche, mit der sie Licht einfangen kann.

BESONDERHEITEN

Flechten nehmen in der Natur eine Sonderstellung ein. Sie sind so etwas wie ein Doppelwesen, eine Gemeinschaft aus Grünalgen und Pilzen. Diese Gemeinschaft nennt man Symbiose.

Sporenlager des Pilzes

Die Algen sind für die Fotosynthese zuständig, bilden also Nährstoffe. Der Pilz umschließt die Algen mit seinem Fadengeflecht und schützt sie vor Austrocknung und zu viel Sonnenlicht. Dafür bekommt er von ihnen Nahrung. Flechten vermehren sich über Ausläufer, aber auch über Sporen, die der Pilz in seinen Fruchtkörpern bildet. Sie können viele hundert Jahre alt werden. Aber sie wachsen extrem langsam, manchmal nur 1 bis 2 mm im Jahr. An Bäumen zeigen Wandflechten die Wetterseite an, also die Richtung, aus der besonders häufig Regen heranzieht. Sie wachsen da, wo die meiste Feuchtigkeit auftritt.

ERSTAUNLICH!

Flechten sind äußerst anpassungsfähig. Sie können vorübergehend völlig austrocknen und saugen sich dann beim nächsten Regen wieder mit Wasser voll.

DIE GELBE WANDFLECHTE
Xanthoria parietina

- nur wenige Millimeter
- an Bäumen, Felsen, Mauern und Holzbauten; in Europa weitverbreitet
- flache Lappen
- keine
- Flechten vermehren sich durch die Bildung von Ausläufern, der Pilz in den Flechten über Sporen, die in schüsselförmigen Sporenlagern sitzen.

Wo die Gelbe Wandflechte viel Licht bekommt, leuchtet sie orange – wie hier auf Felsen.

Diese Strauchflechte heißt so, wie sie aussieht: Baumbart. Aus Baumbärten werden in Tirol spezielle Fasnachtskostüme gefertigt.

Die Rentierflechte wird gern als Dekoration in Trockengestecken verwendet.

F FRÜHBLÜHER

Bevor Bäume und Büsche im Frühling Blätter bekommen, kann noch viel Sonnenlicht den Boden erreichen. Dort sprießen jetzt die allerersten Blumen des Jahres – auch Frühblüher genannt.

MERKMALE

Einige – wie Schneeglöckchen, Lungenkraut und Leberblümchen – wachsen einzeln oder in kleinen Gruppen. Andere wie Lerchensporn und Buschwindröschen bedecken oft weite Flächen. In lichten Laubwäldern überziehen sie den Waldboden wie ein Teppich. Fast alle Frühblüher sind klein und von niedrigem Wuchs: Sie vergeuden nicht viel Zeit mit dem Wachsen, denn schon bald wird sich das Blätterdach über ihren Köpfen wieder schließen und Sonnenstrahlen und Regenwasser fernhalten. Also setzen die Blumen alles daran, möglichst schnell zu blühen und Samen zu bilden.

BESONDERHEITEN

Frühblüher sind eine wichtige Nahrungsquelle für Bienen und andere Insekten, die von den ersten warmen Sonnenstrahlen aus ihrer Winterstarre geweckt werden und ausfliegen. Sie brauchen nun dringend Energie in Form von Blütenstaub und Nektar. Insekten können Violett besonders gut erkennen – es passt, dass diese Farbe bei den Frühblühern häufig vorkommt.

DAS SCHNEEGLÖCKCHEN
Galanthus nivalis

Schneeglöckchen sieht man bereits im Februar blühen – sogar im Schnee. Das ist kein Zufall, denn Schneeglöckchen können sogenannte Biowärme erzeugen, die den Schnee um sie herum ein wenig schmelzen lässt. Das Schneeglöckchen steht unter Naturschutz.

- bis 20 cm
- Waldwiesen und Laubwälder in Europa, Westasien und Nordamerika
- zwei bis drei schmale, spitze Blätter
- weißes Blütenglöckchen, je nach Sorte im Inneren mit grünen Streifen
- zwischen Februar und März
- Kapselfrüchte mit mehreren Samen

DER HOHLE LERCHENSPORN
Corydalis cava

Der Hohle Lerchensporn ist eine Waldblume. Im Frühling bildet er Teppiche auf dem Waldboden. Jede Blüte trägt einen spornartigen kleinen Auswuchs, der an die Zehen einer Haubenlerche erinnert. Die unterirdischen Knollen der Pflanze sind hohl, daher der Name.

- 15 bis 30 cm
- Laubwälder in Mitteleuropa
- Die dreiteiligen Laubblätter sitzen an einem langen Stiel.
- weiß oder violett
- zwischen März und April
- Kapselfrüchte

DER MÄRZENBECHER:
Nicht verwechseln – was du hier siehst, sind Märzenbecher und keine Schneeglöckchen. Die Blüte ist wie ein Becher geformt und auf den Blütenblattspitzen sitzen grüne Tupfen.

VORSICHT!

Alle Pflanzenteile von Schneeglöckchen, Märzenbecher, Lerchensporn, Buschwindröschen und Leberblümchen sind mehr oder weniger giftig, die unterirdischen Zwiebeln oder Knollen ganz besonders.

FRÜHBLÜHER F

TATSACHE!

Die Samen von Buschwindröschen, Leberblümchen, Lungenkraut, Lerchensporn und Schneeglöckchen haben kleine nährstoffreiche Anhängsel. Richtig lecker, denken sich Ameisen und schleppen die Samen zu ihrem Bau, wo sie die Anhängsel abbeißen und einlagern. Egal, wo er auch liegen bleibt, auf diese Weise wird der Samen verbreitet.

Blatt des Leberblümchens

Gelbes Windröschen

DER KROKUS:
Wenn die Krokusse blühen, ist der Frühling da. Krokusse in freier Natur sind Zuchtpflanzen, die aus Gärten stammen. Wildformen gibt es bei uns nur vereinzelt in den Alpen.

DAS LEBERBLÜMCHEN
Hepatica nobilis

Seinen Namen hat es wegen der Form seiner Blätter, die ähnlich wie eine menschliche Leber aussehen. Es ist besonders geschützt und darf weder ausgegraben noch gepflückt werden.

- bis 25 cm
- Laubwälder nördlich des Äquators
- dreilappige Blätter
- blaue Blüte, sechs bis neun Blütenblätter
- zwischen März und April
- Sammelfrucht mit Nüsschen

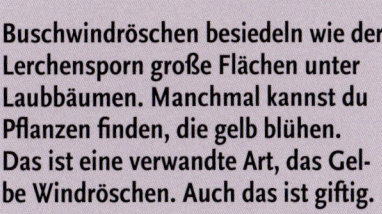

DAS BUSCHWINDRÖSCHEN
Anemone nemorosa

Buschwindröschen besiedeln wie der Lerchensporn große Flächen unter Laubbäumen. Manchmal kannst du Pflanzen finden, die gelb blühen. Das ist eine verwandte Art, das Gelbe Windröschen. Auch das ist giftig.

- 10 bis 25 cm
- Laubwälder in Europa und Asien
- dreiteilige, gesägte Hochblätter an Stielen
- weiße Blüten mit sechs bis acht Blütenblättern
- zwischen März und Mai
- kleine, dicht behaarte Nüsschen

DAS GEFLECKTE LUNGENKRAUT
Pulmonaria officinalis

Da seine Blüten so lang sind, wird das Lungenkraut besonders von langrüsseligen Wildbienen und Schmetterlingen besucht. Die Pflanze wird seit dem Mittelalter gegen Husten eingesetzt.

- bis 25 cm
- Laub- und Mischwälder in Europa
- eiförmige Blätter, auf der Oberseite Stachelhöcker
- Blüte zuerst rot, dann blau
- zwischen März und Mai
- zerfällt in vier Teilsamen

133

GÄNSEBLÜMCHEN

Die kleinen Gänseblümchen wachsen mitten im Gras. Sie sind sehr ausdauernd und bilden bis in den Herbst hinein immer neue Blüten. Wusstest du, dass die Blüten essbar sind?

MERKMALE

Im Frühjahr wächst zunächst eine Blattrosette: Deren Blätter schieben sich über die Grashalme und verschaffen dem Gänseblümchen Platz. Die Blätter haben einen Stiel und erinnern in ihrer Form an einen kleinen Löffel. Aus der Rosette schiebt sich ein dünner Stängel in die Höhe, an dem eine einzelne Knospe erscheint. Gänseblümchen gehören zu den Korbblütlern. Außen sitzt ein dichter Kranz von schmalen weißen Blütenblättern. Sie werden Zungenblüten genannt und umrahmen die gelbe Mitte, die aus winzigen sogenannten Röhrenblüten besteht. Aus den befruchteten Blüten entwickeln sich kleine Früchte mit jeweils einem Samen.

Blattrosette

BESONDERHEITEN

Bei kühler Witterung färben sich die weißen Zungenblüten leicht rosa. Gänseblümchen richten sich nach der Sonne aus. Bei Regen und in der Nacht schließen sie ihre Blüten. Weil Gänseblümchen so nett aussehen und überall vorkommen, gibt es für sie ganz viele Extranamen wie Tausendschön, Sonnenblümchen, Geissblümli, Matzelieschen oder Ruckerl.

DAS GÄNSEBLÜMCHEN
Bellis perennis

- 4 bis 15 cm
- auf Wiesen und Weiden in Europa, durch den Menschen in Nord- und Südamerika eingeschleppt
- Blattrosette mit gestielten, löffelförmigen Blättern
- Korbblüte aus weißen Zungenblüten mit gelben Röhrenblüten in der Mitte
- März bis November
- einsamige kleine Nussfrüchte

TATSACHE!

Gänseblümchenblüten sind essbar. Sie schmecken leicht scharf und ein bisschen nussig. Streue die Blüten einfach auf dein Butterbrot. Die inneren Blättchen der Rosette kannst du im Kräuterquark verarbeiten oder in den Salat geben.

Probiere doch mal Pfannkuchen mit Gänseblümchen!

GEISSBART

Der vollständige Name dieser Pflanze ist Wald-Geißbart, denn ursprünglich ist sie im Wald zu Hause. Als Zierpflanze findest du sie in Parks und Gärten.

MERKMALE

Wald-Geißbart ist eine der größten Blütenpflanzen im Wald. Er kann bis fast 2 m hoch werden. Dass er zu den Rosengewächsen gehört, erkennt man an den Blättern. Geißbart bildet bis zu 30 cm lange Blütenrispen, die leicht überhängen. Die vielen kleinen Einzelblüten der Rispen sind dagegen winzig. Sie werden nur wenige Millimeter groß und sitzen an kleinen Stielen. Aus den befruchteten Blüten werden im Herbst kleine geflügelte Samen, die der Wind davonträgt.

BESONDERHEITEN

Die Samen keimen nicht sofort, sondern erst, wenn es einige Zeit lang richtig kalt war. Sie sind sogenannte Kältekeimer. Zur Vermehrung ist Wald-Geißbart aber nicht auf seine Samen angewiesen. Er bildet auch Ausläufer über sein unterirdisches Rhizom. Die Pflanze ist eine wichtige Nahrungsquelle für viele Insekten. Vor allem Hummeln und Schmetterlinge werden von den Blüten angelockt.

Hummelbesuch!

DER WALD-GEISSBART
Aruncus dioicus

- 150 cm und mehr
- ursprünglich in Wäldern nördlich des Äquators, als Zierpflanze an halbschattigen Standorten in Gärten und Parks
- oval, spitz zulaufend, am Rand gesägt
- weiße oder cremefarbene Blütenrispen
- Juni bis August
- etwa 2 mm lange Samen, an den Enden geflügelt

ERSTAUNLICH!

Beim Wald-Geißbart gibt es männliche und weibliche Pflanzen. In der Fachsprache heißt das, er ist zweihäusig. An der Blütenfarbe lässt sich das Geschlecht erkennen: Weibliche Blüten sind weiß, männliche Blüten gelblich oder cremefarben.

Im Herbst färben sich die Blätter des Geißbarts rot.

GEMÜSE

An Wegrändern wächst häufig die Wilde Möhre. Sie hat tellerförmige weiße Blütenstände. Ihre Wurzel ist klein und weißlich.

Gemüse hat viele Farben: Tomatenrot, Karottengelb, Spinatgrün oder Aubergine! Zum Glück gibt es eine große Auswahl an Sorten, denn es enthält wichtige Vitamine und Mineralstoffe. Karotte, Kürbis, Kartoffel und Tomate gehören dabei übers Jahr zur Grundausstattung.

MERKMALE

Jede Gemüsesorte hat einen wilden Verwandten, der irgendwann von unseren Vorfahren entdeckt und weitergezüchtet wurde. So entstanden mit der Zeit überall auf der Welt verschiedene Gemüsesorten. Karotten, Kartoffeln und Kürbisse lassen sich gut lagern. Das war vor allem früher wichtig, als die Menschen für den Winter vorsorgen mussten. Andere Sorten wurden getrocknet, eingekocht oder sauer eingelegt, um sie haltbar zu machen. So entstand z. B. aus Weißkohl das Sauerkraut. Einige Gemüsesarten wie Kartoffeln und grüne Bohnen sind nur gekocht genießbar – roh enthalten sie Giftstoffe.

BESONDERHEITEN

Tomaten, Kartoffeln und Kürbisse sind uralte indianische Kulturpflanzen. Sie kamen erst nach der Entdeckung Amerikas zu uns nach Europa. Tomaten wurden bereits um das Jahr 200 v. Chr. in Südamerika angebaut, und schon vor mehr als 5000 Jahren steckten Andenvölker gezielt Kartoffelknollen in den Boden, um sie zu vermehren. Vor noch längerer Zeit wurden in Mexiko bereits Kürbisse angebaut. Bei uns in Europa gab es früher hauptsächlich Hülsenfrüchte, Zwiebeln und Kohl als Gemüse.

Karotten gibt es auch in Gelb und Lila.

DIE KAROTTE (MÖHRE)
Daucus carota

Die Karotte ist vermutlich durch Kreuzungen der Wilden Möhre mit Möhrenarten aus dem Mittelmeerraum entstanden. Ihr gelber Farbstoff, das Karotin, ist eine Vorstufe des für uns wichtigen Vitamins A. Es ist fettlöslich. Das bedeutet, dass der Körper es am besten aufnehmen kann, wenn du zu deinem Karottengericht etwas Öl oder Butter gibst.

 je nach Sorte bis zu 1 m

 als Nutzpflanze weltweit

 gefiedert

 tellerförmige weiße Blütendolden

 Mai bis Juli

 Aus der Blüte bilden sich 2 mm kleine, stachelige Früchte. Gegessen wird die Wurzel der Karotte.

WICHTIG ZU WISSEN!

Gemüse können verschiedene Teile einer Pflanze wie Zwiebel oder Blätter sein. Es kommt von Pflanzen, die nach spätestens zwei Jahren absterben. Doch was ist dann Obst? Das sind Früchte oder Samen von Sträuchern und Bäumen, die wie ein Apfelbaum viele Jahre überdauern. Ganz einfach, oder? Bleibt die Frage, zu was dann der mehrjährige Spargel gehört?

Spargel ist eine mehrjährige Pflanze, gehört aber zum Gemüse.

DIE ERBSE:

Erbsen gehören wie Linsen und Bohnen zu den Hülsenfrüchten. Die Hülsen der Erbse nennt man einfach Schoten. Bohnen und Erbsen ranken sich schnell empor. Probiere es aus und pflanze im Frühjahr getrocknete Bohnen- oder Erbsensamen ein.

REKORD!

Bei der jährlichen Europameisterschaft im Kürbiswiegen wird der schwerste Riesenkürbis ermittelt. Der aktuelle Rekord liegt bei 1054 kg! Riesig ist auch die Familie der Kürbisgewächse. Dazu gehören Speisekürbisse in Flaschen- oder Ufo-Form ebenso wie bittere, giftige Zierkürbisse – aber auch Zucchini, Gurken und Melonen!

GEMÜSE G

Halloween ohne schaurig-schöne Kürbislaternen ist kein Halloween.

DER GARTEN-KÜRBIS
Cucurbita pepo

Kaum zu glauben: Diese großen Speisekürbisse sind eigentlich Beerenfrüchte. Man nennt sie wegen ihrer harten Schale auch Panzerbeeren. Sie wachsen an langen Trieben heran. Kürbissuppe kennst du bestimmt. Man kann mit Kürbis auch Brot und Kuchen backen. Aus den Kernen wird ein Öl gewonnen – und geröstet sind sie sehr lecker.

- wächst kriechend oder kletternd, bis zu 10 m lang
- als Nutzpflanze in fast allen warmen Gebieten
- herzförmig, leicht gelappt
- gelb, trichterförmig
- Juni bis August
- große Beerenfrucht, bis zu 40 cm Durchmesser

DIE KARTOFFEL
Solanum tuberosum

Die Kartoffel wurde bei uns zuerst als Zierpflanze angebaut. Man fand ihre Blätter und vor allem ihre Blüten so hübsch. Aus diesen bilden sich grünbraune, giftige Früchte. Erst später wurde die Knolle ein Nahrungsmittel. Sie entsteht an unterirdischen Ausläufern des Sprosses. Sie ist also keine Wurzel und wird deshalb auch Sprossknolle genannt.

- bis zu 1 m
- als Nutzpflanze weltweit
- eiförmig, flaumig behaart
- je nach Sorte weiß bis rosa
- Juni bis August
- grünbraune Beerenfrüchte; gegessen wird die unterirdische Sprossknolle der Kartoffel

DIE TOMATE
Solanum lycopersicum

Tomaten brauchen einen sonnigen, regengeschützten Standort. Willst du Tomaten ziehen, kannst du zwischen vielen verschiedenen Sorten wählen. Sie unterscheiden sich allein schon in der Farbe. Es gibt hellrote, rote, orangefarbene, gelbe, weiße, grüne, bräunliche und sogar schwarze Arten. Besonders lecker sind die kleinen Cocktailtomaten.

- je nach Sorte 0,5 bis 2 m
- als Nutzpflanze weltweit
- Blätter und Stängel sind leicht behaart.
- gelb, meist fünfzipfelig
- zwischen Juli und Oktober, je nach Sorte
- Beerenfrucht, meist rot

VORSICHT!

Kartoffeln, Tomaten, Auberginen und Paprika sind leckeres Gemüse. Doch Vorsicht, denn die Pflanzen gehören zu den Nachtschattengewächsen und ihre grünen Teile sind giftig. Deshalb solltest du auch keine unreifen Tomaten oder grün gewordene Kartoffeln essen. Grüne Paprika dagegen ist ungiftig.

Paprika und Aubergine

GETREIDE

Schon in der Steinzeit kannten Menschen Getreide als Nahrungsmittel. Heute gehören Gerste, Weizen, Roggen und Hafer bei uns zu den wichtigsten Getreidesorten. Doch auch die alten Arten werden immer beliebter.

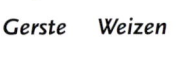

Gerste   Weizen   Roggen   Hafer

MERKMALE

Getreide ist ein Süßgras. Es bildet lange Halme, Ähren und Samen. Unsere drei wichtigsten Getreideähren lassen sich am besten an den Grannen unterscheiden. So heißen die borstigen Haare an den Ähren. Die längsten Grannen hat die Gerste, die vom Roggen sind deutlich kürzer. Weizen kommt ohne Grannen aus. Hafer hat keine Grannen, denn es bildet keine Ähren, sondern Rispen.

ALTE GETREIDEARTEN

Anfangs sammelten die Menschen nur die Samen des wilden Getreides, dann bauten sie es selbst an. Dieses Urgetreide bildete nur wenige Körner und war längst nicht so ertragreich wie heutige Züchtungen. Dennoch werden alte Getreidearten wie Einkorn, Emmer, Kamut, Hirse und Dinkel heute wieder verstärkt angebaut, weil sie nährstoffreicher sind als Weizen und zugleich weniger Ansprüche an den Boden stellen.

BESONDERHEITEN

Gerste, Weizen, Roggen und Hafer werden als Winter- und Sommergetreide angebaut. Wintergetreide wird im Herbst gesät, Sommergetreide im zeitigen Frühjahr. Beide Arten werden im Spätsommer geerntet, da Wintergetreide viel langsamer reift. Während des Wachstums sind die Halme grün. Reifes Getreide färbt sich goldgelb. Aus den Körnern machen wir Mehl, Müsli und Tierfutter. Die Halme liefern Stroh.

DER WEICHWEIZEN
Triticum aestivum

Weichweizen hat weiche und sehr mehlreiche Körner. Deshalb wird er für die meisten Brotsorten verwendet. Hartweizen hingegen wird meist zu Nudeln, Grieß, Couscous und Bulgur verarbeitet.

- 0,5 bis 1 m
- als Nutzpflanze auf Feldern; auf der ganzen Welt
- schmale, längliche Blätter am unteren Teil des Stängels
- Die Ährchen bilden eine Ähre ohne Grannen.
- Juni
- Körner

HIRSE:
Die Hirse stammt aus Asien. Kolbenhirse kennst du vielleicht als Vogelfutter. Brei aus Rispenhirse war bei uns im Mittelalter ein wichtes Nahrungsmittel.

DINKEL:
Dinkel ist vielseitig anwendbar und gilt als sehr gesund. Es gibt mittlerweile verschiedene Zuchtformen. Vor der Reife geernteter Dinkel heißt Grünkern. Aus Dinkel lässt sich auch eine Art Reiskorn gewinnen.

EMMER (ZWEIKORN):
Die alten Römer nannten den Emmer »Weizen von Rom«. Auch heute noch spielt er in Italien eine besondere Rolle.

EINKORN:
Einkorn ist eine der ältesten Getreidezüchtungen. Es enthält mehr Nährstoffe als unser Weizen und ist weniger anfällig für Schädlinge.

KAMUT:
Kamut ist ein Hartweizen mit besonders großen Körnern. Er kommt ursprünglich aus dem Iran und wird hauptsächlich in den USA angebaut.

138

GETREIDE

DIE GERSTE
(Hordeum vulgare)

Gerste reift als erstes Getreide im Jahr heran und wird Mitte Juli geerntet. Aus Gerste werden nicht nur Mehl und Tierfutter gemacht, sondern auch Bier gebraut.

 0,7 bis 1,2 m

 als Nutzpflanze auf Feldern; auf der ganzen Welt

 25 bis 45 cm lang, bis 12 mm breit

 Die Ährchen bilden eine Ähre mit bis zu 15 cm langen Grannen.

 zwischen Mai und Juni

 Körner

DER ROGGEN
Secale cereale

Ein Roggenfeld erkennt man an dem bläulichen Schimmer, der auf den Pflanzen liegt: Halme, Blätter und die noch unreifen Ähren haben eine bläulich grüne Färbung.

 0,7 bis 2 m

 als Nutzpflanze auf Feldern; häufig in Mittel- und Osteuropa, Spanien und der Türkei

 10 bis 30 cm lang, bis 10 mm breit, auf der Oberseite behaart

 Ähre mit mittellangen Grannen

 ab Ende Mai

 Körner

DER HAFER
Avena sativa

Hafer gilt als sehr gesundes Getreide und enthält wertvolle Nährstoffe. Er kommt z. B. in Form von Haferflocken auf den Tisch: Die Flocken sind die zerquetschten Haferkörner.

 0,5 bis 1,5 m

 als Nutzpflanze auf Feldern; in Ost-, Mittel- und Nordeuropa sowie Nordamerika

 bis 45 cm lang, 5 bis 20 mm breit, fühlt sich rau an

 Blütenstand ist eine Rispe

 Juni bis August

 Körner

MAIS:

An der Spitze des bis zu 3 m hohen Stängels sitzen die männlichen Blüten, weiter unten die weiblichen Kolbenblüten, aus denen sich die Maiskörner entwickeln. Aus Mais werden Cornflakes und Popcorn gemacht. In Südamerika und Afrika ist Maismehl ein wichtiges Nahrungsmittel. Bei uns wird Mais hauptsächlich als Futterpflanze angebaut.

REKORD!
Auch Reis und Mais sind Süßgräser. Zusammen mit Weizen sind sie die weltweit am häufigsten angebauten Sorten.

REIS:
Reis bildet Rispen – wie der Hafer. Er wird hauptsächlich in Asien auf Terrassenfeldern angebaut. Obwohl er eigentlich keine Wasserpflanze ist, gedeiht er bei Überflutung am besten.

139

GRÄSER

Gras wächst fast überall auf der Welt, mit Ausnahme der Polarregionen und der Wüsten. Es ist Lebensgrundlage für unzählige Tiere, die sich als Pflanzenfresser davon ernähren.

SCHILFROHR:
Schilf ist fast auf der ganzen Welt in Uferbereichen und Sümpfen zu finden. Es zählt zu den Rispengräsern und kann mehrere Meter hoch werden. In tropischen Gebieten werden aus Schilf Hütten gebaut, bei uns wird es vor allem für Reetdächer benutzt.

MERKMALE

Es gibt Süßgräser und Sauergräser. Süßgräser haben meist einen hohlen Stängel, der durch Verdickungen, Knoten genannt, in Abschnitte gegliedert ist. Der Stängel von Sauergräsern ist dagegen nicht hohl, sondern mit Mark gefüllt. Außerdem wächst er glatt und ohne hervorstehende Knoten. Sauergräser kommen fast nur auf feuchten und sauren Böden vor, daher kommt der Name.

BESONDERHEITEN

Fast alle Gräser sind sehr robust und erobern sich über ihre Samen immer wieder neue Lebensräume. Zu unseren häufigsten Süßgräsern gehören das Einjährige Rispengras und die Quecke. Bei den Sauergräsern sind Segge und Binse weitverbreitet. Weltweit existieren mehr als 10 000 Süßgrasarten und etwa halb so viele Sauergrasarten. Und welches Gras wächst auf dem Fußballrasen? Es ist in der Regel eine Mischung aus zwei Zucht-Süßgräsern, dem Deutschen Weidelgras und der Wiesenrispe. Die halten zusammen auch Tritte und Grätschen mit den Stollenschuhen aus und sind sogar noch nach einer ganzen Bundesligasaison grün.

DAS EINJÄHRIGE RISPENGRAS
Poa annua

Das Einjährige Rispengras ist unsere häufigste Süßgrasart. Obwohl es nach einem Jahr abstirbt, ist es weitverbreitet, denn seine Samen siedeln sich in jeder Ritze an. Die Grashalme wachsen zunächst flach am Boden, bevor sie sich aufrichten.

- 10 bis 25 cm
- weltweit
- hellgrün, bis 5 mm breit und bis 25 cm lang
- Der Blütenstand ist eine Rispe, die Ährchen sind grün bis violett und etwa 3 mm lang.
- über das Jahr verteilt
- Samen, die von Regen und Wind verteilt werden

DIE QUECKE
Agropyron repens

Die Quecke wächst in Horsten. Ihre weichen Blätter hängen leicht nach unten. Durch Ausläufer ihres Wurzelstocks breitet sich die Quecke rasch aus. Ihr Name leitet sich vom althochdeutschen Wort »queck« ab. Das bedeutet kräftig oder zäh.

- bis 1,2 m
- auf Wiesen und Äckern, an Wegrändern und am Rand von Bächen und Gräben; nördlich des Äquators
- bis 30 cm lang und sehr schmal, typische Grasform
- Die Quecke bildet Ähren.
- Juni bis Juli
- Samen

ZUCKERROHR UND BAMBUS:
Kaum zu glauben, aber beide Pflanzen sind Süßgräser. Der Riesenbambus kann 30 m hoch werden. Damit ist er das größte Gras der Welt. Aus den verholzten Rohren des Bambus werden Möbel hergestellt und Häuser gebaut. Zuckerrohr gilt als schnell nachwachsender Rohstoff. Neben der Zuckergewinnung wird es auch als Brennstoff, Viehfutter, Werkstoff und zur Herstellung von Papier genutzt.

Zuckerrohr | *Bambus*

GRÄSER G

DIE BLAUGRÜNE SEGGE
Carex flacca

Seggen gehören zu den artenreichsten Sauergräsern. Bei uns ist die Blaugrüne Segge verbreitet. Ihre dreikantigen Halme sind steif und so scharfrandig, dass man sich leicht daran schneiden kann. Das ist ihr Überlebenstrick: Tiere fressen diese harten und sauren Blätter nicht.

 20 bis 70 cm

 Feuchtwiesen und Moore; auf feuchtem und kalkreichem Boden in Europa, Asien und Nordafrika, eingeschleppt auch in Nord- und Mittelamerika

 auf der Unterseite bläulich grün, steif und rau

 bis zu 15 cm langer Blütenstand mit Ährchen

 April bis Juni

 Aus den Ährchen bilden sich Samen.

DIE FLATTER-BINSE
Juncus effusus

Binsen wachsen überall dort, wo der Boden feucht ist. Am Ufer von Bächen und Seen ist vor allem die Flatter-Binse zu finden. Sie wächst in großen Horsten. Auch Binsen werden von den meisten Tieren gemieden. Aus ihren Stängeln fertigte man früher Matten und Körbe.

 30 bis 75 cm

 Feuchtwiesen, Sümpfe, an Waldwegen, in Flachmooren; besonders häufig in nicht zu kalten Gebieten nördlich des Äquators

 jeweils ein Blatt pro Stängel, unter dem Blütenstand sitzend, diesen überragend

 bräunliche, trichterförmige Rispe, Spirre genannt

 Juni bis August

 Samen in eiförmigen Kapseln

WOLLGRAS:
Wollgras siedelt sich in Moor- und Sumpfgebieten an und gehört zu den Sauergräsern. Die »Wattebäusche« bestehen aus unzähligen Samenschirmchen – wie beim Löwenzahn.

PAPYRUS:
Auch die Papyrusstaude gehört zu den Sauergräsern. Sie wächst vor allem in Afrika in den Sumpfgebieten des Nil. In Europa kommt Papyrus nur auf Sizilien vor. Die alten Ägypter stellten aus den Stängeln eine Art Papier her.

STRANDHAFER:
Strandhafer gehört zu den Süßgräsern. Er ist eine Pionierpflanze und befestigt mit seinen weitverzweigten Wurzeln die sandigen Dünen.

TATSACHE!

Stell dir die Welt ohne Gräser vor – es gäbe keine Steppe oder Savanne, keine Prärie, keine Wiesen und Weiden und auch kein Fußballfeld. Der Boden würde mit dem Regen fortgespült werden, weil keine Wurzeln ihn festhielten. Viele Tiere hätten keine Nahrung mehr und wir kein Getreide, keinen Mais und keinen Reis. Bambus, Schilf und Zuckerrohr wären verschwunden und in den Feuchtgebieten würden Seggen, Binsen und Wollgras fehlen. Wie würde eine Welt ohne Gräser aussehen?

HAHNENFUSS

Ganze Wiesen übersät der Hahnenfuß mit seinen leuchtend gelben Blüten, meist kurz nachdem der Löwenzahn ausgeblüht hat. So sind manche Wiesen gleich zweimal in Gelb getaucht. Besonders häufig kommen Scharfer und Kriechender Hahnenfuß vor.

VORSICHT!
Der Pflanzensaft des Hahnenfußes kann beim Menschen auf der Haut allergische Reaktionen auslösen.

DER SCHARFE HAHNENFUSS
Ranunculus acris

- 25 bis 100 cm
- feuchte, nährstoffreiche Wiesen in Europa
- Blattform ähnelt Hühnerfüßen
- 5 behaarte Kelchbätter, 5 gelbe Blütenblätter
- Mai bis Juli
- kugelförmige Sammelfrucht mit kleinen Nüsschen

MERKMALE
Scharfer Hahnenfuß hat einen runden Stängel und runde Blütenstiele. Die Blüte besteht aus fünf gelben Blütenblättern. Die Kelchblätter auf der Unterseite der Blüte sind leicht behaart. Etwa ab Juli reifen die Früchte des Hahnenfußes heran. Es sind kugelige Sammelfrüchte, in denen viele Nüsschen sitzen. Den Namen Hahnenfuß bekam die Blume wegen ihrer grünen Laubblätter, die in der Form an Hühnerfüße erinnern. Die ganze Familie der Hahnenfußgewächse mit mehreren hundert Arten ist danach benannt.

Sammelfrucht mit Nüsschen

BESONDERHEITEN
Scharfer Hahnenfuß ist für Tiere giftig. Er riecht und schmeckt scharf und schreckt Weidevieh ab. Hahnenfuß verliert aber seine giftigen Inhaltsstoffe, wenn er getrocknet wird. Deshalb macht es nichts, wenn er im Heu enthalten ist. Neben dem Scharfen Hahnenfuß ist auch der Kriechende Hahnenfuß weitverbreitet. Er bleibt mit maximal 45 cm Höhe kleiner als der Scharfe Hahnenfuß.

Kriechender Hahnenfuß breitet sich über kriechende Ausläufer aus – daher hat er seinen Namen.

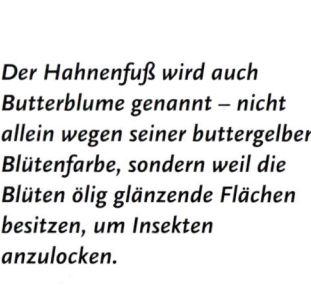

Scharfer Hahnenfuß

Der Hahnenfuß wird auch Butterblume genannt – nicht allein wegen seiner buttergelben Blütenfarbe, sondern weil die Blüten ölig glänzende Flächen besitzen, um Insekten anzulocken.

HASEL H

Im Herbst reifen am Haselstrauch die leckeren Haselnüsse. Auch für Tiere wie Eichhörnchen, Eichelhäher und Haselmaus sind die Nüsse eine wichtige Futterquelle.

MERKMALE

Der Strauch kann bis zu 7 m hoch werden, meist sind es aber nur 3 bis 4 m. Er wächst breit und aufrecht, die großen Blätter sind weich behaart. Ihr Rand ist doppelt gesägt. Bevor im Frühjahr die Blätter austreiben, bilden sich bereits Blütenkätzchen. Die weiblichen Blüten sind sehr unscheinbar und kaum zu entdecken, die männlichen hängen wie gelbe Würmer herunter. Sie können bis zu 7 cm lang werden. Die Nüsse, die bis zum Herbst heranreifen, sitzen in einem grünen Fruchtbecher, der sich aus der weiblichen Blüte gebildet hat. Oft stehen mehrere Nüsse dicht beieinander wie ein kleiner Strauß.

weibliche Blüten

Männliche Kätzchen

BESONDERHEITEN

Zurückgeschnittene Haselsträucher treiben extrem schnell wieder aus. Die neuen und sehr biegsamen Triebe wurden früher für Flechtarbeiten genutzt. Man stellte z. B. Körbe, Teppichklopfer oder Flechtzäune für den Garten daraus her.

DIE HASEL
Corylus avellana

- bis 7 m
- Hecken, Gebüsche, Laubmischwälder nördlich des Äquators; von Nordamerika über Europa bis nach Asien
- rund und groß, mit kleiner Spitze, weich behaart
- auffällige hängende männliche Blütenkätzchen, erscheinen vor den Blättern, weibliche Blüten rötlich und unauffällig
- Februar bis April
- Haselnüsse

WICHTIG ZU WISSEN!

Die Haselnüsse, die bei uns in den Handel kommen, sind meist von der Lamberts-Hasel, die aus Südosteuropa stammt. Ihre Nüsse sind besonders groß und wohlschmeckend.

Gefundenes Fressen für die Haselmaus! Nachts streift sie umher und sucht nach Futter – am liebsten sind ihr Haselnüsse.

Nestartige Früchte stammen von der Baum-Hasel. Die kleinen Haselnüsse schmecken gut, sind aber schwer zu knacken.

143

HOLUNDER

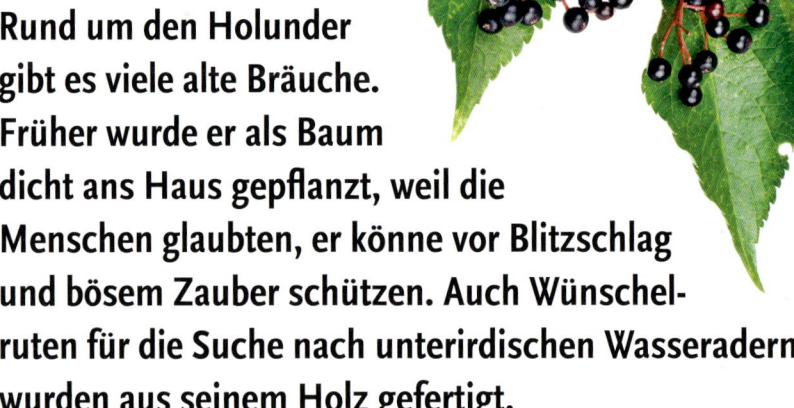

DER SCHWARZE HOLUNDER
Sambucus nigra

 als Strauch etwa 5 m, als Baum bis zu 10 m

 an Waldrändern und zwischen Hecken; in Mitteleuropa

 fünf- bis siebenteilig, unpaarig gefiedert

 weiße Schirmblüte mit vielen sternchenförmigen Einzelblüten

 Juni

 blauschwarze Beeren

Rund um den Holunder gibt es viele alte Bräuche. Früher wurde er als Baum dicht ans Haus gepflanzt, weil die Menschen glaubten, er könne vor Blitzschlag und bösem Zauber schützen. Auch Wünschelruten für die Suche nach unterirdischen Wasseradern wurden aus seinem Holz gefertigt.

MERKMALE

Holunder kann als Strauch oder als kleiner Baum wachsen. Die Teilblättchen sitzen sich am Stängel paarweise gegenüber. Ein einzelnes wächst oben an der Spitze. Meist bilden fünf oder sieben Teilblättchen ein Blatt. Sie haben eine länglich ovale Form. Im Frühsommer bilden sich schirmartige Blütenstände mit winzigen weißen Blüten. Sie verströmen einen süßen Duft. Später reifen die beinahe schwarzen Beeren heran. Vögel fressen sie sehr gern und verbreiten dabei den Samen. Die meisten wild wachsenden Holunderbäume und -sträucher sind auf diese Weise entstanden.

BESONDERHEITEN

Die Zweige enthalten ein weißes Mark. Aus ausgehöhlten Zweigen lassen sich Blasrohre und einfache Flöten herstellen: Mit einem dünneren Zweig wird das Mark herausgeschoben. Dann bohrt man mit einem Nagel Löcher in das Holz.

WICHTIG ZU WISSEN!

Roh sind die schwarzen Holunderbeeren ungenießbar. Sie enthalten Giftstoffe, die erst beim Kochen zerstört werden. Aus dem Saft kann man Marmelade, Sirup und leckeren, gesunden Punsch machen. Auch die Blätter und die Rinde der Pflanze sind giftig. Die Blüten dagegen kann man in der Pfanne ausbacken oder zur Sirupherstellung verwenden.

Ausgebackene Holunderblüten

In Norddeutschland nennt man Holunderbeeren auch Fliederbeeren. Fliederbeersuppe mit Grießklößchen ist dort ein traditionelles Herbstgericht.

IMMERGRÜN I

Das Immergrün macht seinem Namen alle Ehre: Das ganze Jahr über bedeckt es mit seinen dunkelgrünen Blättern den Boden unter Laubbäumen oder zwischen Büschen. Es gibt das Kleine und das Große Immergrün.

VORSICHT!

Das Immergrün zählt zu den Hundsgiftgewächsen, von denen es ungefähr 4500 Arten gibt. Hundsgiftgewächse sind nicht nur für Hunde giftig. Also besser nicht anfassen!

MERKMALE

Das Immergrün ist ein Bodendecker: Es breitet sich über lange Triebe, die Wurzeln schlagen können, dicht am Boden aus. Die kleinen dunkelgrünen Blätter wirken ledrig. Die Blüten sind blau bis violett und bilden sich in den Blattachseln der oberen Blätter. Blattachseln sind die Stellen, wo Blattstiel und Stängel zusammensitzen. Großes und Kleines Immergrün sehen nahezu gleich aus, das Große Immergrün wird mit 30 cm nur höher.

BESONDERHEITEN

Obwohl das Immergrün sehr niedrig bleibt, wird es zu den Halbsträuchern gezählt. Alle Teile der Pflanze sind giftig. Im Mittelalter wurde Immergrün in Burg- und Klostergärten angepflanzt. Es diente als Heilpflanze, als magisches Zauberkraut und auch als Schmuck, denn aus den biegsamen Trieben lassen sich üppige Kränze winden.

DAS KLEINE IMMERGRÜN
Vinca minor

- 10 bis 15 cm
- in lichten Laubwäldern und unter Büschen, als Bodendecker in Parks und Gärten; in Mittel- und Südeuropa bis Asien
- dunkelgrün, glänzend, lanzettförmig, bis 4 cm lang
- blau bis violett, mit fünf Blütenblättern, bis 3 cm groß
- April bis Juni
- schiffchenförmige Hülse mit Samen

Immergrün zu verschiedenen Jahreszeiten: immer grün!

JOHANNISKRAUT

DAS ECHTE JOHANNISKRAUT
Hypericum perforatum

 40 bis 90 cm

 Wiesen, Wegränder, Waldränder in Europa, Nordafrika und dem Westen Asiens; von Menschen eingeschleppt in Nord- und Südamerika sowie in Australien

 eiförmig, mit vielen Öldrüsen

 gelb, fünf Blütenblätter

 Juni bis September

 dunkelrote bis braune Kapseln mit kleinen Samen

Johanniskraut ist eine Blütenpflanze, die schon seit vielen hundert Jahren als Naturheilmittel eingesetzt wird. Ihren Namen verdankt sie der Tatsache, dass sie meist um den Johannistag, also um den 24. Juni, zu blühen beginnt.

MERKMALE
Das Johanniskraut hat eifömige Blätter, die aussehen, als wären sie mit vielen winzigen Pünktchen oder Löchern übersät. Dabei handelt es sich um Öldrüsen. Die helleren Pünktchen enthalten ätherisches Öl, die dunklen an den Blatträndern den rot färbenden Stoff Hypericin. Aus den fünfblättrigen gelben Blüten werden im Herbst dunkelrote bis braune Kapseln, in denen winzige Samen sitzen.

BESONDERHEITEN
Das Johanniskraut ist eine lichthungrige Pflanze. Es wächst am besten an sonnigen Standorten. Auch seine Samen brauchen viel Licht zum Keimen, sie wollen nicht mit Erde bedeckt sein. Solche Pflanzen heißen deshalb auch Lichtkeimer. Das Kraut wächst wild, wird aber für die Nutzung als Heilpflanze auf großen Feldern angebaut. Als Heilpflanze soll Johanniskraut gegen traurige Stimmung helfen und die Heilung von Wunden fördern.

TATSACHE!

Wenn du die Knospen des Johanniskrauts mit den Fingern zerreibst, werden deine Finger blutig! So sieht es jedenfalls aus, wenn der Wirkstoff Hypericin austritt und die Haut färbt. Man nennt ihn deshalb auch »Blut des heiligen Johannis«.

KAMILLE

Kamille kennst du wahrscheinlich, sie ist eine unserer wichtigsten Heilpflanzen. Aus den getrockneten Blüten wird auch Kamillentee gemacht, der bei vielen Beschwerden helfen kann. Kamille wirkt desinfizierend und krampflösend.

MERKMALE

Kamille gehört zu den Korbblütlern. Ihr Blütenstand erinnert an ein Körbchen. Außen sitzen die weißen Zungenblätter, in der Mitte viele gelbe Röhrenblüten. Zum Ende der Blütezeit biegen sich die weißen Blätter nach unten. Die gefiederten Laubblätter sind grün, manchmal auch graugrün. Der Stängel ist aufrecht und verzweigt. Die Kamille hat eine lange Pfahlwurzel, die tief in den Boden reicht.

BESONDERHEITEN

Die Kamille stammt ursprünglich aus Süd- und Osteuropa. Als Heilkraut eroberte sie aber bald die ganze Welt. Heute wächst wilde Kamille auch in Asien, Nordamerika und Australien.

DIE ECHTE KAMILLE
Matricaria chamomilla

- bis 50 cm
- Felder, Wegränder, Brachland; nahezu auf der ganzen Welt
- Laubblätter zart und gefiedert
- weiß-gelbe Körbchenblüte
- April bis September
- hellbraune bis gelbliche Nüsse, länglich und nur etwa 1 mm groß

Echte Kamille: innen hohl

WICHTIG ZU WISSEN!

Echte Kamille wird manchmal mit der Acker-Hundskamille verwechselt. Hundskamille gehört zwar auch zu den Korbblütlern, aber nicht zu den Kamillen. Sie hat auch keine Heilwirkung. Ob es sich um die Echte Kamille handelt, lässt sich mit einem Blick auf die Unterseite der Blüte feststellen. Bei der Echten Kamille ist der Blütenboden hohl, er wölbt sich leicht nach oben. Die Blüte verströmt außerdem den typischen Kamillenduft.

Der Blütenboden der Acker-Hundskamille ist mit Mark gefüllt.

K KASTANIE

Esskastanie (Marone)

WICHTIG ZU WISSEN!

Vorsicht – Rosskastanien sind für uns giftig. Verwechsle sie nicht mit der Esskastanie, die es im Herbst an Marktständen zu kaufen gibt. Für Tiere wie Rehe, Hirsche und Wildschweine sind Rosskastanien dagegen ein gutes Winterfutter.

Die Rosskastanie stammt ursprünglich aus Südosteuropa und wurde erst im 16. Jahrhundert zu uns gebracht. Du kennst sie, weil du sicher schon oft ihre glatten, glänzenden Samen gesammelt hast.

Rosskastanie

MERKMALE

Die Rosskastanie hat eine graubraune, schuppige Rinde. Ihr Stamm wird nicht besonders hoch, dafür bildet sich eine ausladende Baumkrone. Die Knospen sind bereits im Winter zu sehen. Sie sind auffällig dick, braunrot gefärbt und klebrig. Die fünfteiligen Blätter entfalten sich wie Schirmchen. Ausgewachsen erinnern sie an die Finger einer großen Hand. Etwa im April erscheinen die aufrechten Blütenkerzen, die aus vielen weißen Einzelblüten bestehen. Aus den befruchteten Blüten werden die stacheligen Kapseln, in denen jeweils ein bis zwei Samen heranreifen. Sind sie reif, platzt die Kapsel auf und die Kastanien fallen zu Boden.

BESONDERHEITEN

Die Blüten der Rosskastanie verändern im Verlauf der Blütezeit ihre Farbe. Anfangs sind sie fast reinweiß. Dann kommt im Inneren der Blüte eine erst gelbliche, dann rote Färbung hinzu. Das ist ein Signal für Insekten: Sie fliegen nur gelbe Kastanienblüten an, weil es dort Nektar gibt. Rote Blüten zeigen Hummeln und Bienen, dass der Nektar bereits geerntet ist. Die Blüten sind schon bestäubt.

DIE ROSSKASTANIE
Aesculus hippocastanum

- 15 bis 25 m
- fast überall in Mitteleuropa
- fünfteilig, gefingert
- aufrechte weiße Blütenkerzen, bis 30 cm hoch
- April bis Mai
- stachelige Kapselfrucht; in der Kapsel sitzen meist zwei rotbraune Kastanien

TATSACHE!

Neben der weißen Rosskastanie gibt es auch eine rot blühende Sorte. Dabei handelt es sich um einen Mischling: Die Rotblühenden Rosskastanien entstanden aus der weiß blühenden Rosskastanie und der nordamerikanischen Roten Rosskastanie.

An alle Hummeln und Bienen: Hier gibt es nichts mehr zu holen!

KLEE

Vierblättrige Kleeblätter gelten als Glücksbringer. Tatsächlich ist Klee aber meist nur dreiblättrig. Darauf weist auch sein lateinischer Name hin: Trifolium bedeutet Dreiblatt. Bei uns wachsen am häufigsten der weiße und der rote Klee.

MERKMALE

Klee wächst dicht am Boden, nur die Stängel mit den Blüten heben sich über die Blätter. Blüten bilden sich vom Frühjahr bis zum Sommerende. Es sind kugelförmige Köpfchen, die sich aus vielen weißen Einzelblüten zusammensetzen. Die Einzelblüten haben einen kleinen Stiel. Kleeblätter sind rundlich und sitzen am Ende des Blattstiels. Rot-Klee sieht bis auf seine Blütenfarbe fast genauso aus wie Weiß-Klee. Er wird mit bis zu 40 cm aber höher, auch seine Blütenköpfe sind etwas größer.

BESONDERHEITEN

Weiß-Klee wird häufig als Futterpflanze angebaut. Er wächst außerdem besonders gut auf Wiesen, die regelmäßig abgeweidet werden. So kann das Gras ihn nicht überwuchern. Klee ist eine wichtige Insektenpflanze. Vor allem Hummeln und Bienen suchen die Blüten auf, um Nektar zu saugen.

DER WEISS-KLEE
Trifolium repens

- bis 20 cm
- Rasen und Wiesen in Europa
- Blattform meist dreiteilig, rundliche Einzelblätter mit heller Zeichnung, am Rand fein gesägt
- kugelig, weiß, an einem blattlosen Stängel
- Mai bis September
- Hülsenfrucht mit bis zu vier Samen

Sobald die Biene in die Blüte rüsselt, bekommt sie eine Ladung Pollen ab.

Aus jeder Blüte wird nach dem Verblühen eine kleine Hülsenfrucht.

TATSACHE!

Klee gehört zu den Hülsenfrüchtlern oder Leguminosen, wie es in der Fachsprache heißt. Sie bilden als Frucht eine Hülse aus, die Samen enthält. Typische Hülsenfrüchtler sind z. B. Erbsen und Bohnen.

149

LINDE

Lindenblüten duften süß und ziehen Honigbienen an.

Linden wurden früher an Stellen gepflanzt, an denen sich Menschen versammelten. Unter Gerichtslinden hielt man im Mittelalter das Dorfgericht ab. Unter Tanzlinden finden noch heute Feste statt. Viele Dörfer hatten eine Linde an einem zentralen Platz.

DIE SOMMER-LINDE
Tilia platyphyllos

- bis 40 m
- Dorfplätze, Parks, in der Stadt als Straßenbaum; in Mittel- und Südeuropa
- herzförmig, am Rand leicht gesägt
- Fruchtstand in Doldenform
- Blütezeit Juni, Winter-Linde: Ende Juni bis Juli
- kleine Nüsschen

MERKMALE

Bei uns gibt es Sommer- und Winter-Linden sowie Mischlinge. Alle haben weiche, herzförmige Blätter. Die Rinde ist grau und von länglichen Furchen durchzogen. In den Winkeln der Blattadern auf der Blattunterseite sitzen feine Härchen. An ihnen kann man Sommer- und Winter-Linde unterscheiden: Bei der Sommer-Linde sind die Härchen weißlich, bei der Winter-Linde bräunlich. Die Sommer-Linde blüht außerdem ungefähr zwei Wochen früher als ihre Verwandte; nur ein hauchdünner Vorsprung, aber ihm verdankt sie ihren Namen. Die Lindenblüten sitzen in doldenförmigen, leicht hängenden Blütenständen. Sie duften sehr süß. Aus den Blütenständen werden Fruchtstände mit kleinen Nüssen. Der Fruchtstand löst sich als Ganzes vom Baum. An einem Tragblatt kann er durch die Luft gleiten.

Härchen auf der Blattunterseite

BESONDERHEITEN

Aus Lindenblüten lässt sich ein Tee herstellen, der bei Fieber und Erkältungen helfen kann. Lindenstämme haben keinen festen Kern. Je älter sie werden, desto mehr zerfällt ihr Inneres, bis der Stamm hohl ist. Trotzdem können sie sich mit Nährstoffen aus dem Boden versorgen: Von den Ästen her schieben sich Innenwurzeln durch den hohlen Stamm nach unten in die Erde.

Alte Lindenalleen wie diese findet man oft in historischen Schlossanlagen. Weißt du, wie die berühmte Berliner Prachtstraße heißt, die zum Brandenburger Tor führt?

Blattlauskolonie

ERSTAUNLICH!

Linden werden häufig von Blattläusen bevölkert. Die Läuse stechen die Blätter an und saugen den süßen Pflanzensaft auf. Dann kann es passieren, dass unter dem Baum alles von einer klebrigen Schicht überzogen ist. Es sind die Ausscheidungen der Blattläuse, Honigtau genannt.

Stamm einer uralten Gerichtslinde: Die Innenwurzeln sind gut zu erkennen.

LÖWENZAHN L

Leuchtend gelbe Löwenzahnblüten ziehen sich schon im April an Wegrändern entlang und übersäen ganze Wiesen. Bald nach der Blüte wird aus Gelb ein flaumiges Weiß: Die Frühlingsboten verwandeln sich in Pusteblumen. Doch bis in den Herbst hinein gibt es immer wieder neue Löwenzahnblüten.

MERKMALE

Der Löwenzahn verdankt seinen Namen den grünen Laubblättern, die aus einer Rosette dicht am Boden wachsen: Sie sind eingekerbt oder auch gezackt und erinnern an die scharfen Zähne eines Löwen. Die Blüte schiebt sich an einem Stängel über den Blättern empor. Der Stängel enthält einen weißen Saft, auch Milchsaft genannt. Auf Haut und Kleidung kann er braune Flecken hinterlassen. Der Löwenzahn gehört zu den Korbblütlern: Ein Kranz von gelben Blütenblättern bildet einen Korb, in dem etwa 200 Einzelblüten sitzen. Nach der Blüte verwandeln sich die Einzelblüten in Schirmchen, an denen jeweils ein einziger Samen hängt. Der Wind trägt die Schirmchen davon.

BESONDERHEITEN

Die ersten zarten Blätter können im Frühling als Salat zubereitet werden. Wurzel und Blätter enthalten viele Bitterstoffe und werden in der Naturheilkunde bei Verdauungsbeschwerden eingesetzt. Mit den Blüten wurde früher Butter gelb gefärbt, damit sie leckerer aussieht. Daher kommt der Name Butterblume für Löwenzahn.

REKORD!

Löwenzahn wird beim Verblühen immer größer: Der Stängel der Pusteblume kann viermal länger sein als der Stängel der blühenden Pflanze! So fliegen die Schirmchen noch besser mit dem Wind davon.

DER WIESEN-LÖWENZAHN
Taraxacum officinale

- 10 bis 30 cm
- Wiesen und Wegränder auf der ganzen Welt
- gezackt, in einer Rosette am Boden wachsend
- gelbes Blütenkörbchen
- April bis Oktober
- Samen an Schirmchen

Knospe – Blüte – Pusteblume

Eine kleine mit Erde gefüllte Ritze genügt dem Samen, um zu keimen. Aus ihm wächst eine Pflanze, deren Wurzel und Triebe sich sogar durch rissigen Asphalt zwängen können.

151

MAIGLÖCKCHEN

Süßer Maiglöckchenduft ist ein beliebter Bestandteil von Parfüms und Seifen. Das Öl wird aus den kleinen weißen Blüten der Pflanze gewonnen, die hübsch aussieht, aber in allen Teilen sehr giftig ist.

MERKMALE

Das Maiglöckchen ist eigentlich eine Waldblume. Es wächst in trockenen Laubwäldern, wo es manchmal weite Flächen bedeckt. Als Zierpflanze wird es aber auch in Gärten gepflanzt. Zuerst schieben sich im Frühjahr die Blätter aus dem Boden. Es sind zwei bis drei Blätter pro Pflanze. Sie sind dunkelgrün und stehen einander genau gegenüber – sie sind also gegenständig. Nach den Blättern wächst der Stängel, an dem glöckchenförmige weiße Blüten sitzen. Die Blüten zeigen alle in die gleiche Richtung. Sie duften süß. Die Früchte reifen zu kleinen roten Beeren heran. In jeder Beere befinden sich bis zu fünf Samen.

DAS MAIGLÖCKCHEN
Convallaria majalis

 bis zu 30 cm

 Laubwälder, in Gärten und Parks unter Büschen und Bäumen; in ganz Europa

 zwei bis drei lange, dunkelgrüne Blätter, an beiden Enden spitz zulaufend

 weiße Blütenglöckchen an einem Stängel

 zwischen März und Juni

 rote Beeren mit Samen

BESONDERHEITEN

Maiglöckchen sind zur Vermehrung nicht auf ihre Samen angewiesen. Sie haben einen dünnen, unterirdischen Wurzelstock, ein Rhizom, mit vielen Ausläufern und Verzweigungen. Der oberirdische Pflanzenteil bildet sich jeweils an der neu gewachsenen Spitze.

Wie der Bärlauch wächst auch das Maiglöckchen im Wald häufig in großen Gruppen. Bevor es seine Blüten zeigt, kann man seine Blätter leicht mit denen des Bärlauchs verwechseln.

VORSICHT!

Die Blätter des giftigen Maiglöckchens sehen denen des essbaren Bärlauchs zum Verwechseln ähnlich. Bärlauchblätter riechen aber intensiv nach Knoblauch.

Bärlauch — Maiglöckchen — Längliche Zwiebel — Wurzelstock

Unteres Ende eines Torfmooses

MOOS

Moos und Weihnachtskrippe gehören irgendwie zusammen. Was du da verwendest, ist das Weißmoos. Doch sieh dich im Wald einmal um, es gibt hier die unterschiedlichsten Moosarten. Sehr häufig kommt das Wald-Frauenhaar vor.

MERKMALE

Moos wächst gern dort, wo es schattig und feucht ist. Wald-Frauenhaar bildet dunkelgrüne Polster auf Baumstümpfen, zwischen Baumwurzeln und an Steinen. Wie alle Moose hat es keine richtigen Wurzeln, sondern nur wurzelartige Fäden, die Rhizoide. Damit kann es sich am Untergrund festhalten. Das Wald-Frauenhaar besitzt aufrecht wachsende Stämmchen und Blättchen. Es gehört zu den Laubmoosen. Die Stämmchen werden zwischen 5 und 10 cm lang, die Blättchen erreichen höchstens 1 cm Länge.

BESONDERHEITEN

Moose bilden weder Blüten noch Samen. Ähnlich wie Farne vermehren sie sich über Sporen. Der Stiel mit der Sporenkapsel schiebt sich über die Stämmchen hinaus. Unten ist er rötlich, weiter oben gelblich gefärbt. Die Sporenkapsel platzt auf, wenn die Sporen darin reif sind. Moose können extrem viel Wasser speichern, das Wald-Frauenhaar sogar das Zwanzigfache seines eigenen Gewichts.

Torfmoose wachsen immer weiter nach oben, während ihr unterer Teil im feuchten Boden abstirbt und sich teilweise zersetzt.

Typisch für das Weißmoos sind die runden, gewölbten Polster.

ERSTAUNLICH!

Ohne Moose gäbe es keine Hochmoore: Torfmoose und andere Pflanzen wachsen auf nassem Boden. Dort herrscht Luftmangel, sodass die abgestorbenen Pflanzenteile nicht völlig verrotten können, sondern sich als Torf anreichern.

DAS WALD-FRAUENHAAR
Polytrichastrum formosum

 mit gestielter Sporenkapsel bis zu 15 cm

 Waldboden, an Baumstümpfen und -wurzeln, an Steinen; nördlich des Äquators in nicht zu kalten Gebieten

 bis zu 1 cm lang, schmal wie eine Tannennadel

 Moose haben keine Blüten. Sie entwickeln Sporenkapseln.

 Sporenkapseln im Frühling bis Frühsommer

 Moose bilden auch keine Früchte aus. Sie vermehren sich über die Sporen in den Kapseln.

Seinen Namen hat das Wald-Frauenhaar von der behaarten Haube, die auf der Sporenkapsel sitzt.

Reife Sporenkapseln

NACHTKERZE

Sobald es dunkel wird, hat die Nachtkerze ihren großen Auftritt. Schon in der Dämmerung öffnet sich eine Blüte nach der anderen und verströmt ihren süßen Duft. Wenn es ganz still ist, kannst du manchmal das leise Knistern hören, mit dem die Blütenblätter sich entfalten.

MERKMALE

Die gelben Blüten der Nachtkerze können einen Durchmesser von bis zu 6 cm haben. Auch sonst ist die Blume nicht gerade klein: Wenn sie sich an ihrem Standort wohlfühlt, wird sie sogar größer als du – 150 cm sind keine Seltenheit. Nachtkerzen sind wichtige Futterpflanzen für Nachtfalter wie das Taubenschwänzchen: Sie trinken den Nektar, fliegen von Blüte zu Blüte, verteilen auf diese Weise den Blütenstaub und sorgen so für die Befruchtung.

Taubenschwänzchen im Anflug

BESONDERHEITEN

Nachtkerzen gehören zu den zweijährigen Pflanzen. Im ersten Jahr bildet sich lediglich eine Blattrosette am Boden. Im zweiten Jahr schiebt sich daraus der Stängel empor. Bald darauf zeigen sich die Blätter und die Blütenknospen. Von Juni bis September öffnen sich in trockenen und warmen Nächten die Blüten – aber immer nur für ein bis zwei Nächte, dann sind sie verblüht.

Aus den Samen lässt sich ein Öl gewinnen, das Bestandteil von vielen Kosmetikprodukten ist. Es wirkt vor allem bei juckender Haut lindernd. Das wussten bereits die Indianer – denn die Nachtkerze stammt aus Nordamerika und wurde im 17. Jahrhundert als Zierpflanze nach Europa eingeführt.

DIE NACHTKERZE
Oenothera biennis

 60 bis 150 cm

 Wegränder, Schotter- und Brachflächen in Europa

 länglich, deutliche Blattnerven, wechselständig am Stängel

 hellgelb, mit vier großen Blütenblättern

 Juni bis September

 Kapselfrucht

Wurzeln der Nachtkerze

ERSTAUNLICH!

Nachtkerzen sind essbar: Die Blüten können in einen Salat gemischt werden. Die Wurzel schmeckt, wenn sie geschält und wie Gemüse gekocht wird. Weil sie sich dabei rötlich verfärbt, nannte man die Nachtkerze früher auch Schinkenwurz.

NARZISSE N

Diese hübsche Blume kennst du bestimmt: Leuchtend gelb verbreitet sie Frühlingsstimmung. Weil sie meist um die Osterzeit blühen, werden Narzissen auch Osterglocken genannt.

VORSICHT!

Alle Teile der Narzisse sind giftig. Auch als Schnittblume gibt die Pflanze schädliche Stoffe an das Blumenwasser ab. Wenn du Narzissen zu anderen Blumen in die Vase stellst, welken diese schnell.

MERKMALE

Gelbe Narzissen begegnen dir vor allem in Gärten, wo gezüchtete Sorten angepflanzt werden. Vereinzelt kommen sie aber auch als Wildpflanzen vor. Auf leicht feuchten Wiesen, in hellen Wäldern und auch an Bachrändern fühlen sie sich wohl. Alle Narzissen sind Zwiebelpflanzen: Aus der Zwiebel schiebt sich ein langer Stängel empor, an dessen Ende sich die Blütenkrone bildet. Die schmalen, blaugrünen Blätter sitzen ganz unten am Stängel, den sie manchmal sogar noch überragen.

BESONDERHEITEN

Narzissen können sich über Brutzwiebeln und über Samen vermehren. Brutzwiebeln bilden sich wie kleine Zwiebelkinder an der Hauptzwiebel. Aus jeder Brutzwiebel kann eine neue Narzisse werden. Samen entstehen dagegen aus der Blüte. Aus einer befruchteten Blüte reift eine Kapselfrucht heran. Im Inneren hat sie drei Kammern mit vielen kleinen Samen. Wenn die Frucht reif ist, platzen die Kammern auf und geben die Samen frei.

DIE GELBE NARZISSE
Narzissus pseudonarcissus

 bis 40 cm

 bei uns meist als Gartenpflanze, sie stammt aus Südeuropa

 lang und schmal

 sechs Blütenblätter mit einer Krone in der Mitte

 März bis April

 Kapsel mit drei Kammern und vielen kleinen Samen

WICHTIG ZU WISSEN!

Neben der Gelben Narzisse ist auch die Dichter-Narzisse sehr beliebt. Sie hat eine weiße Blüte mit einer gelb-orangefarbenen Blütenkrone in der Mitte. Die ursprüngliche Heimat aller Narzissen liegt in Südeuropa, vor allem im Mittelmeerraum.

Gelbes Blütenmeer im Frühling

155

OBSTBÄUME

Apfelblüte

Wild wachsende Früchte haben schon die Menschen der Steinzeit gesammelt und gepflückt. Mit der Zeit gelang es ihnen, Obstbäume gezielt anzupflanzen und immer neue Sorten zu züchten. Apfel, Birne, Kirsche und Pflaume sind unsere häufigsten heimischen Obstbäume.

MERKMALE

Man unterscheidet Kernobst und Steinobst. Äpfel und Birnen zählen zum Kernobst. So heißen Früchte mit einem Kerngehäuse. Bei ihnen sitzen die Samen in einem Ge-häuse im Fruchtinneren. Kirschen und Pflaumen sind Steinobst. Steinfrüchte haben in ihrem Inneren einen verholzten Kern. Dessen wortwörtlich steinharte äußere Schicht umschließt den eigentlichen Samen. Obstbäume können zu großen Bäumen von mehr als 20 m Höhe heranwachsen. Es gibt aber auch kleine Formen und sogenanntes Spalierobst, das an Spalieren an Hauswänden wächst.

BESONDERHEITEN

Die ersten Obstbäume öffnen bereits im April ihre Blüten, also gerade dann, wenn die Landschaft noch recht kahl ist und Insekten wie Bienen und Hummeln wenig zu fressen finden. Für sie sind Obstbäume deshalb

eine wichtige Nahrungsquelle. Die Bäume wiederum sind auf die Bestäubung durch ihre winzigen Besucher angewiesen: Während die Bienen von Blüte zu Blüte fliegen, verteilen sie den Pollen.

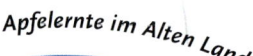
Apfelernte im Alten Land

DER APFEL
Malus domestica

Junge Apfelbäume haben eine hellgraue Rinde, bei alten Bäumen ist sie schuppig und rötlich braun. Die geöffneten Blüten können je nach Sorte reinweiß oder weiß und rosa sein. Kläräpfel sind die frühesten Äpfel, sie reifen schon im August. Andere Sorten müssen erst Wochen lagern und nachreifen, bevor sie schmecken.

 bis 10 m, meist kleiner

 auf der ganzen Welt

 dunkelgrün, oval

 fünfblättrig, weiß bis rosa

 zwischen April und Mai

 Apfel

REKORD!

Die Römer waren vermutlich die ersten, die richtige Apfelplantagen anlegten. In Deutschland haben wir heute ausgedehnte Obstanbauregionen wie das Alte Land bei Hamburg oder den Bodenseeraum. Allein in Deutschland gibt es schätzungsweise 2500 Apfelsorten. Weltweit sind es vermutlich um die 20 000!

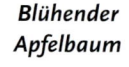
Blühender Apfelbaum

OBSTBÄUME

TATSACHE!

Kaum zu glauben, aber wahr: Apfel, Birne, Kirsche und Pflaume sind mit der Rose verwandt. Alle gehören zur Familie der Rosengewächse. Sie wachsen sowohl im kühleren Norden als auch im wärmeren Süden.

Kirschblüte

MIRABELLE:
Wie die Zwetschge ist die Mirabelle eine Unterart der Pflaume. Sie ist aber kleiner als diese und kugelrund. Die Mirabelle wird auch »Gelbe Zwetschge« genannt.

DIE BIRNE
Pyrus communis

Die Krone des Birnbaums erinnert an ein hochgezogenes Dreieck. Seine Rinde ist graubraun, die Blüten sind reinweiß. Birnenholz eignet sich gut zum Drechseln. Deshalb werden Schmuckgegenstände und Musikinstrumente daraus gefertigt. Birnen schmecken oft süßer als Äpfel, weil sie weniger Fruchtsäure enthalten.

- bis 15 m
- ursprünglich nur in Europa und Kleinasien, heute weltweit angebaut
- grün und oval
- weiß, fünfblättrig
- zwischen April und Mai
- Birne

Birnenblüte

DIE KIRSCHE (VOGEL-KIRSCHE)
Prunus avium

Die Wildform unserer Süßkirsche ist die Vogel-Kirsche. Aus ihr wurden unterschiedliche Sorten gezüchtet. Kirschbäume haben eine leicht glänzende, rötlich graue Rinde mit Querstreifen. Kirschbaumholz hat eine auffallend rötliche Farbe und wird gern zum Möbelbauen und als Wandverkleidung genutzt.

- bis 25 m
- ursprünglich vermutlich aus Westasien, wird auf der ganzen Welt angebaut
- große, länglich ovale Blätter, am Rand gesägt
- weiße Blüten, oft in kleinen Dolden
- zwischen April und Mai
- Kirsche

SAUERKIRSCHE:
Neben der Süßkirsche gibt es auch die Sauerkirsche. Sie wird nur 5 bis 10 m hoch. Ihre kleinen hellroten Kirschen schmecken süßsauer und werden gern für Kirschkuchen verwendet. Die bekannteste Sorte ist die Schattenmorelle.

DIE PFLAUME
Prunus domestica

Pflaumen entstanden aus einer Kreuzung der wilden Kirschpflaume mit dem Schlehdorn. Die glatte Rinde ist graubraun. Pflaumen können blau, violett, rot, gelb oder grün sein. Die dunkelblaue, längliche Zwetschge ist eine Unterart der Pflaume. Sie wird zu Zwetschgenkuchen, Mus oder Dörrobst verarbeitet.

- bis 6 m
- ursprünglich nur in Mitteleuropa, wird auf der ganzen Welt angebaut
- länglich oval, gesägt, bis 5 cm lang
- fünfzählig, weiß oder grünlich
- zwischen April und Mai
- Pflaume

Pflaumenblüte

157

P PILZE

Was du als Pilz kennst – einen Stiel mit Hut, – ist in Wirklichkeit nur der Fruchtkörper. Der eigentliche Pilz lebt als Fadengeflecht im Untergrund. Neben den Hutpilzen gibt es noch viele andere Pilzarten, die ganz unterschiedliche Fruchtkörper bilden.

MERKMALE

Pilze vermehren sich über Sporen, die im Fruchtkörper reifen. Bei Hutpilzen bilden sich die Sporen auf der Hutunterseite. Die meisten Hutpilze gehören entweder zu den Röhren- oder zu den Lamellenpilzen. Bei jungen Fruchtkörpern ist der Hut wie eine Kappe geschlossen. Mit der Reife öffnet er sich wie ein Schirm und verstreut seine Sporen. Aus den Sporen wachsen lange Fäden, Hyphen genannt. Die einzelnen Hyphen vereinen sich zu einem weitverzweigten Fadengeflecht, dem Myzel. So wächst ein Pilz über die Jahre unterirdisch immer weiter.

Pilzmyzel

BESONDERHEITEN

Pilze sind sonderbare Wesen: Sie sind weder Tier noch Pflanze. Wie Pflanzen wachsen sie zwar an einem festen Standort, aber anders als diese können sie ihre Lebensenergie nicht durch Fotosynthese aus dem Sonnenlicht ziehen. Sie benötigen jedoch Stoffe, die Pflanzen produziert haben. Deshalb leben Pilze mit Pflanzen in einer Gemeinschaft, einer Symbiose. Viele Röhrenpilze wickeln ihre Fäden um die Wurzeln bestimmter Bäume. So können beide untereinander Stoffe austauschen. Der Baum gibt dem Pilz wichtige Nährstoffe wie Zuckerverbindungen ab. Der Pilz hilft dem Baum dafür bei der Aufnahme von Wasser und Mineralien. Manche Pilzarten wie z. B. die Birken-Rotkappe findest du also immer in der Nähe bestimmter Baumarten.

DER FICHTEN-STEINPILZ (RÖHRENPILZ)
Boletus edulis

Der rotbraune Hut sitzt beim Steinpilz wie ein Polster auf dem dicken Stiel. Viele Röhrenpilze wie auch der Steinpilz sind essbar, einige allerdings ungenießbar oder sogar giftig. Röhrenpilze wachsen oft in der Nähe von Bäumen.

 Hutdurchmesser 25 bis 20 cm

 meist in Nadelwäldern unter Fichten und Kiefern in Europa

 Fruchtkörper mit Röhren auf der Unterseite

 Fruchtkörper zwischen Juli und November

 olivbraune Sporen

Hallimasch

REKORD!

Kilometerlange Pilzfäden ziehen sich durch den Boden, wickeln sich um Baumwurzeln und dringen in den Stamm der Bäume ein. Was hier wächst, ist der größte Pilz der Welt. Es ist ein Hallimasch in Oregon (USA), der sich unterirdisch über unglaubliche 900 ha ausdehnt. Das sind etwa 1200 Fußballfelder.

DIE BIRKEN-ROTKAPPE:
Dieser Röhrling ist leicht zu erkennen: Sein Hut ist orangerot und sein Stiel erinnert an Birkenrinde. Er ist ein guter Speisepilz, roh aber giftig!

DER MARONENRÖHRLING:
Diesen beliebten Speisepilz findest du häufig in Nadelwäldern. Du erkennst ihn an seinem braunen, samtigen Hut.

PILZE P

HASENOHR, ZIEGENBART UND TINTENFISCHPILZ:
Auch diese drei sind Pilze! Nichtblätterpilze haben häufig seltsame Formen und lustige Namen.

DER FLIEGENPILZ (LAMELLEN-/BLÄTTERPILZ)
Amanita muscaria

Sein Hut ist orange bis rot und hat weiße Sprenkel, die Lamellen sind weißlich. Vorsicht! Viele Lamellenpilze wie Fliegenpilz und Knollenblätterpilz sind giftig! Nur wenige sind essbar – etwa der Wiesen-Champignon und der Parasolpilz.

 Hutdurchmesser bis 15 cm

 meist in Fichtenwäldern, auch unter Birken; in Europa

 Fruchtkörper mit Lamellen auf der Unterseite

 Fruchtkörper zwischen Juli und Oktober

 weißliche Sporen

DER KARTOFFELBOVIST (NICHTBLÄTTERPILZ)
Scleroderma citrinum

Sein Fruchtkörper ist knollig rund und trägt im Inneren die Sporen. Wenn sie reif sind, explodiert der Fruchtkörper. Zu den Nichtblätterpilzen gehören die unterschiedlichsten Arten. Die bekannteste ist der Pfifferling.

 Durchmesser 5 bis 15 cm

 Nadelwälder in Europa

 kugelförmiger Fruchtkörper mit Sporen im Inneren

 Fruchtkörper zwischen Juli und Dezember

 olivbraune Sporen

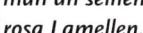

DER PFIFFERLING (EIERSCHWAMM):
Er ist ein beliebter Speisepilz und zählt zu den Nichtblätterpilzen, da er keine Lamellen hat, sondern Leisten.

DER KNOLLENBLÄTTERPILZ:
Schon eine winzige Menge des Grünen Knollenblätterpilzes (unten links) ist tödlich! Auch der Gelbe Knollenblätterpilz (unten rechts) ist hochgiftig und leicht mit einem Wiesen-Champignon zu verwechseln. Den Champignon erkennt man an seinen braunrosa Lamellen.

DER PARASOLPILZ:
Dieser Lamellenpilz ist essbar und kann wie ein Schnitzel zubereitet werden, denn sein Hut wird bis zu 30 cm groß! Deshalb heißt er auch Riesenschirmling.

Wiesen-Champignon

VORSICHT!
Viele Speisepilze haben giftige Doppelgänger! Sammle nur Pilze, die du ganz genau kennst, und frage zur Sicherheit einen Experten. Oder nimm an einer geführten Pilzwanderung teil.

QUELLER

So weit wagt sich sonst kaum einer in Richtung Meer vor. Um mit dem salzigen Meerwasser und den Gezeiten zurechtzukommen, hat der Queller einige Tricks auf Lager.

MERKMALE
Queller wird eine Gattung von fast gleich aussehenden Arten genannt. Du kannst grüne, gelbgrüne und manchmal auch rötlich braune Pflanzen finden. Der Queller hat fleischige, knotige Stängel, seine kleinen Blätter sind schuppig angeordnet und kaum zu erkennen. Die unscheinbaren gelben Blüten sind zum Schutz vor der Wasserströmung in kleine Höhlungen eingesenkt und schauen nur ein ganz kleines bisschen aus der Oberfläche der Zweige heraus.

Eine Wiese nur aus Queller

BESONDERHEITEN
Der Queller wächst hauptsächlich auf Salzwiesen im Bereich der Gezeitenzone und steht bei Flut mehrere Stunden unter Wasser. Der Strömung bietet der Queller wenig Angriffsfläche und er kann sich deshalb gut im Schlick halten. Um den Salzgehalt in seinem Inneren zu senken, speichert er Wasser zum Verdünnen. Von diesem Aufquellen hat die Pflanze ihren Namen. Mit der Zeit ist der Queller jedoch so versalzen, dass die Pflanze nach etwa sechs Monaten abstirbt. Dann hat sie aber schon geblüht und Samen gebildet. Die brauchen im Frühjahr einen kräftigen Regenschauer, um zu keimen. Bei der Landbildung spielt der Queller übrigens eine wichtige Rolle und wird oft angepflanzt, um den Boden zu halten.

DER EUROPÄISCHE QUELLER
Salicornia europaea

 bis 45 cm

 an den Küsten nördlich des Äquators; in Europa und Asien

 klein, schuppig

 gelblich, klein, in den Zweig eingesenkt

 zwischen Juni und September

Kapselfrucht, Samen brauchen Süßwasser zum Keimen

Im Herbst sieht man oft rötlich gefärbten Queller, der bald absterben wird.

ERSTAUNLICH!
Queller wird auch Meeresspargel genannt, weil ihn viele gern als knackigen Salat oder Beilage essen. Er schmeckt salzig-pfeffrig und enthält viele Mineralien. Bis ins 19. Jahrhundert wurde seine Asche außerdem bei der Glasherstellung verwendet, um die Schmelztemperatur herabzusetzen. Daher bekam die Pflanze auch den Namen Glasschmelz.

RAINFARN R

Die gelben, knopfartigen Blüten des Rainfarns leuchten im Sommer an vielen Wegrändern. Deshalb wird die Pflanze auch Rainfarn genannt: Rain ist ein anderes Wort für Feldrand.

MERKMALE

Am kantigen Stängel wachsen dunkelgrüne Blätter, die ein wenig an Farnblätter erinnern. Am unteren Stängel haben sie Stiele. Weiter oben sitzen sie direkt am Stängel auf. Rainfarn gehört zu den Korbblütlern. Er bildet gelbe Blütendolden, deren einzelne Blütenkörbchen wie Knöpfe aussehen. Nach der Blütezeit verfärben sich die gelben Dolden braun.

BESONDERHEITEN

Wenn man die Blätter zerreibt, riecht Rainfarn sehr aromatisch. Er kann jedoch bei manchen Menschen Hautreaktionen auslösen. Trotz seiner zum Teil giftigen Inhaltsstoffe wurde Rainfarn im Mittelalter als Heilmittel bei allerlei Beschwerden genutzt. So sollte er gegen Würmer helfen. Noch heute wird Rainfarn in manchen Gegenden Wurmkraut genannt. Die ätherischen Öle des Rainfarns können Insekten abschrecken. Um Ungeziefer fernzuhalten, wurden Blüten und Blätter früher nicht nur in Kleiderschränken ausgelegt, sondern auch in Viehställen.

TATSACHE!

Bei Biogärtnern ist Rainfarn als Pflanzenstärkungsmittel beliebt. Ein aus Rainfarn gekochter Sud soll als Spritzmittel vor allem Obst- und Gemüsepflanzen stärken.

DER RAINFARN
Tanacetum vulgare

- bis 120 cm
- Wegränder, Brachland, Waldränder; fast in ganz Europa verbreitet
- bis 25 cm lang, gefiedert
- Gelbe Blütenkörbchen sitzen in einer Dolde zusammen.
- Juli bis September
- etwa 1 mm große Nüsse mit einem krönchenförmigen Rand

Ein Kartoffelacker, auf dem Rainfarn wächst, wird seltener von Kartoffelkäfern befallen als ein Acker ohne. Deshalb kann man Rainfarn als natürliches Schädlingsbekämpfungsmittel einsetzen.

Es gibt aber auch Insekten, die den Rainfarn besonders mögen, z. B. den Rainfarn-Blattkäfer. Er legt gern seine Eier an der Pflanze ab.

ROSE

Wild wachsende Rosensträucher sind häufig an Wiesen-, Wald- und Wegrändern zu finden. Im Herbst kannst du die Hunds-Rose gut an ihren Hagebutten erkennen.

DIE HUNDS-ROSE
Rosa canina

 3 bis 4 m

 Gebüsch, Waldränder, Straßen- und Wegränder, lichte Wälder, in Europa weitverbreitet

 oval, spitz zulaufend, am Rand gezähnt; unpaarig gefiedert

 fünfblättrig, weiß bis rosa

 Juni

 rote Hagebutte mit Samen (Nüsschen)

MERKMALE

Die Hunds-Rose wächst als breiter Strauch mit langen überhängenden Zweigen und kräftigen Stacheln. Die Blätter sind am Rand stark gezähnt. Die Blüten sind meist rosa, am äußeren Blattrand dunkler, zur Blütenmitte hin weißlich. Im Herbst reifen aus den befruchteten Blüten die roten Hagebutten heran. Sie sitzen oft noch im Winter an den Zweigen und sind dann vor allem für Vögel eine wichtige Futterquelle. Im Inneren der Hagebutte befinden sich gelbliche Samen.

BESONDERHEITEN

Aus den Hagebutten der Hunds-Rose wird schon seit Jahrhunderten Tee und Marmelade zubereitet, denn sie enthalten sehr viel Vitamin C. Noch ergiebiger ist die Hagebutte der Kartoffel-Rose. Diese stammt ursprünglich aus Asien und wurde bei uns als Zierstrauch in Gärten eingeführt. Mittlerweile breitet sie sich immer stärker aus – vor allem an den Küsten von Nord- und Ostsee. Dort trägt das Meer die Samen weiter. Sie wird nicht an allen Stellen gern gesehen, denn sie verdrängt die heimischen Pflanzen.

Hagebutte der Kartoffel-Rose

Die Kartoffel-Rose verströmt im Juni einen intensiven Duft. Ihre Blätter sehen den Blättern der Kartoffelpflanze ähnlich, daher der Name.

ERSTAUNLICH!

Oft findet man an den Trieben der Hunds-Rose haarige runde Gebilde. Es sind sogenannte Gallen, die von der Rosengallwespe verursacht werden. Im Inneren der Gallen wachsen die Larven der Wespe heran.

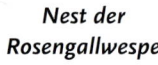
Nest der Rosengallwespe

SAUERKLEE

Sauerklee ist im Wald zu finden, sogar noch im tiefen Schatten. Wo es ihm gefällt, bildet er dichte Teppiche.

MERKMALE
Sauerklee hat hellgrüne, herzförmige Blätter, die wie Kleeblätter aussehen. Sie sind essbar und haben einen säuerlichen Geschmack. Zu viele sollte man aber nicht davon naschen, denn die enthaltene Oxalsäure kann schädlich sein. Die Blüten sind fünfblättrig, weiß und mit zarten rötlichen Längsstreifen versehen. Sie sitzen jeweils am Ende eines Blütenstängels. Bei Regenwetter oder zu starkem Lichteinfall schließen sie sich und hängen herab. Die Früchte des Sauerklees sind kleine Kapseln. Wenn die Samen darin reif sind, platzen die Kapseln auf.

BESONDERHEITEN
Die Blätter erinnern zwar an Klee, doch zu den Kleearten gehört der Sauerklee nicht. Die Sauerkleegewächse bilden eine eigene Pflanzenfamilie. Der eigentliche Klee dagegen zählt zur Familie der Hülsenfrüchtler.

REKORD!
Kaum eine andere Pflanze gibt sich mit so wenig Licht zufrieden wie der Sauerklee. Er wächst sogar noch dort, wo nur ganz wenig Sonnenlicht den Boden erreicht. Ist die Sonneneinstrahlung dagegen zu stark, dann klappt der Sauerklee seine Blätter einfach nach unten zusammen.

DER WALD-SAUERKLEE
Oxalis acetosella

- bis 12 cm
- auf feuchten Waldböden, auch im tiefen Schatten; in Mittel- und Nordeuropa sowie in Asien
- kleeblattartig, hellgrün
- fünfblättrig, weiß mit rötlichen Längsstreifen
- April bis Mai
- Kapselfrucht, in deren Inneren die Samen sitzen

Bei Regen und zu viel Sonne schließt der Wald-Sauerklee seine Blüten.

Der Horn-Sauerklee stammt aus dem Mittelmeerraum, breitet sich aber auch bei uns immer mehr aus. Anders als der Wald-Sauerklee öffnet er seine Blüten, wenn die Sonne scheint.

Hier erkennst du die Kapselfrucht.

Auch ein Sauerklee: der Glücksklee, den man zu Neujahr als Topfpflanze kaufen kann. Er kommt aus Mexiko und blüht rot.

SPRINGKRAUT

Geschlossene Kapselfrucht mit Samen im Inneren

Kaum berührt – schon aufgeplatzt!

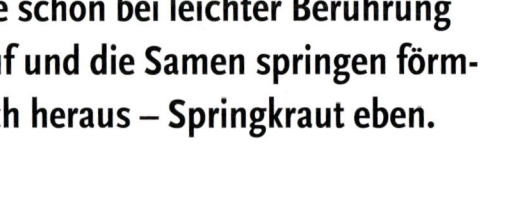

Wenn seine Früchte reif sind, platzen sie schon bei leichter Berührung auf und die Samen springen förmlich heraus – Springkraut eben.

MERKMALE

Das Große Springkraut hat länglich ovale Blätter. Am Rand sind sie gesägt. Die hellgelben, trichterartigen Blüten verengen sich am hinteren Ende zu einem gebogenen Sporn. Von der Seite betrachtet sehen sie dadurch aus wie kleine Hörner. Jede Blüte wird von einem Laubblatt wie von einem Schirm vor zu viel Regen und Sonne geschützt. Aus den befruchteten Blüten entwickeln sich längliche grüne Kapseln.

BESONDERHEITEN

Die Kapselfrüchte des Springkrauts erinnern vielleicht ein bisschen an Gurken. Sie haben vorbestimmte Stellen, an denen sie aufplatzen. Sobald die Samenreife erreicht ist, genügt eine leichte Berührung oder auch ein Regentropfen. Blitzschnell biegen sich die Kapselteile dann nach außen um und der Samen wird bis zu 3 m weit hinausgeschleudert. Deshalb nennt man das Springkraut auch Rührmichnichtan.

DAS GROSSE SPRINGKRAUT
Impatiens noli-tangere

- bis 80 cm
- in Laubwäldern, an Wegrändern, schattigen und feuchten Stellen oder Gräben; von Indien über Europa bis Nordamerika
- bis zu 10 cm lang, länglich oval, gezähnt, wechselständig
- hellgelb, von einem grünen Laubblatt beschirmt
- Juni bis September
- Schleuderfrucht: bei Reife springt die längliche Kapsel schon bei leichter Berührung auf und schleudert den Samen heraus.

WICHTIG ZU WISSEN!

Neben dem Großen Springkraut breitet sich auch das rosa blühende Drüsige Springkraut immer mehr aus. Es stammt ursprünglich aus Indien und wurde bei uns als Zier- und Bienenfutterpflanze eingeführt. Inzwischen hat es mit seinen Schleudersamen (7 m Weite) den Sprung in die freie Natur geschafft und überwuchert den Lebensraum unserer heimischen Pflanzen.

Aufgeplatzte Kapselfrüchte des Drüsigen Springkrauts

TANNE T

REKORD!
Die vermutlich älteste Tanne Deutschlands steht im Hans-Watzlik-Hain in Bayerisch Eisenstein. Die Große Waldhaustanne ist 600 bis 700 Jahre alt. Ihr Stammumfang beträgt mehr als 6,80 m, ihre Höhe 53,80 m.

Wenn wir Tanne sagen, ist meist die heimische Weiß-Tanne damit gemeint. **Sie ist der größte unserer Nadelbäume: Ausgewachsen kann sie eine Höhe von mehr als 50 m erreichen.**

DIE WEISS-TANNE
Abies alba

- über 50 m
- in Nadelwäldern und als Einzelbaum im Gebirge noch bis in 2000 m Höhe; nördlich des Äquators in Asien, Nordamerika und Europa
- Nadeln dunkelgrün, Unterseite mit bläulich weißen Längsstreifen, Nadelspitze leicht eingekerbt
- männliche Blütenzapfen gelblich gefärbt, weibliche Blütenzapfen blassgrün
- April bis Juni
- Samen und Zapfenschuppen lösen sich einzeln und fallen herab.

MERKMALE
Die Nadeln der Weiß-Tanne sind flach und an der Spitze leicht eingekerbt. Auf der Oberseite glänzen sie dunkelgrün, auf der Unterseite haben sie zwei bläulich weiße Längsstreifen. Die Streifen sind von einer leichten Wachsschicht überzogen. Sie verhindert, dass der Baum über seine Nadeln zu viel Feuchtigkeit verliert. Nur deshalb bleibt die Tanne auch im Winter grün. Die Weiß-Tanne verdankt ihren Namen der hellgrauen Rinde, an der man sie gut von der Fichte unterscheiden kann: Deren Rinde ist rotbraun.

BESONDERHEITEN
Die Zapfen sitzen aufrecht wie Kerzen auf den Zweigen. Sind sie reif, lösen sie sich auf: Die dreikantigen braunen Samen und die Zapfenschuppen fallen nach und nach zu Boden. Tannen können mehr als 600 Jahre alt werden. Sie halten Stürmen besser stand als Fichten, denn ihre Wurzeln reichen tiefer in den Boden, während Fichten Flachwurzler sind.

Leere Zapfenspindel am Tannenzweig

WICHTIG ZU WISSEN!
So kannst du Fichten und Tannen unterscheiden: Fichtenzapfen hängen am Ast. Sie landen im Ganzen auf dem Boden und du kannst sie einsammeln. Tannenzapfen stehen aufrecht am Zweig. Wenn sie reif sind, zerfallen sie am Baum und du findest nur die Zapfenspindel und die einzelnen Zapfenschuppen unter dem Baum.

ULME

Typisch Ulme: asymmetrische Blattform

Typisch Berg-Ulme: Blattspitze mit Zipfeln

Ulmen gehören zu den mittlerweile selten gewordenen Laubbäumen, denn sie sind von der Ulmenkrankheit bedroht.

MERKMALE

Ulmen haben einen verhältnismäßig kurzen Stamm und eine runde, dichte Krone. Ihre Blätter fühlen sich rau an, auf der Unterseite sind sie behaart. Der Rand ist gezähnt. Das Blatt beginnt auf der einen Seite der Hauptblattader tiefer als auf der anderen, es sieht aus, als wären beide Seiten leicht verschoben. Diese Blattform nennt man asymmetrisch. Bei der Berg-Ulme kommen Blätter mit dreizipfeligen Blattspitzen vor. Aus den befruchteten Blüten bilden sich kleine hellgrüne Nüsschen, die wie die Blüten büschelweise zusammenstehen. Die einzelnen Nüsschen sind ringförmig von einer Flughaut umgeben. So kann der Wind sie weit davontragen.

BESONDERHEITEN

Die Ulme blüht noch vor dem Blattaustrieb. Bevor die ersten Blattknospen aufspringen, sitzen an den Zweigen bereits die rötlichen Blütenbüschel. Deshalb trägt die Ulme auch schon früh im Jahr Früchte: Ihre Samen lösen sich bereits im Mai.

DIE BERG-ULME
Ulmus glabra

 35 bis 40 m

 Laub- und Mischwälder vom Flachland bis in die Berge; nördlich des Äquators in Amerika, Europa und Asien

 groß, eiförmig, gesägt, asymmetrisch und unterseits behaart; manche Blätter mit dreizipfeligen Spitzen

 rötliche Blütenbüschel

 Februar bis April

 kleine Nüsschen, ringsum von einer Flügelhaut umgeben

Aus den Blüten entwickeln sich geflügelte Nüsschen, bereit zum Abflug.

Ulmenblüte

TATSACHE!

Immer mehr Ulmen fallen der Ulmenkrankheit zum Opfer. Verursacht wird sie durch einen Pilz, der das Wasserleitsystem des Baumes verstopft, sodass die Ulme schließlich vertrocknet. Überträger des Pilzes ist der Ulmensplintkäfer – ein Borkenkäfer, der bis in die Splintholzschicht vordringt, in der die Transportwege des Baumes verlaufen. Zur Rettung der Ulmen wird versucht, den Käfer mit Lockstofffallen zu bekämpfen.

Larven des Ulmensplintkäfers

Tote Ulme

Lockstofffallen verströmen einen Duft, der für die Käfermännchen nach Käferweibchen riecht. Also flitzen sie hin – und sitzen in der Falle. Schlecht für die Käfer, aber gut für die Ulme.

VEILCHEN

Duft-Veilchenblüte in Seitenansicht: Im Blütensporn sammelt sich der Nektar.

Veilchen duften wunderbar. Deswegen sind sie im Garten sehr beliebt. Ursprünglich stammen die kleinen Blumen, die mit den Stiefmütterchen verwandt sind, aus dem Mittelmeerraum.

MERKMALE

Duft-Veilchen blühen violett – auf diese Farbe bezieht sich auch ihr lateinischer Name »Viola«. Die kleinen Blüten haben fünf Blätter, von denen zwei nach oben und drei nach unten zeigen. Die Blüten sitzen einzeln an zarten Stängeln. Sie bilden sich teilweise schon Anfang März, weshalb das Duft-Veilchen auch März-Veilchen genannt wird. Das Veilchen wächst aus einer Blattrosette dicht am Boden. Die dunkelgrünen Blätter sind rundlich, sie können wie kleine Herzen aussehen. Meist sind sie von einem weichen Flaum bedeckt. Nach der Blüte bilden sich Fruchtkapseln. Wenn die Samen darin reif sind, platzt die Kapsel auf. Außerdem vermehren sich Duft-Veilchen über Ausläufer. Deshalb stehen sie meist nicht einzeln, sondern in Gruppen.

BESONDERHEITEN

Duft-Veilchen überwintern in ihrem Wurzelstock, aus dem sie im Frühjahr wieder austreiben. Den typischen Veilchenduft verdanken die Duft-Veilchen dem natürlichen Duftstoff Jonon. Für die Parfümindustrie wird Jonon in so großen Mengen benötigt, dass er inzwischen künstlich hergestellt wird. Und die moderne Forschung hat das Duft-Veilchen als wichtige Heilpflanze entdeckt.

DAS DUFT-VEILCHEN
Viola odorata

- 5 bis 10 cm
- an Waldrändern, Hecken und unter Büschen; ursprünglich im Mittelmeerraum, heute in ganz Europa
- rundlich, herzförmig, dunkelgrün
- violett, fünfblättrig
- März bis Mai
- kleine Kapselfrucht mit Samen

WICHTIG ZU WISSEN!

Es gibt noch viele andere Veilchenarten. Bei uns findest du häufig das Hunds-Veilchen und das Wald-Veilchen. Beide haben häufig eine hellere Blütenfarbe und keines der beiden duftet. Das Hunds-Veilchen erkennst du an den dunkelvioletten Adern auf der Unterlippe und an seinem weißen Sporn. Der Sporn des Wald-Veilchens dagegen ist violett, seine Blütenblätter sind schmaler und die beiden oberen überlappen sich meist nicht.

Wald-Veilchen

Hunds-Veilchen

VOGELBEERE

DIE VOGELBEERE (EBERESCHE)
Sorbus aucuparia

 5 bis 16 m

 in Mischwäldern, an Waldrändern, häufig auch in Heide und Moor; in ganz Europa

 unpaarig gefiedert, bis 20 cm lang

 Die kleinen, weißen Blüten bilden Blütenschirme.

 Mai bis Juni

 beerenförmig, stehen in Dolden, orange bis rot

Der Vogelbeerbaum verdankt seinen Namen den hellroten Beeren, die sich bereits im Spätsommer orangerot färben. Vögel mögen die Früchte gern und fressen vor allem im Winter davon.

Die Schirmblüten ähneln Holunderblüten, riechen aber nicht so gut!

MERKMALE

Die Vogelbeere hat gefiederte Blätter, die aus 9 bis 17 Einzelblättern bestehen. Es ist immer eine ungerade Zahl, die Blätter sind also unpaarig gefiedert – gleich viele an beiden Seiten des Stängels, eins an der Spitze. Im Frühjahr blüht die Vogelbeere in schirmartigen weißen Rispen. Die Blüten riechen ziemlich unangenehm. Schon im Spätsommer reifen die Früchte heran. Anfangs gelblich grün, färben sie sich später orange bis leuchtend rot. Sie sehen zwar aus wie Beeren, sind aber mit dem Apfel verwandt und enthalten meist drei Samen.

BESONDERHEITEN

Vogelbeeren sind roh für Menschen ungenießbar, man kann jedoch Marmelade daraus kochen. Dann sind die Früchte sogar gesund, denn sie enthalten sehr viel Vitamin C. Nicht nur Vögel fressen die Beeren. Siebenschläfer und Mäuse verstecken sogar Vorräte davon im Boden. Auf diese Weise tragen sie zur Verbreitung der Samen bei.

TATSACHE!

Die Vogelbeere wird auch Eberesche genannt, sie gehört aber nicht zu den Eschen. Einzige Gemeinsamkeit der beiden Bäume sind die gefiederten Blätter. Vermutlich wurde sie deshalb ursprünglich »Aberesche« genannt, was so viel wie falsche oder unechte Esche bedeutet.

Frucht und Blatt der Vogelbeere oder Eberesche

Blatt der Esche

WACHOLDER

Getrocknete Wacholderbeeren

Der Wacholder ist ein typisches Gehölz der Heide, wo er oft sonderbar verwachsene Formen annimmt. Genauso gut kann er aber auch säulenartig und aufrecht wachsen. Seine Früchte, Wacholderbeeren genannt, sind ein beliebtes Gewürz.

MERKMALE

Wacholder hat grüne stechende Nadeln. Es gibt männliche und weibliche Pflanzen. Männliche Wacholder treiben gelbliche Blütenkätzchen aus. Weibliche Blütenzapfen bestehen aus drei grünlichen Samenschuppen. Aus den weiblichen Blütenzapfen werden später die Früchte des Wacholders.

Frische Wacholderbeeren

BESONDERHEITEN

Die Früchte werden zwar Wacholderbeeren genannt, tatsächlich sind es aber kugelartige Zapfen. Zwei bis drei Jahre dauert es, bis sie reif sind. Anfangs haben sie eine grüne Farbe, im reifen Zustand sind sie blauschwarz. Sie werden als Gewürz in der Küche verwendet. Wacholder enthält ätherische Öle, die gut duften. Deshalb nutzt man die Zweige auch zum Räuchern.

DER WACHOLDER
Juniperus communis

 bis 12 m, kann als Baum oder Strauch wachsen

 auf sandigen und eher trockenen Böden vom Flachland über die Heide bis zu den Bergen; in den Ländern nördlich des Äquators

 kurze, stechende Nadeln

 männliche Blüten gelblich und bis 5 mm lang, weibliche Blüten in Zapfenform mit drei Samenschuppen

 April bis Mai

 Wacholderbeeren, die eigentlich Zapfen sind

ERSTAUNLICH!

In den Alpen wächst eine besondere Form des Wacholders, der Zwerg-Wacholder. Er ist sogar noch in 2500 m Höhe anzutreffen, wo er sich oft in Felsspalten auf der Südseite von Hängen festkrallt. Zwerg-Wacholder wird nur 20 bis 50 cm hoch.

WASSERPFLANZEN

Für viele Tiere sind Wasserpflanzen unverzichtbar: Fischen bieten sie Schutz, Frösche nehmen auf Seerosenblättern ein Sonnenbad und Libellen legen ihre Eier an den Stängeln ab.

MERKMALE

Manche Wasserpflanzen schwimmen frei auf der Wasseroberfläche. Dazu gehört z. B. die Kleine Wasserlinse. Sie nimmt alle lebenswichtigen Nährstoffe direkt aus dem Wasser auf. Der Wasserschlauch dagegen schwimmt frei unter Wasser. Das Schwimmende Laichkraut scheint ebenfalls mit seinen Blättern frei auf der Wasseroberfläche zu treiben. Darunter hat es jedoch lange Stängel, die bis zum Grund reichen. Auch andere Wasserpflanzen wie die Wasserpest oder die Seerose sind durch Wurzeln im Bodenschlamm verankert.

BESONDERHEITEN

Anders als Sumpf- oder Uferpflanzen brauchen Wasserpflanzen einen möglichst gleichbleibenden Wasserstand. Wenn ihr Gewässer austrocknet, sterben sie ab.

DIE KLEINE WASSERLINSE
Lemna minor

Wasserlinsen können wie schwimmende Teppiche große Flächen eines Teichs bedecken. Sie wachsen auf stehenden oder langsam fließenden Gewässern, nicht in Bächen oder Flüssen. Wasserlinsen werden gern von Enten gefressen. Deshalb heißen sie auch Entengrütze.

- 2 bis 4 mm Durchmesser
- stehende oder sehr langsam fließende Gewässer in Nordamerika, Europa, Afrika und im Westen Asiens
- hellgrün, linsengroß
- Blüten kaum sichtbar; männliche Blüten bestehen aus einem Staubblatt, weibliche aus einem Blütenstempel
- Mai bis Juni
- 1 mm lange Samen

DAS SCHWIMMENDE LAICHKRAUT
Potamogeton natans

Das Laichkraut wächst nur in Gewässern, die nicht allzu tief sind. Seine Früchte sind leichter als Wasser. Sie werden von der Strömung verbreitet, aber auch von Wasservögeln und Fischen, die sie fressen und wieder ausscheiden.

- vom Gewässergrund bis zur Oberfläche etwa 1,2 m
- Teiche und Seen, auch Gräben und tiefere Bäche mit wenig Strömung, auf der ganzen Welt
- eiförmig, länglich, bis 12 cm lang
- aufrechte Blütenähre
- Mai bis September
- Steinfrucht mit jeweils einem Samen

Mangroven verankern sich mit Stelzwurzeln im Meeresboden.

ERSTAUNLICH!

Wasserpflanzen haben sich im Lauf ihrer Entwicklung höchst unterschiedlichen Bedingungen angepasst. Viele wachsen im Süßwasser, andere, wie die Mangroven, im salzigen Meerwasser. Auch dort, wo sich Süß- und Salzwasser zu Brackwasser mischen – z. B. im Mündungsbereich von Flüssen –, gibt es Wasserpflanzen.

WASSERPFLANZEN

DIE WEISSE SEEROSE
Nymphaea alba

Die Blüten der weißen Seerose treiben auf dem Wasser. Sind sie verblüht, ringelt sich ihr Stiel wie eine Spirale zusammen und zieht die Blüte unter Wasser. Erst dort entwickelt sich die Frucht. Die Samen sinken auf den Grund, wo sie keimen.

 vom Gewässergrund bis zur Wasseroberfläche bis zu 3 m

 stehende Gewässer in Europa

 rundlich, auf der Oberseite grün und glänzend, auf der Unterseite rötlich

 weiß, mehr als 20 Blütenblätter, Blüte bis zu 20 cm im Durchmesser

 Juni bis September

 Früchte eiförmig, bis zu 3 cm lang, enthält mehrere Samen

Auf den Blättern der Amazonas-Riesenseerose können sich sehr viele Frösche sonnen – oder sogar du! Die Blätter erreichen Durchmesser von bis zu 3 m und können bis zu 60 kg tragen!

TATSACHE!

Die Fangblasen des Wasserschlauchs arbeiten nach dem Saugfallenprinzip. Stößt ein kleines Tierchen an den Deckel, klappt er nach innen und die Beute wird hineingezogen. Dann wird das Wasser nach außen abgegeben und das Tier verdaut.

In der Falle des Wasserschlauchs

DER WASSERSCHLAUCH
Utricularia vulgaris

Der Wasserschlauch lebt als fleischfressende Pflanze unter Wasser. Nur zur Blütezeit kommt er an die Oberfläche und zeigt dann gelbe Blüten. Seine Wasserblätter sind in feine Zipfel geteilt, zwischen denen kleine, etwa 1 cm lange Fangblasen hängen.

 etwa 30 cm bis 1 m

 sonnige, schwach fließende oder stehende Gewässer in Europa, Nordafrika und Asien

 fein gefiederte, zipfelige etwa 8 cm lange Blätter

 gelb, an Blütenstängeln aus dem Wasser ragend

April bis August

Kapseln mit Samen, die schwimmfähig sind

DIE KANADISCHE WASSERPEST
Elodea canadensis

Die Wasserpest ist ein Neophyt: So heißen Pflanzen, die aus einem anderen Teil der Welt stammen und neuen Lebensraum erobert haben. Die Kanadische Wasserpest ist mittlerweile in fast allen Gewässerarten zu finden. Sie wächst unter Wasser.

 vom Gewässergrund bis zur Wasseroberfläche nicht mehr als 3 m

 ursprünglich Kanada, heute auch in fast ganz Europa

 klein, länglich, jeweils zu dritt rund um den Stängel angeordnet

 rosa, an langen Blütenstängeln aus dem Wasser ragend

 Juni bis August

 Samen beerenartig, eiförmig

WIESEN-KERBEL

Im Frühjahr und Sommer tritt Wiesen-Kerbel massenhaft auf – er wächst überall dort, wo der Boden besonders nährstoffreich oder auch überdüngt ist.

DER WIESEN-KERBEL
Anthriscus sylvestris

 bis 1,5 m

 Wiesen, Feld- und Wegränder in Mitteleuropa

 gefiedert, erinnert in der Gesamtform an ein Dreieck

 Doldenblüte mit kleinen weißen Einzelblüten

 April bis Juli

 braun, schiffchenförmig

MERKMALE

Wiesen-Kerbel ist ein Doldenblütler. Der große schirmförmige Blütenstand setzt sich aus fünfblättrigen Einzelblüten zusammen, deren weiße Blütenblätter an der Spitze leicht eingekerbt sind. Der gefurchte Stängel ist kantig, hohl und im unteren Teil oft rau behaart.

Einzelblüten

BESONDERHEITEN

Wiesen-Kerbel gilt als Heilpflanze. Als Tee soll er bei Nieren- und Verdauungsbeschwerden helfen. Die jungen Blätter können als Würzmittel verwendet werden. Sie schmecken leicht nach Karotte und verbreiten einen angenehm würzigen Geruch, wenn man sie zwischen den Fingern reibt. Doch Vorsicht: Der Wiesen-Kerbel hat einen tödlich giftigen Verwandten, der ihm zum Verwechseln ähnlich sieht: den Gefleckten Schierling. Äußerlich kann man die beiden Arten nur sehr schwer auseinanderhalten. Deshalb niemals Wiesen-Kerbel selbst sammeln. Das überlässt man einem Wildkräuterexperten!

Fruchtstand des Wiesen-Kerbels: Jeweils zwei schiffchenförmige Teilfrüchte hängen zusammen.

Fruchtstand schiffchenförmig

Hohler Stängel

Gefiederte Blätter

TATSACHE!

Die massenhafte Verbreitung des Wiesen-Kerbels hat viel mit unserer Landwirtschaft zu tun: Die Samen werden von Rindern gefressen, mit der Gülle wieder auf die Felder gebracht und auf diese Weise weit verteilt. Für den Landwirt ist Kerbel eher eine schlechte Futterpflanze. Sie verdrängt viele andere von der Weide und als Heu hat sie harte Stängel.

ZIRBE Z

Die Zirbe heißt auch Zirbel-Kiefer, denn sie gehört zu den Kieferngewächsen. Kaum ein anderer Baum ist so gut für Höhenlagen geeignet: Zirben vertragen Hitze und Frost, kommen mit kargem Boden zurecht und wachsen in den Bergen noch oberhalb der Waldgrenze.

ERSTAUNLICH!

Das Holz der Zirbe verströmt einen intensiven Duft, der sich lange hält. Durch sein ätherisches Öl und verschiedene andere Stoffe ist Zirbenholz gut geschützt vor Schimmelpilzen und Bakterien. Deshalb wurden im Alpenraum früher Gebrauchsgegenstände wie Teller, Schneidebrettchen und Brotbehälter aus Zirbenholz gefertigt. Auch für Möbel ist das Holz sehr begehrt.

MERKMALE

Zirbennadeln werden bis zu 10 cm lang und stehen meist zu fünft zusammen. So bilden sie dichte Büschel an den Zweigen. Die Zirbe ist immergrün, sie verliert ihre Nadeln auch im Winter nicht. Die Blüten sind zapfenförmig. Weibliche Zapfen haben einen kurzen Stiel, sind violett gefärbt und im Inneren blutrot. Die männlichen Blütenzapfen sind gelblich bis violett. Drei Jahre dauert es, bis ein Zapfen ausgereift ist und sich vom Baum löst. Er fällt als Ganzes zu Boden und zerfällt erst nach und nach.

BESONDERHEITEN

Zirben können viele hundert Jahre alt werden. Sie lassen sich Zeit, bis sie das erste Mal blühen und Zapfen ausbilden: Etwa ab dem 50. Lebensjahr ist es so weit. Die bläulichen Zapfen sind im Inneren blutrot. Die Zirbe ist geschützt und in bestimmten Gebieten ist sogar das Sammeln der Zapfen verboten. Tannenhäher lieben die Zirbensamen und verstecken im Herbst immer wieder Samen als Vorrat für den Winter. Weil sie nicht alle wiederfinden, helfen sie bei der Ausbreitung des Baumes.

Reifer Zapfen mit Samen

Junge Zirbenzapfen

DIE ZIRBE (ZIRBEL-KIEFER)
Pinus cembra

- bis 20 m
- im Gebirge ab 1500 m Höhe, in Europa und hier am häufigsten in den Alpen
- lange Nadeln, von denen immer fünf zusammenstehen
- violette weibliche und gelbliche bis violette männliche Blütenzapfen
- Mai bis Juni
- bläuliche Zapfen

DAS REFERAT

ERSTE IDEEN:
Schreibe alles auf, was dir zu dem Thema einfällt – auch wenn es dir nicht gleich sinnvoll erscheint! So bekommst du einen persönlichen Bezug zu deinem Thema und kommst auf Ideen.

Du sollst ein Referat über ein Tier oder eine Pflanze vorbereiten? Dann musst du zunächst wie ein guter Detektiv recherchieren, also Hintergrundinformationen zusammentragen. Für die Recherche gibt es unterschiedliche Quellen: Bücher natürlich, außerdem das Internet und – deinen eigenen Kopf. Letzterer ist nicht zu unterschätzen!

1. BASISWISSEN FESTHALTEN
Was weißt du schon? Was habt ihr bereits in der Schule zu diesem Thema besprochen? Es ist dir vielleicht gar nicht bewusst, aber ein bestimmtes Basiswissen hast du garantiert schon im Kopf. Das solltest du dir unbedingt erst einmal alles aufschreiben.

2. NACHSCHLAGEN IN VERSCHIEDENEN BÜCHERN
In der Bücherei gibt es Bücher zu fast jedem Thema. Die vielen Bücher, die dort stehen, sind nach Fachgebieten geordnet. Wenn du dich nicht auf Anhieb zurechtfindest, kannst du um Rat fragen. Du wirst feststellen, dass alle Bücher ein bisschen anders aussehen und je nach Buch viele Informationen oder nur wenige zu deinem Thema enthalten sind. Suche dir die Bücher aus, die du wirklich brauchst. Achtung: In ausgeliehenen Büchern darfst du natürlich nichts anstreichen!

3. INFORMATIONSSUCHE IM INTERNET
Im Internet gibt es eine unglaubliche Fülle an Informationen zu jedem Thema. Es ist gar nicht so leicht herauszufinden, was für dein Thema wichtig ist und was nicht! Und es ist auch nicht immer alles richtig, was im Internet zu finden ist. Daher solltest du dich nicht ausschließlich auf nur einen Text oder nur eine Quelle verlassen. Es gibt übrigens Internetangebote und Suchmaschinen extra für Kinder. Hier eine kleine Auswahl:

BÜCHER ZUM THEMA:
Findest du in der Schul- oder in der Stadtbücherei. Aber überlege dir gut, welche du ausleihst. Mehr als drei oder vier bringen dich eher durcheinander. In vielen Büchereien kannst du auch für ein paar Cent Seiten kopieren.

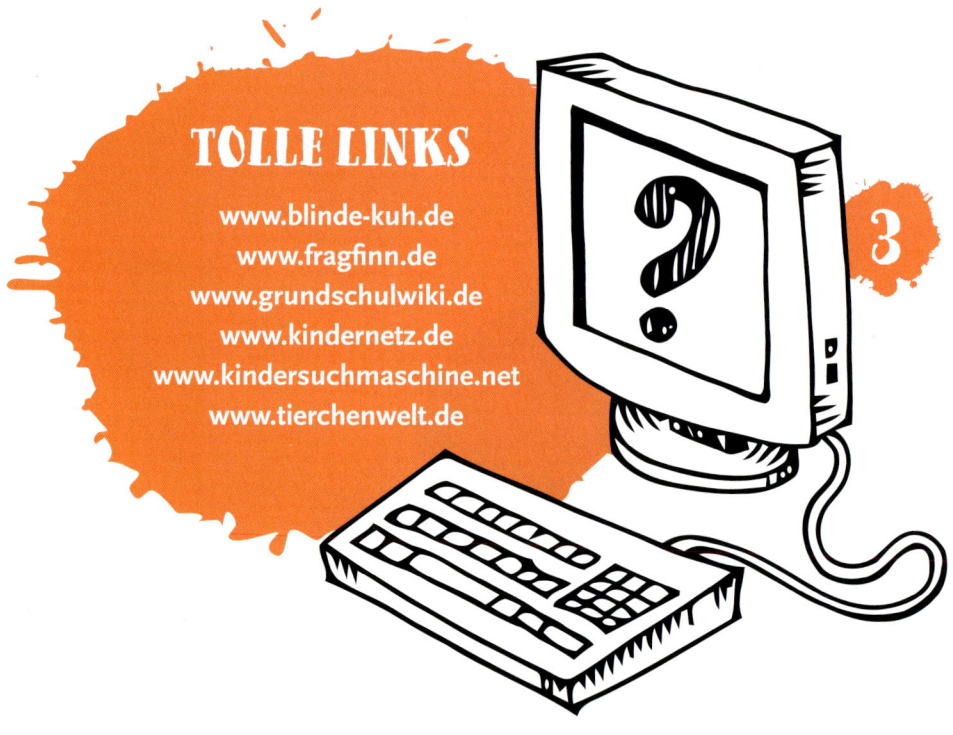

TOLLE LINKS
www.blinde-kuh.de
www.fragfinn.de
www.grundschulwiki.de
www.kindernetz.de
www.kindersuchmaschine.net
www.tierchenwelt.de

DIE VORBEREITUNG 1

KARTEIKARTEN:
Gibt es in unterschiedlichen Größen und Farben. Praktisch, um Stichworte zu notieren, die dir später helfen, dein Referat zu gliedern. Sie sind auch nützlich für die Präsentation.

4. GRÜNDLICH LESEN
Lies dir alle Quellen sorgfältig durch. Auch die Texte in diesem Lexikon! Hast du alles verstanden? Lies den Text lieber noch ein zweites Mal. Wenn schwierige Wörter oder Fachbegriffe dabei sind, schaue nach, ob das Buch am Ende ein Glossar hat. Dort werden diese wahrscheinlich erklärt. Nur, was du selbst verstanden hast, kannst du auch in deinem Referat erläutern.

NÜTZLICHE UTENSILIEN

5. WICHTIGES HERVORHEBEN
Hebe Informationen, die dir wichtig erscheinen, farbig hervor. In Kopien und Ausdrucken aus dem Internet kannst du die wichtigen Infos unterstreichen. In Bücher kannst du farbige Haftstreifen kleben. So findest du Textstellen schnell wieder. Setze farbige Markierungen nach Wichtigkeit ein, z. B. rote für »Sehr wichtig!«, grüne für »Weiß noch nicht« und orangefarbene für »nicht so wichtig, aber interessant!« Interessante Zusatzinfos sind gut zur Auflockerung.

Du kannst unterschiedliche Farben auch für bestimmte Themen oder Rubriken verwenden, z. B. Orange für Merkmale, Grün für Lebensraum und Gelb für Besonderheiten.

HAFTZETTEL:
Gibt es in verschiedenen Farben, als Notizzettel und als Streifen, mit denen du Seiten in Büchern markierst.

TEXTMARKER:
Hervorragend geeignet, um in Kopien oder Ausdrucken wichtige Stellen zu markieren. Es gibt sie in unterschiedlichen Farben.

6. INFOKARTEN VORBEREITEN
Schreibe jede einzelne Info in Stichworten auf eine extra Karteikarte oder auf einen farbigen Haftzettel. Die kannst du, wenn du mit der Gliederung deines Referates beginnst, prima hin und her schieben und auf diese Weise die beste Reihenfolge finden.

CHECKLISTE VORBEREITUNG
- ○ Basiswissen notiert
- ○ in der Bücherei recherchiert
- ○ im Internet recherchiert
- ○ selbst geforscht
- ○ alles gründlich gelesen
- ○ Fachbegriffe geklärt
- ○ Wichtiges markiert
- ○ Infokarten vorbereitet

SELBST FORSCHEN

Um etwas wirklich zu begreifen, ist es am besten, den Dingen selbst auf den Grund zu gehen. Wie riecht eine bestimmte Blume? Wie fühlt sich ein Blatt an? Welche Geräusche macht ein bestimmtes Tier? Mache deine Eltern zu wissenschaftlichen Assistenten und gehe mit ihnen auf Expedition – am besten in der freien Natur! Vielleicht findest du dabei sogar Material für deinen Vortrag.

DAS REFERAT

Gut vorbereitet? Dann geht es an die Ausarbeitung. Ein Vortrag wird immer in drei Teile gegliedert: Einleitung, Hauptteil und Schluss.

1. DIE EINLEITUNG

Ein guter Vortrag beginnt mit einer kurzen Einführung in das Thema, die deine Zuhörer neugierig macht und ihre Aufmerksamkeit weckt. Du kannst z. B. mit einer spannenden Information beginnen oder auch mit einer Frage. Natürlich darfst du in der Einleitung noch nicht zu viel verraten.

2. DER HAUPTTEIL

Bevor du mit der Ausformulierung des Hauptteils beginnst, solltest du ihn gliedern: In welcher Reihenfolge präsentierst du deine Informationen am besten? Jetzt kommen deine vorbereiteten Infokarten zum Einsatz. Gliedere die Informationen z. B. nach Name, Aussehen, Lebensraum, Besonderheiten. Bei Tieren und Pflanzen kann dir ein Steckbrief dabei helfen. Stelle dir vor, du würdest deinem Referat zuhören – was fändest du spannend und was würdest du auf Anhieb verstehen? Bedenke dabei: Deine Zuhörer haben sich nicht so ausführlich mit deinem Thema beschäftigt wie du.

3. DER SCHLUSS

Der Schluss macht am meisten Spaß: Darin wird das Wesentliche noch einmal kurz zusammengefasst, du darfst hier aber auch eigene Schlussfolgerungen ziehen und deine persönliche Meinung äußern.

DIE GLIEDERUNG:

Jeder Vortrag braucht eine interessante Einleitung, die die Neugier der Zuhörer weckt. Sie ist also ganz besonders wichtig. Dann kommt der Hauptteil. Der ist natürlich deutlich länger. Im Hauptteil erklärst du alle wichtigen Fakten. Nach dem Hauptteil hört ein Vortrag aber nicht einfach auf – du brauchst noch einen guten Schluss.

AUSFORMULIEREN

Wie weit du dein Referat ausformulierst, hängt von der Aufgabe ab. Wenn du alles vom Blatt vorlesen darfst, ist es gut, den Text Satz für Satz auf Karteikarten zu schreiben. Wichtig sind kurze Sätze, die du dir gut einprägen kannst. Markiere dir im Text einige Stellen. Bei diesen blickst du kurz zu deinem Publikum hoch. Wenn du dein Referat frei halten willst, solltest du deinen Text sehr häufig geübt und vorgetragen haben, damit du ihn fast auswendig kannst. Dann reichen dir auf den Karteikarten auch kurze Stichworte als Gedächtnisstütze. Und achte in jedem Fall darauf, wie viel Zeit du für dein Referat zur Verfügung hast.

DIE AUSARBEITUNG 2

4. EXTRAS VORBEREITEN

Bei manchen Themen kannst du vielleicht Anschauungsmaterial sammeln – die Blätter eines bestimmten Baumes z. B. oder Früchte und Samen. Das Material zeigst du aber am besten erst ganz am Ende, sonst lenkt es deine Zuhörer ab. Lehrer und Mitschüler freuen sich, wenn du dein Referat auf einem Din-A4-Blatt kurz zusammenfasst. Das Blatt gibst du einfach nach dem Vortrag deiner Lehrkraft. Sie kopiert es dann für alle. So können sich deine Mitschüler besser an deinen Vortrag und die Fakten erinnern.

5. PLAKAT ERSTELLEN

Toll ist ein selbst gestaltetes Plakat. Deine Mitschüler können sich das Erzählte dann besser vorstellen und dir erleichtert es deinen Vortrag, wenn du auf etwas zeigen kannst. Wichtig ist, dass dein Plakat groß genug ist, am besten DIN A0 oder A1. So können auch die Mitschüler, die hinten sitzen, etwas sehen. Überlege dir vorher auf einem kleinen Probeblatt, wie du dein Plakat gestalten möchtest. Bildmaterial kannst du zum Teil selbst malen. Man findet auch oft passende Bilder im Internet und in Büchern. Dabei helfen dir sicher deine Eltern.

ZUSATZMATERIAL

Referat von: Datum:
Thema: Fach & Lehrkraft:

- kurze Zusammenfassung der wichtigsten Infos, am besten in Stichworten

- bei Tieren und Pflanzen Steckbrief in Tabellenform

DIE ZUSAMMENFASSUNG:

Nicht alle Lehrkräfte erwarten eine Zusammenfassung deines Vortrages. Aber eigentlich gehört so etwas zu einem guten Referat. Für dich ist es sogar hilfreich: Beim Schreiben merkst du gleich, wie gut du vorbereitet bist.

CHECKLISTE AUSARBEITUNG

○ **Einleitung formuliert**
○ **Hauptteil gegliedert**
○ **Hauptteil ausformuliert**
○ **Schluss formuliert**
○ **Material für Plakat gesammelt**
○ **Plakat erstellt**
○ **Anschauungsmaterial vorbereitet**
○ **Zusammenfassung erstellt**

DAS REFERAT

Du hast jetzt ein super Referat ausgearbeitet und musst es nur noch vortragen. Für viele ist genau das das Schwierigste! Aber keine Sorge, auch dafür gibt es Tricks!

HALLO!!

HALLO. KÖNNT IHR MICH GUT VERSTEHEN?

1. LAUT SPRECHEN
Es ist gar nicht so einfach, ein Gefühl für die eigene Stimme zu bekommen. Wenn du dich mit deinem Tischnachbarn unterhältst, redest du garantiert viel leiser, als wenn du auf dem Schulhof einem anderen Kind etwas zurufst. Für einen Vortrag in deinem Klassenzimmer musst du ungefähr den Mittelweg finden.

2. LANGSAM, DEUTLICH UND MIT BETONUNG SPRECHEN
Wenn du dein Referat zu schnell herunterrasselst, war deine ganze Mühe umsonst: Deine Zuhörer kommen nicht mehr mit und schalten geistig ab. Das wäre doch schade! Nimm dir also lieber etwas mehr Zeit. Sprich in klaren, kurzen Sätzen und vergiss auch nicht, ruhig zu atmen!

MEIN REFERAT HANDELT VON EINEM TIER. (PAUSE) IHR KENNT ES ALLE. (PAUSE)

3. FREIES SPRECHEN TRAINIEREN
Klar, am Anfang möchtest du fast alles ablesen. Aber je öfter du den Sachverhalt darstellst, desto sicherer und flüssiger kommen dir die Worte über die Lippen. Du solltest aber nicht jede Wendung auswendig lernen, sonst könnte dein Vortrag langweilig wirken. Freies Sprechen gelingt umso besser, je sicherer du in deinem Thema bist.

INMEINEMREFERATGEHTESUMEINTIERDASKENNTIHRALLEBESTIMMTNÄMLICH...

MN RFRT HNDLT VN NM TR DS JDR KNNT.

So schlecht, wie du das hier lesen kannst, verstehen dich deine Zuhörer, wenn du zu schnell oder zu undeutlich sprichst.

KARTEN BENUTZEN

Karteikarten sind viel handlicher als ein DIN-A4-Blatt. Und weil auf eine Karte nicht so viel draufpasst, kannst du auch nicht so schnell den Überblick verlieren. Deshalb sind Karten besonders gut geeignet, wenn du deinen Vortrag frei halten möchtest. Sie dienen dir als kleine Gedächtnisstütze. Denke an die Dreiteilung: eine Karte für die Einleitung, mehrere Karten für den Hauptteil, dann noch eine Karte für den Schluss. Nummeriere die Karten durch, damit du sie schnell ordnen kannst.

DIE PRÄSENTATION 3

4. LEUTE ANSCHAUEN
Blickkontakt zwingt dein Publikum zur Aufmerksamkeit. Das kennst du sicher umgekehrt: Wenn eine Lehrerin oder ein Lehrer dich ansieht, ist Weggucken keine Lösung. Hier drei gute Tipps:

VERBÜNDETE
Schaue am Anfang deines Vortrags gute Freunde oder deinen Lehrer an. Also Menschen, die ganz sicher keine dummen Witze machen.

BLICKMUSTER
Lasse deinen Blick in einer bestimmten Reihenfolge durch dein Publikum wandern: z. B. von vorne links nach hinten rechts, dann hinten links usw.

VORSICHT
Vermeide es auf jeden Fall, Löcher in die Luft zu starren, aus dem Fenster zu sehen oder die Zimmerdecke anzugucken.

ÜBEN!
Stelle dir das Üben wie eine Theaterprobe vor. Am Anfang übst du allein, bis du deinen Text kannst. Bitte später aber auf jeden Fall auch Eltern oder Freunde dazu. Deren Eindrücke sind wichtig für dich! Fanden sie deinen Vortrag klar und verständlich? Wie lange hat er gedauert? Hast du dein Publikum angeschaut? Am Schluss gibt es eine Generalprobe!

5. KÖRPERHALTUNG
Deine Körperhaltung signalisiert, wie du dich fühlst – ob du unsicher, nervös oder gut vorbereitet bist. Umgekehrt beeinflusst sie aber auch deine Sicherheit! Wenn du sicher stehst, wirst du gleich viel selbstbewusster.

TIPPS ZUR KÖRPERHALTUNG AUF S. 180!

6. NOCH FRAGEN?
Selbst Lehrer geraten manchmal aus dem Konzept, wenn sie durch Zwischenfragen unterbrochen werden. Sage also gleich zu Beginn, ob du Zwischenfragen zulässt oder lieber am Ende des Referates gefragt werden willst. Das versteht sicher jeder. Und du musst auch nicht auf alles eine Antwort haben. Oder du merkst bei Fragen sogar, dass du noch viel mehr weißt, als du in deinem Referat unterbringen konntest.

UND WAS IST MIT LAMPENFIEBER?
Mit dem Lampenfieber ist es wie mit dem Pupsen: Alle Menschen pupsen, aber kaum einer redet darüber. Sogar die berühmtesten Schauspieler und Redner haben Lampenfieber. Und solange man nicht völlig in Panik gerät, ist es sogar gut, denn es macht dich wachsam und weckt deine Kräfte.

CHECKLISTE PRÄSENTATION
- Referat mehrfach geübt
- freies Sprechen trainiert
- mit Karteikarten gearbeitet
- auf Blickkontakt und Körperhaltung geachtet
- langsames und lautes Sprechen geübt
- Anschauungsmaterial bereitgelegt

DAS REFERAT

Deine Körperhaltung soll zur Situation passen. Man nennt sie schließlich auch Körpersprache. Also sorge dafür, dass dein Körper für dich spricht.

GERADE STEHEN

Lasse deine Schultern und Arme nicht heruntersacken, sonst siehst du ganz schlapp aus. Stehe gerade und lasse die Hände auf keinen Fall unter die Gürtellinie sinken.

SICHER STEHEN

Stelle dich selbstbewusst und leicht breitbeinig hin, dann fühlst du dich tatsächlich auch sicherer. Und stehe z. B. nicht mit überkreuzten Beinen da, als könntest du gleich umfallen.

ZUGEWANDT SEIN

Wende dich deinem Publikum direkt zu. So signalisierst du: »Hallo, ich habe hier was zu sagen!« Verschränke aber nicht deine Arme vor der Brust. Das wirkt wie eine Mauer.

VON PROFIS LERNEN

Schaue dir mal ganz bewusst die Körperhaltung und -sprache der Nachrichtensprecher und Moderatoren im Fernsehen an. Von denen kannst du einiges lernen!

UND DIE HÄNDE?

Eine Hand in der Hosentasche kann noch lässig wirken, halte dann aber die Finger still. Damit die Hände etwas zu tun haben, können Karten ganz praktisch sein. Oder du unterstreichst deine Worte ab und zu mit Gesten.

STARK WIE EIN BAUM

Mit der Yoga-Übung »Baum« stabilisierst du deine Körperhaltung und wirst gleichzeitig ruhig und konzentriert. Sie ist ganz einfach: Stelle dich mit geschlossenen Füßen gerade hin und strecke die Arme zur Seite aus. Dann verlagerst du dein Gewicht auf ein Bein, winkelst das andere an und drückst den Fuß innen gegen den Oberschenkel. Strecke nun die Arme nach oben, als würdest du wachsen, und lege die Handflächen über dem Kopf zusammen. Bleibe ein paar Sekunden lang so und wechsle dann das Bein.

GLOSSAR

AALSTRICH: dunkler Längsstreifen in der Fellfärbung, der längs des Rückgrats verläuft. Bei Säugetieren wie Pferden, Ziegen und besonders bei Wildtierarten zu sehen; erinnert in Form und Farbe an einen Aal.

ÄHRE: Blütenstand der Süßgräser

ALGE: Algen leben in der Regel im Wasser. Von den rund 40 000 Algenarten sind viele so winzig, dass du sie mit bloßem Auge nicht erkennen kannst.
➡ *Plankton*
Andere, z. B. der Kelp, bilden richtige Unterwasserwälder. Algen besitzen den grünen Blattfarbstoff Chlorophyll und betreiben ➡ *Fotosynthese*.

AMEISENSÄURE: eine in der Natur häufig vorkommende Säure. Ameisen und einige andere Tiere können sie zur Verteidigung im Körper herstellen und bei Gefahr verspritzen. Ameisensäure ist ein Bestandteil des Brennnesselgifts.

AMPHIBIEN: ➡ *wechselwarme* Wirbeltiere wie z. B. Frösche (Froschlurche) und Salamander (Schwanzlurche). Sie haben keine Haare oder Hornschuppen auf der Haut, sondern besitzen Schleimdrüsen. Ihre Haut muss in der Regel immer feucht gehalten werden, sonst trocknen sie aus. Deshalb benötigen sie auch einen feuchten Lebensraum. Amphibien machen im Lauf ihres Lebens eine ➡ *Metamorphose* durch. Für die Eiablage brauchen sie auf alle Fälle ein Gewässer.

ÄTHERISCHES ÖL: Extrakt aus einer Pflanze oder aus Pflanzenteilen mit einem für die Pflanze charakteristischen Geruch, z. B. Pefferminzöl

BEFRUCHTUNG: Nach der Bestäubung einer Blüte mit Pollen vereinigt sich der Inhalt des Pollens (männlich) mit der Samenanlage (weiblich) der Blüte. Das ist die Befruchtung. Danach entwickelt sich aus der Samenanlage die Frucht mit dem Samen. Eine Kirsche z. B. ist die Frucht, der Kirschkern ist der Samen.

BESTÄUBUNG: die Übertragung von Pollen (männlich) auf den weiblichen Teil einer Blüte. Dies geschieht meist durch Insekten. Aber auch der Wind kann Pollen von einer Pflanze zur anderen tragen.

BEUTELTIERE: Säugetiere, deren Nachwuchs nach der Geburt in einer beutelartigen Hautfalte der Mutter heranwächst. Beuteltiere gibt es in Australien und in Amerika. Das Känguru ist eines der bekanntesten.

BRUNFT: Paarungszeit der Wildtiere

CHLOROPHYLL: grüner Farbstoff in den Blättern der Pflanzen, der für die ➡ *Fotosynthese* wichtig ist.

DORN: zu einem stechenden Gebilde umgewandeltes Blatt oder umgebildete Wurzel einer Pflanze, z. B. bei Schlehe oder Kakteen. Dornen sollen Fressfeinde abhalten. ➡ *Stachel*

EINHÄUSIG: Eine Pflanze ist einhäusig, wenn sie sowohl männliche als auch weibliche Blüten trägt – beide Geschlechter wohnen gewissermaßen im gleichen »Haus«. ➡ *zweihäusig*

EINHUFER: Säugetiere, deren Füße aus jeweils nur noch einer einzigen Zehe bestehen, die von einem Huf geschützt wird. Pferde, Zebras, Esel, ➡ *Maultiere* und ➡ *Maulesel* sind Einhufer.

FACETTENAUGE: Auge, das aus vielen Einzelaugen besteht. Bei manchen Insekten sind es mehrere zehntausend.

FLÜGGE: flugfähig

FOTOSYNTHESE: Mithilfe von Sonnenenergie wandelt der grüne Blattfarbstoff Chlorophyll in den Pflanzen Kohlendioxid aus der Luft und Wasser aus dem Boden in Zucker und Sauerstoff um. Den Zucker braucht die Pflanze zum Leben. Den Sauerstoff brauchen alle Lebewesen zum Atmen.

GLOSSAR

GEZEITENZONE: der von Ebbe und Flut geprägte Bereich, an dem Meer und Land aufeinandertreffen. Bei Flut liegt das Land regelmäßig unter Wasser, bei Ebbe wird es trocken.

GRANNEN: haarartige lange Borsten an Getreideähren; nicht alle Getreidearten haben Grannen.

HONIGTAU: zuckerhaltige Ausscheidungen von Blattläusen

KAPSELFRUCHT: Zwei oder mehrere Blütenblätter einer Pflanze sind so miteinander verwachsen, dass sie die Frucht wie eine Kapsel umschließen.

KÄTZCHEN (BLÜTENKÄTZCHEN): besonders weicher Blütenstand von einigen Bäumen und Sträuchern

KAULQUAPPE: Froschlarve

KEIMRUHE: Entwicklungsverzögerung des Embryos bei einigen Tieren und Pflanzen. Nach der Paarung bei Tieren oder der Befruchtung der Samenanlage bei den Pflanzen entwickelt sich die befruchtete Eizelle nicht weiter. Rehe paaren sich im Sommer. Aber erst über den Winter wächst der Embryo im Bauch der Rehmutter, sodass das Kitz zur Frühlingszeit auf die Welt kommt. Samen reifen im Herbst, aber erst im Frühjahr keimen sie aus. Die Keimruhe stellt also sicher, dass der Nachwuchs erst zu einer günstigen Jahreszeit »geboren« wird.

KERNOBST: Obstsorten, die ein Gehäuse mit Fruchtkernen besitzen. Äpfel sind ein typisches Kernobst.

KIEMEN: Atmungsorgan von Fischen. Fließt das Wasser an den Kiemen vorbei, wird der Sauerstoff aus dem Wasser durch die Kiemenhaut ins Blut aufgenommen und dafür Kohlendioxid an das Wasser abgegeben.

KOKON: schützende Hülle, in der sich Eier oder Jungtiere entwickeln können.

KORBBLÜTLER: Pflanzenfamilie, bei der die Blütenblätter so angeordnet sind, dass sie eine Art Korb bilden. Im Korb sitzen ganz viele Blüten. Bei der Sonnenblume z. B. bilden die gelben Blütenblätter einen Korb, in seiner Mitte findest du ganz viele kleine bräunliche Blüten.

KRIECHTIERE: → *Reptilien*

KULTURFOLGER: Tiere und Pflanzen, die sich an das Leben in der Nähe von Menschen angepasst haben.

KULTURPFLANZE: Pflanze, die aus einer Wildform gezüchtet wurde, um sie gezielt anzubauen.

LAICH: ins Wasser abgelegte Eier von Fischen, → *Weichtieren* und → *Amphibien*

LARVE: die erste Entwicklungsstufe von Tieren, die sich über → *Metamorphose* entwickeln. Die Larve ist die Form, die aus dem Ei schlüpft. Bei den Fröschen heißt die Larve Kaulquappe, bei den Schmetterlingen wird sie Raupe genannt.

LAUBBLATT: Die meist grünen Blätter einer Pflanze werden auch Laubblätter genannt. In den Blättern findet mithilfe des grünen Farbstoffs → *Chlorophyll* die → *Fotosynthese* statt. Über ihre Blätter nimmt eine Pflanze Kohlendioxid aus der Luft auf und gibt Sauerstoff und Wasserdampf ab. Im Herbst werden die Laubblätter abgeworfen, denn im Winter ist das Wasser im Boden meist gefroren und der Baum kann seine Blätter nicht mehr versorgen.

LEGEBOHRER: stachelartiger Fortsatz am Hinterleib der Weibchen mancher Insektenarten. Mit dem Legebohrer bohrt das Weibchen ein Loch in Erde oder Pflanzen, um seine Eier dort abzulegen.

LEGUMINOSEN: Pflanzen, die Hülsenfrüchte ausbilden, z. B. Erbsen und Bohnen.

GLOSSAR

LICHTKEIMER: Pflanzen, deren Samen nicht mit Erde bedeckt sein dürfen, da sie Helligkeit zum Keimen benötigen.

LIPPENBLÜTLER: Pflanzen mit lippenförmigen Blüten

MANGROVEN: Baumarten, die in der → *Gezeitenzone* an tropischen Küsten wachsen. Sie kommen auch mit Salzwasser zurecht. Mangroven verankern sich mit besonderen Wurzeln im glitschigen Schlickboden.

MAULESEL: Nachwuchs von einem Pferdehengst und einer Eselstute

MAULTIER: Nachwuchs von einem Eselhengst und einer Pferdestute

METAMORPHOSE: abgeleitet vom altgriechischen Wort für Gestaltumwandlung. Insekten durchlaufen die Metamorphose vom Ei zur Larve, von der Larve zur Puppe und von der Puppe zum fertigen Insekt. Lurche wechseln außerdem den Lebensraum: Die Kaulquappen z. B., die aus den Eiern schlüpfen, leben ausschließlich im Wasser, die erwachsenen Tiere, die sich aus ihnen entwickeln, auch an Land.

MIMESE: Tarnverhalten von Tieren wie dem Tintenfisch, die sich in Gestalt, Farbe und Verhalten an ihre Umwelt anpassen. So sind sie für Fressfeinde nur schwer zu entdecken.

MOLLUSKEN: → *Weichtiere* wie Quallen, Muscheln und Schnecken, die kein Skelett besitzen.

MYZEL: Pilze bestehen aus fadenförmigen Zellen, den Hyphen. Diese Hyphen sehen wie dünne weiße Fäden aus und bilden unter der Erde ein großes Geflecht. Dieses nennt man Myzel. Auch der Fruchtkörper der Pilze besteht aus Hyphen, die sich so aneinandergelagert haben, dass sie z. B. einen Stiel und einen festen Hut bilden.

NACHTSCHATTENGEWÄCHS: Der Name stammt von einer Pflanze namens Nachtschatten, mit deren Inhaltsstoffen früher nächtliche Albträume (Albtraum = »Nachtschaden«) behandelt wurden. Diese giftigen Inhaltsstoffe sind noch in vielen weiteren Pflanzen enthalten, die alle zur Familie der Nachtschattengewächse gezählt werden. Es gibt aber essbare Nachtschattengewächse wie z. B. Kartoffeln und Tomaten. Nur alle grünen Teile der Pflanzen darfst du nicht essen und Kartoffeln auf keinen Fall roh verzehren!

NADELBLATT: umgebildetes Laubblatt, das an Nadelbäumen wächst. Nadelbäume bleiben auch im Winter grün. Die schmalen Blätter haben eine feste Oberfläche, sodass der Frost ihnen nicht viel anhaben kann. Zusätzlich sind sie von einer dicken Wachsschicht überzogen. Das schützt sie vor dem Austrocknen, denn im Winter ist das Wasser meist im Boden gefroren und der Baum kann kein Wasser aufnehmen.

NEKTAR: süßer Saft, den viele Blüten produzieren, um Insekten anzulocken. Die Insekten trinken den Nektar und übertragen dabei nebenbei den Pollen anderer Blüten, die sie zuvor besucht haben. So wird die Blüte bestäubt. → *Bestäubung*

NESSELTIERE: Meerestiere, die ein Nesselgift besitzen, z. B. Quallen.

NESTFLÜCHTER: Tierkinder, die kurz nach der Geburt bereits sehen, hören und sich fortbewegen können.

NESTHOCKER: Tierkinder, die nach der Geburt einige Tage oder Wochen lang im Nest von ihren Eltern versorgt werden müssen, bis sie vollständig entwickelt und selbstständig sind.

OXALSÄURE: Säure, die in vielen Pflanzen vorkommt und in großen Mengen gesundheitsschädlich sein kann.

183

GLOSSAR

PAARHUFER: vierbeinige Säugetiere, bei denen an jedem Fuß jeweils der dritte und vierte Zeh besonders stark entwickelt sind. Die Zehen bilden sozusagen ein Paar. Schweine und Hirsche gehören zu den Paarhufern.

PIONIERPFLANZE: eine der ersten Pflanzen, die sich an einem Ort ansiedelt, an dem sonst noch nichts wächst.

PLANKTON: winzige Wasserlebewesen, die sich mithilfe der Strömung fortbewegen. Es gibt tierisches Plankton (Zooplankton) und pflanzliches Plankton (Phytoplankton ↪ *Alge*).

POLLEN: Blütenstaub

PUPPE: Entwicklungsform bei der Metamorphose, z. B. beim Schmetterling: Die aus dem Ei geschlüpfte Raupe ist gewachsen und verpuppt sich, d. h. sie umgibt sich mit einer schützenden Hülle, in der sie zum fertigen Schmetterling heranreift.

RAUPE: ↪ *Larve*

REPTILIEN: ↪ *wechselwarme* Kriechtiere wie Schlangen, Echsen, Schildkröten und Krokodile, deren Körpertemperatur von der Umgebungstemperatur abhängig ist.

RHIZOM: unterirdischer Wurzelstock einer Pflanze; in ihm speichert die Pflanze Nährstoffe und kann im Frühjahr schneller als andere Pflanzen wieder austreiben. Aus dem Rhizom können übers Jahr auch neue Pflanzentriebe auswachsen.

SCHALLBLASE: ballonartige Hautausstülpung bei Fröschen, die prall aufgeblasen werden kann. Eine Schallblase funktioniert wie ein Geräuschverstärker. Vor allem zur Paarungszeit rufen die Froschmännchen damit.

SCHNÜREN: Fortbewegungsart beim Fuchs. Dabei setzt das Tier die Pfoten jeweils so, dass die Abdrücke wie an einer Schnur aufgereiht aussehen.

SCHULTERHÖHE: Größenangabe bei vierbeinigen Säugetieren, gemessen wird vom Boden bis zur höchsten Stelle der Schulter. ↪ *Widerrist* Bei Pferden wird die Schulterhöhe auch als ↪ *Stockmaß* angegeben.

SEKRET: eine flüssige, körpereigene Substanz, die meist durch Drüsen ausgeschieden wird, z. B. unser Speichel oder der Verdauungssaft, den Spinnen in ihre Opfer spritzen.

SINNESZELLEN: Zellen, die bestimmte Reize wie Berührungen, Gerüche, Licht oder Geschmackseindrücke aufnehmen und an das Gehirn weiterleiten.

SPORE: Fortpflanzungszelle, über die sich z. B. Pilze, Farne und Moose vermehren. Die Sporen werden freigesetzt und können sich allein zu einem neuen Pilz, Farn oder Moos entwickeln.

STACHEL: spitzes Gebilde an den Stängeln oder Blättern mancher Pflanzen, z. B. bei Brombeeren. Stacheln halten Fressfeinde ab und dienen auch gut zum Festhalten und Festhaken beim Ranken der Pflanze. ↪ *Dorn*

STAUBGEFÄSS: umgewandeltes Blatt in der Blüte einer Pflanze. In den Staubgefäßen wird der Blütenstaub oder Pollen gebildet.

STEINFRUCHT: Früchte, die einen großen verholzten Kern enthalten. Im Inneren des Kerns befindet sich der eigentliche Samen. Steinfrüchte sind z. B. Kirschen und Pflaumen.

STOCKMASS: Maß zur Bestimmung der Größe eines Pferds. Gemessen wird vom Boden bis zum ↪ *Widerrist*.

GLOSSAR

TENTAKEL: Fangarme z. B. von Quallen oder Kraken

TRAGSTARRE: die bewegungslose Haltung von Jungen einiger Säugetierarten, wenn die Eltern sie mit einem vorsichtigen Biss im Nacken festhalten und wegtragen. So können die Jungen sicher und schnell transportiert werden. Beim Zappeln bestünde Verletzungsgefahr.

TRAGZEIT: Dauer der Schwangerschaft bei Säugetieren

ULTRASCHALL: Schallwellen, die oberhalb der Hörgrenze des Menschen liegen.

UNPAARHUFER: vierbeinige Säugetiere, bei denen eine ungerade Anzahl Zehen entwickelt ist, also z. B. eine Zehe wie beim Pferd oder drei Zehen wie beim Nashorn. Die Zehen sind hufartig ausgebildet.

WECHSELWARM: Die Körpertemperatur des Tiers hängt von der Umgebungstemperatur ab.

WEICHTIERE: Tiere ohne stützendes Knochengerüst, z. B. Schnecken ↪ *Mollusken*

WIEDERKÄUER: Das Wiederkäuen ist eine Besonderheit bestimmter pflanzenfressender Säugetiere. Zuerst wird das Gras einfach abgerupft und geschluckt. So kann das Tier in kurzer Zeit viel Nahrung zu sich nehmen. Dann sucht es sich eine gemütliche, sichere Stelle und würgt die Nahrung hoch, um sie richtig durchzukauen. Wiederkäuer haben insgesamt drei sogenannte Vormägen: Pansen, Netzmagen und Blättermagen. Hier sitzen Bakterien, die helfen, das ganze Grünzeug zu verdauen. Und die Wiederkäuer besitzen einen »normalen« Magen, den Labmagen. Kühe, Schafe und Ziegen, aber z. B. auch Kamele und Giraffen sind Wiederkäuer.

WIDERRIST: höchste Stelle der Schulter bei Säugetieren

WINTERRUHE: Im Winter gibt es für die meisten Tiere nicht viel zu fressen. Deshalb halten einige Tiere einfach Winterruhe. Sie senken ein klein wenig ihre Körpertemperatur ab, um Energie zu sparen, schlafen und ruhen. Hin und wieder werden sie munter und suchen nach Nahrung oder fressen etwas von ihren Vorräten. Tiere wie Braunbären, Dachse und Eichhörnchen halten Winterruhe.

WINTERSCHLAF: Tiere, die Winterschlaf halten, senken ihre Körpertemperatur deutlich ab und auch ihr Herzschlag verlangsamt sich. So wird der Energieverbrauch noch weiter verringert und die Tiere können längere Zeit ohne Nahrung auskommen. Igel, Murmeltiere und Fledermäuse sind Winterschläfer.

WINTERSTARRE: Wechselwarme Tiere wie Amphibien und Reptilien suchen im Winter einen geschützten Platz und fallen durch die tiefen Temperaturen in eine Kältestarre. Alle Körperfunktionen laufen nur noch ganz sparsam ab. Steigen die Temperaturen im Frühling, werden die Tiere wieder munter.

ZWEIHÄUSIG: Männliche und weibliche Blüten wachsen auf verschiedenen Pflanzen einer Art, jede sozusagen in ihrem eigenen Haus. ↪ *einhäusig*

REGISTER

Aal **6**, 63
Abendsegler 37
Acker-Hundskamille 147
Adler 7
Adlerfarn 128
Affe 8, 9, 10, 11
Afrikanischer Elefant 29
Afrikanischer Wildesel 31
Ahorn 118
Ähriges Christophs-
  kraut 123
Albatros 12
Alligator 11, **13**, 16
Alpenkuh 89
Alpensalamander 35
Altweltaffe 8
Amazonas-Delfin 25
Amazonas Riesen-
  Seerose 171
Ameise **14**, **15**, 109
Amphibien 35, 40, 41,
  61, 105
Amsel 16
Amurtiger 103
Angler Sattelschwein 97
Apfel 156
Ara 79
Araber 81
Asiatischer Elefant 29
Asiatischer Marien-
  käfer 68
Asiatisches Bankiva-
  Huhn 50
Atlantischer Lachs 63
Aubergine 137

Bambus **140**, 141
Bankivahuhn 50
Bärlauch 152
Bartenwal 106
Baumbart 131
Baum-Hasel 143
Baummarder 67
Beagle 51
Beluga 106
Berg-Ahorn 118
Berglöwe 83
Berg-Ulme 166
Berner Sennenhund 51
Beuteltier 56, 58
Biber 17
Biene **18**, **19**, 109
Binse 140, **141**
Birke 119
Birken-Rotkappe 158
Birne 156, **157**
Blätterpilz 159
Blattschneiderameise 15
Blaugrüne Segge 141
Blauwal 106
Blut-Buche 122
Blutrote Raubameise 15
Bonobo 10, 11
Border Collie 51
Borkenkäfer 129, 166
Borneo-Orang-Utan 11
Boto 25
Bovist 159
Brabanter 80
Braunbär 20
Braunbrust-Igel 52
Braunes Langohr 36
Braunvieh 89
Breitmaulnashorn 76
Brennnessel 120
Brombeere 121
Brüllaffe 8, 9
Buche 122
Buckelwal 106, **107**
Buntes Bentheimer
  Landschwein 97
Buschwindröschen
  132, **133**

Bussard 21
Butterblume 142, 151

Chamäleon 22
Champignon 159
Chihuahua 51
Christophskraut 123
Cockerspaniel 51
Connemara-Pony 81

Dachs 23
Dalmatiner 51
Delfin **24**, **25**, 106
Derby-Wallaby 56
Dichter-Narzisse 155
Dinkel 138
Distel 124
Distelfalter 124
Distelfink 124
Dost 125
Dromedar 55
Drüsiges Springkraut 164
Duft-Veilchen 167
Dunkle Erdhummel 19

Eberesche 168
Echte Kamille 147
Echtes Johanniskraut 146
Efeu 126
Eiche 127
Eichhörnchen 26
Eidechse 27
Eierschwamm 159
Einhöckriges Kamel 55
Einjähriges Rispengras 140
Einkorn 138

Eisbär 28
Elefant 29
Emmer 138
Ente **30**, 170
Erbse 136
Erdhummel 19
Erdkröte 61
Esel 31
Esskastanie 148
Eule 32, 33
Eurasischer
  Fischotter 77
  Luchs 66
Europäischer
  Aal 6
  Biber 17
  Braunbrust-Igel 52
  Dachs 23
  Iltis 53
  Maulwurf 69
  Queller 160
  Wolf 112
Europäisches
  Eichhörnchen 26

Farbmaus 70
Farbratte 87
Farn 128
Fasan 50
Feld-Ahorn 118
Feldhamster 47
Feldhase 34
Feldmaus 70
Feldsperling 99
Felsentaube 102
Fetzenfisch 98
Feuerqualle 85
Feuersalamander 35
Fichte **129**, 158, 165
Fichtenborkenkäfer 129
Fichten-Steinpilz 158
Fingerhut 130

Die dick gedruckten Zahlen markieren den Haupteintrag.

REGISTER

Fisch 6, 63, 98
Fischotter 77
Flatter-Binse 141
Flechte 131
Fledermaus 36, 37
Fliederbeere 144
Fliege 38
Fliegenpilz 159
Flusspferd 39
Frettchen 53
Frosch 40, 41
Frühblüher 132, 133
Fuchs 42

Gämse 43
Gans 44
Gänseblümchen 134
Gartenkreuzspinne 100
Garten-Kürbis 137
Gefleckter Schierling 172
Geflecktes Lungenkraut 133
Geißbart 135
Gelbbauchunke 105
Gelbe Haarqualle 85
Gelbe Narzisse 155
Gelber Knollenblätterpilz 159
Gelbe Wandflechte 131
Gemüse 136, 137
Gerste 138
Getreide 138, 139
Gibbon 8
Giftschlange 59
Giraffe 45
Glücksklee 163
Golden Retriever 51
Goldhamster 47
Goldlaufkäfer 88
Gorilla 10, **11**
Gras 140, 141
Grashüpfer 48

Graugans 44
Grauhörnchen 26
Graupapagei 79
Grauschwarze Sklavenameise 15
Greifvogel 7, 21, 108
Grevyzebra 114
Griechische Landschildkröte 93
Grizzly 20
Große Braune Fledermaus 36
Große Brennnessel 120
Große Königslibelle 64
Große Pechlibelle 64
Großer Abendsegler 37
Großer Fetzenfisch 98
Großer Panda 78
Großer Tümmler 24
Großes Immergrün 145
Großes Springkraut 164
Großkatze 54, 65, 103
Grüne Meerkatze 9
Grüner Knollenblätterpilz 159
Grünes Heupferd 48
Guanako 55

Hafer 138, **139**
Haflinger 81
Hagebutte 162
Hahnenfuß 142
Hai 46
Halbaffe 8
Hallimasch 158
Hamster 47
Hängebauchschwein 97
Hänge-Birke 119
Hartweizen 138
Hase 34
Hasel 143
Haselmaus 143

Haselstrauch 143
Hasenohr (Pilz) 159
Hauhechel-Bläuling 95
Hausesel 31
Hausgans 44
Haushuhn 50
Haushund 51
Hauskatze 57
Hausmaus 70
Hausmeerschwein 71
Hausrind 89
Hausschaf 92
Hausschwein 97
Hausspatz 99
Haussperling 99
Hausyak 113
Hausziege 115
Hellroter Ara 79
Herzmuschel 75
Heupferd 48
Heuschrecke 48
Hirsch 49
Hirse 138
Hohler Lerchensporn 132
Höllenotter 59
Holsteiner 81
Holstein-Rind 89
Holunder 144
Honigbiene 18, 19
Hornisse 109
Horn-Sauerklee 163
Huhn 50
Hülsenfrucht **136**, 149
Hummel 19
Hund 42, **51**, 112
Hundskamille 147
Hunds-Rose 162
Hunds-Veilchen 167
Husky 51

Igel 52
Iltis 53

Immergrün 145
Insektenfresser 52, 69
Islandpferd 81

Jack Russell Terrier 51
Jaguar 54
Japanmakak 8
Johanniskraut 146

Käfer 68, 72, 88
Kaiserpinguin 82
Kaiserschnurrbart-Tamarin 9
Kalifornischer Seelöwe 91
Kalmar 104
Kaltblut 80
Kamel 55
Kamille 147
Kamut 138
Kanadische Wasserpest 171
Känguru 56
Kaninchen 34, **110**
Karotte 136
Kartoffel 136, **137**
Kartoffelbovist 159
Kartoffelkäfer 161
Kartoffel-Rose 162
Kastanie 148
Katta 8
Katze 9, 54, **57**, 65, 66, 83, 103
Kegelrobbe **90**, 91
Kiefer 173
Kirsche 156, **157**
Klee 149
Kleiner Fuchs 95
Kleiner Panda 78

187

REGISTER

Kleiner Wasserfrosch 40
Kleines Immergrün 145
Kleine Wasserlinse 170
Knabstrupper 81
Knollenblätterpilz 159
Koala 58
Kodiakbär 20, 28
Kohlweißling 95
Kolkrabe 86
Königslibelle 64
Königspython 84
Kopffüßer 104
Krake 104
Kreuzotter 59
Kreuzspinne 100
Kriechender Hahnenfuß 142
Kriechtier 13, 27, 59, 60, 84, 93
Krokodil 13, **60**
Krokus 133
Kröte 61
Kuckuck 62
Kürbis 136, **137**

Lachs 63
Laichkraut 170
Lama 55
Lamberts-Hasel 143
Lamellenpilz 158, **159**
Landschildkröte 93
Langhaarcollie 51
Laubflechte 131
Laubfrosch 40, **41**
Leberblümchen 132, **133**
Lederschildkröte 93
Leistenkrokodil 60
Lemur 8
Leopard 54
Lerchensporn **132**, 133
Libelle 64

Liger 103
Linde 150
Löwe 65
Löwenzahn 151
Luchs 66
Lungenkraut 132, **133**

Maiglöckchen 152
Mais 139, 141
Mandrill 8, 9
Mangrove 170
Marder 23, 53, **67**, 77, 78
Marienkäfer 68
Marone 148
Maronenröhrling 158
Märzenbecher 132
März-Veilchen 167
Mauerbiene 19
Maulesel 31
Maultier 31
Maulwurf 69
Maus 70
Mäusebussard 21
Mausmaki 8
Meerkatze 9
Meerschweinchen 71
Menschenaffe 8, **10, 11**
Miesmuschel 75
Mirabelle 157
Mississippi-Alligator 13
Mistkäfer 72
Möhre 136
Mollusken 75, 96, 104
Mönchsgrasmücke 126
Moorfrosch 41
Moos 153
Möwe 73
Mücke 74
Mufflon 92
Muschel 75
Mustang 81

Nachtkerze 154
Nachtpfauenauge 94
Nachtschattengewächs 137
Nacktschnecke 96
Nadelbaum 129, 165, 173
Narwal 106, **107**
Narzisse 155
Nashorn 76
Nesseltier 85
Netzpython 84
Neuweltaffe 8
Nichtblätterpilz 159
Nickende Distel 124
Nordamerikanische Rote Rosskastanie 148
Nördlicher Weißbrust-Igel 52
Nordluchs 66

Obstbäume 156, 157
Ohrenqualle 85
Oktopus 104
Orang-Utan 10, **11**
Orca 106, **107**
Oregano 125
Osterglocke 155
Otter 77

Paarhufer 39, 43, 45, 49, 55, 89, 92, 97, 111, 113, 115
Paint Horse 81
Panda 78

Panther 54
Panther-Chamäleon 22
Panzerechse 13, 60
Papagei **79**, 108
Paprika 137
Papyrus 141
Parasolpilz 159
Pavian 9
Pechlibelle 64
Percheron 80
Pfeilgiftfrosch 41
Pferd 80, 81
Pfifferling 159
Pflaume 156, **157**
Pilz 158, 159
Pinguin 82
Poitou-Esel 31
Pony 81
Pottwal 106, **107**
Primaten 8, 9, 10, 11
Przewalski-Pferd 80
Pudel 51
Puma 83
Pusteblume 151
Python 84

Qualle 85
Quecke **140**, 141
Queller 160

Rabe 86
Rabenkrähe 86
Rainfarn 161
Rainfarn-Blattkäfer 161
Ratte 87
Raubameise 15
Raubkatze 54, 65, 66, 83, 103

188

REGISTER

Raubtier 20, 23, 28, 42, 51, 53, 54, 57, 65, 66, 67, 77, 78, 83, 90, 91, 103, 107, 112
Raubvogel 7, 21
Raupe 94, 95, 120
Regenwurm 88
Reis 139, 141
Rentierflechte 131
Reptilien 13, 22, 27, 59, 60, 84, 93
Riesenkänguru 56
Riesen-Seerose 171
Rind 89
Rispengras 141
Robbe 90, 91
Roggen 138, **139**
Röhrenpilz 158
Rose 162
Rosengallwespe 162
Rosskastanie 148
Rotbauchunke 105
Rotbeeriges Christophskraut 123
Rotblühende Rosskastanie 148
Rot-Buche 122
Rote Mauerbiene 19
Roter Fingerhut 130
Rotes Riesenkänguru 56
Rote Waldameise 14, **15**
Rote Wegschnecke 96
Rotfuchs 42
Rothirsch 49
Rotkappe 158
Rot-Klee 149
Rührmichnichtan 164

Salzwasserkrokodil 60
Sauergras 141
Sauerkirsche 157
Sauerklee 163
Schaf 92
Schäferhund 51
Scharfer Hahnenfuß 142
Schierling 172
Schildkröte 93
Schilf 141
Schilfrohr 140
Schimpanse 10
Schirmqualle 85
Schlange 59, 84
Schleiereule 33
Schmetterling 94, 95
Schnauzer 51
Schnecke 96
Schneeaffe 8
Schneeglöckchen 132
Schottisches Hochlandrind 89
Schwarzbrauen-Albatros 12
Schwarzdrossel 16
Schwarzer Brüllaffe 9
Schwarzer Holunder 144
Schwarzer Panther 54
Schwarze Wegameise 14, **15**
Schwarzstorch 101
Schwarzwälder Kaltblut 80
Schwebfliege 109
Schwein 97, 111
Schweinswal 106, **107**
Schwertwal 107
Schwimmendes Laichkraut 170
Seeadler 7
See-Elefant 91
Seehund 90, **91**
Seeleopard 90
Seelöwe 91
Seepferdchen 98
Seerose 170, **171**
Seewespe 85

Segge 140, **141**
Sepia 104
Shetland-Pony 81
Shire Horse 81
Sibirischer Tiger 103
Siebenpunkt-Marienkäfer 68
Silberlöwe 83
Silbermöwe 73
Sklavenameise 15
Sommer-Linde 150
Spargel 136
Spatz 99
Sperber 62
Sperling 99
Sperlingskauz 33
Spinne 100
Spitz-Ahorn 118
Springkraut 164
Springspinne 100
Stadttaube 102
Stechmücke 74
Steinadler 7
Steinmarder 67
Steinpilz 158
Steppenzebra 114
Stiel-Eiche 127
Stockente 30
Storch 101
Strandhafer 141
Straßentaube 102
Strauchflechte 131
Stubenfliege 38
Südlicher See-Elefant 91
Süßgras 138, 139, 140
Süßkirsche 157

Tagpfauenauge **94**, 95, 120
Tamarin 9
Tanne 165

Taube 102
Taubnessel 120
Tauwurm 88
Teddyhamster 47
Tiger 103
Tintenfisch 104
Tintenfischpilz 159
Tomate 136, **137**
Tomatenfrosch 41
Torfmoos 153
Totenkopfäffchen 9
Trampeltier 55
Trauben-Eiche 127
Tschudi-Meerschweinchen 71

Uhu **32**, 33
Ulme 166
Ulmensplintkäfer 166
Ungarisches Wollschwein 57
Unke 105
Unpaarhufer 31, 76, 80, 81, 114

Veilchen 167
Vietnamesisches Hängebauchschwein 97
Viper 59
Vogelbeere 168
Vogel-Kirsche 157
Vollblut 81

Wacholder 169
Wal 106, 107

189

REGISTER

Waldameise 14, **15**
Wald-Frauenhaar 153
Wald-Geißbart 135
Waldkauz 33
Wald-Sauerklee 163
Wald-Veilchen 167
Walhai 46
Wallaby 56
Walross 91
Wanderratte 87
Warmblut 81
Wasserfrosch 40
Wasserlinse 170
Wasserpest 170, **171**
Wasserpflanze 170, 171
Wasserschlauch 170, **171**
Wegschnecke 96
Weichweizen 138
Weinbergschnecke 96
Weißbeeriges Christophskraut 123
Weiß-Birke 119
Weißbrust-Igel 52
Weißer Hai 46
Weiße Seerose 171
Weiß-Klee 149
Weißmoos 153
Weißstorch 101
Weiß-Tanne 165
Weizen 138
Wellensittich 108
Wespe 109
Westlicher Gorilla 11
Wiederkäuer 39, 43, 45, 49, 55, 89, 92
Wiesen-Champignon 159
Wiesen-Kerbel 172
Wiesen-Löwenzahn 151
Wildbiene 19
Wilde Möhre 136
Wildesel 31
Wildhund 42, **112**
Wildkaninchen 97, **110**
Wildpferd 80
Wildschwein 111
Wildyak 113
Winkerfrosch 41
Winter-Linde 150
Wolf 51, **112**
Wollaffe 9
Wollgras 141
Wollschwein 97
Würfelqualle 85
Würgeschlange 84
Wurmfarn 128

Yak 113
Yorkshire Terrier 51

Zahnwal 106
Zauneidechse 27
Zebra 114
Zebraspringspinne 100
Ziege 115
Ziegenbart (Pilz) 159
Zirbe 173
Zirbel-Kiefer 173
Zitronenfalter 95
Zucker-Ahorn 118
Zuckerrohr **140**, 141
Zugvogel 62, 101
Zwergfledermaus 36, **37**
Zwerghamster 47
Zwerg-Mausmaki 8
Zwergseidenäffchen 8
Zwerg-Wacholder 169

IMPRESSUM

Umschlaggestaltung von Andrea Köhrsen unter Verwendung folgender Bilder: Therina Groenewald/fotolia (Zebra); Eric Isseleé/fotolia (Chamäleon); fotonen/fotolia (Fliegenpilz); Paul Rommer/shutterstock (Wespe); nmelnychuck/fotolia (Kastanie); sbp321/fotolia (Kastanienblatt); Valerion Pardi/fotolia (Feuersalamander); bondsza/fotolia (Giraffe); multik79/fotolia (Löwenzahn); Ingo Bartussek/shutterstock (Kleiner Fuchs); adam88xx/fotolia (Holunder); Frank Hecker (Mistkäfer); Marty Kropp/fotolia (Efeu)

Unser gesamtes lieferbares Programm und viele weitere Informationen zu unseren Büchern, Spielen, Experimentierkästen, DVDs, Autoren und Aktivitäten findest du unter **kosmos.de**

FSC MIX Papier aus verantwortungsvollen Quellen FSC® C084279

Gedruckt auf chlorfrei gebleichtem Papier

© 2017, Franckh-Kosmos Verlags-GmbH & Co. KG, Stuttgart
Alle Rechte vorbehalten
ISBN 978-3-440-15165-5
Projektleitung: Teresa Baethmann
Redaktion: Heike Herrmann
Layout & Satz: Andrea Köhrsen, Kiel
Produktion: Verena Schmynec
Druck und Bindung: Print Consult GmbH, München
Printed in Slovakia / Imprimé en Slovaquie

BILDNACHWEIS

169169/fotolia S. 55 m, 58 r/m, 108 u/r; 9744444159/shutterstock S. 57 l/m; Torsten Pröhl/fokus-natur.de S. 37o/r; cmeder/iStock S. 106m/u; NAS/Richard Ellis/OKAPIA S. 107u/r;@nt/fotolia S. 159m; _jure/fotolia S. 73o/m; 135pixels/shutterstock S. 136r/m; 2002lubava1981/fotolia S. 158o/r; 2436digitalavenue/fotolia S. 46l/m; aaltair/shutterstock S. 77o/m, 115m; Abi Warner/shutterstock S. 86o/r; abysim/fotolia S. 103m; Achim Bollmann S. 159r/m; adam88xx/fotolia S. 144o/r; Aerostato/shutterstock S. 115u/r; Africa Studio/fotolia S. 150m/r, 151u/r, 128u/l; AGA/fotolia S. 18o/l; age footstock/Alamy Stock Foto S. 74u/l; Aigars Reinholds/shutterstock S. 72u/l; ajdebre/fotolia S. 129u/l; Alberto Loyo/shutterstock S. 106u/l; AleksandarMilutinovic/shutterstock S. 167o/l; Aleksander Bolbot/fotolia S. 153l/o; AlekseyKarpenko/shutterstock S. 21o/r; Alekss/fotolia S. 109o/l; Alex Churilov/fotolia S. 104u/l; Alexander Erdbeer/fotolia S. 33r/m; Alexander Potapov/fotolia S. 95r/m, 156u/r, 159l/o u. r/u; Alexander von Düren/fotolia S. 163m/l; Alexey Kuznetsov/fotolia S. 84o/r; alexmat46/fotolia S. 147o/m; allegra47/fotolia S. 29o/r; Alois/fotolia S. 120o/l; alphawoelfin1/fotolia S. 97o/m; alslutsky/shutterstock S. 64u/l; Ana Gram/fotolia S. 44o/r; Anan Kaewkhammul/shutterstock S. 55u/m; anankkml/fotolia S. 33m, 83o/m; Anastasiia Malinich/shutterstock S. 132m/r; Andrea Izzotti/fotolia S. 50r/u; AndreAnita/shutterstock S. 114o/l; Andreas Edelmann/fotolia S. 114o/r; AndreasJ/fotolia S. 131u/l; Andrew Burgess/shutterstock S. 61o/l; Andrey Pavlov/shutterstock S. 14l/m u. u/l; anias_photoarts/fotolia S. 94o/r; animaflora/fotolia S. 159l/m; animal_planet/fotolia S. 110l/o; Anna Kucherova/shutterstock S. 9r/m; annapimages/fotolia S. 46o/l; Annavee/shutterstock S. 137o/r; annebe/fotolia S. 81r/m; Antagain/iStock S. 87o/m; Anteromite/shutterstock S. 68o/l; Antje Lindert-Rottke/fotolia S. 49r/u; Anton_Ivanov/shutterstock S. 9o/m; anyaivanova/shutterstock S. 70u/l; aquariagirl1970/fotolia S. 86r/m; Arco Images GmbH/Alamy Stock Foto S. 25o/r, 75m/o; ARENA Creative/shutterstock S. 97r/u; argenlant/fotolia S. 148m/m; arnovdulmen/fotolia S. 104l/u; Arpad/fotolia S. 89m; Art_man/shutterstock S. 111u/r; Artem Merzlenko/fotolia S. 102u/l; Artenauta/fotolia S. 136u/l; Arterra Picture Library/Alamy Stock Foto S. 123m/r; ArtThailand/fotolia S. 139u/r; arway/fotolia S. 159u/l; asolo79/fotolia S. 47u/r; Asta Plechaviciute/fotolia S. 53u/r; Attila Toro/fotolia S. 149u/r; Audrey Snider-Bell/shutterstock S. 17u/r; aussieanouk/fotolia S. 9o/l, 28o/r u. u/m, 82m, o/l u. u/r; AustralianCamera/fotolia S. 55u/l; Avalon/Photoshot License/Alamy Stock Foto S. 60l/u; Avico Ltd/Alamy Stock Foto S. 55o/r; avs_lt/fotolia S. 42l/m; baranov_555/fotolia S. 83m/r; Bastiaan Schuit/fotolia S. 89u/l; Bedrin/fotolia S. 54u/l; belizar/fotolia S. 56r/m; belizar/shutterstock S. 91o/m; BeppeNob/shutterstock S. 155l/u; bereta/fotolia S. 92m u. o/l; Best_photo_studio/shutterstock S. 75r/u; bigemrg/fotolia S. 100o/l; bikeriderlondon/shutterstock S. 34u/r; Bildagentur Zoonar GmbH/shutterstock S. 133m/m; Bill Perry/shutterstock S. 63u/l; birdbyb stockphoto/shutterstock S. 54m; blende11.photo/fotolia S. 96m, 157m/r, 168m/r; Blickfang/fotolia S. 132u/r, 150u/r; bluedog studio/shutterstock S. 84l/m; bluegreybrown/fotolia S. 137o/r; bobofoto/fotolia S. 69r/o; bofotolux/fotolia S. 17m; bozulek/shutterstock S. 113o/l; Bradrach/fotolia S. 170u/l; Brandon Cole Marine Photography/Alamy Stock Foto S. 46u/l; Branko Srot/fotolia S. 157m; brszattila/fotolia S. 36m/l u. u/l; BSANI/fotolia S. 96o/r; busch30/fotolia S. 40o/r; byrdyak/fotolia S. 23o/l, 34l/u, 39u/r, 66o/r; by-studio/fotolia S. 127u/l; Carmen Steiner/fotolia S. 47o/m; carmenrieb/fotolia S. 157u/l, 167o/r; Carmian/shutterstock S. 115o/l; Carola G/fotolia S. 26o/r; Carola Schubbel/fotolia S. 92u/l; Cartela/shutterstock S. 140o/l; Catzatsea/shutterstock S. 108u/l; Charles-Henry Thoquenne/shutterstock S. 22u/m; Chase Clausen/shutterstock S. 45o/r; chestra/fotolia S. 24o/l; chralexanat84/fotolia S. 27m/l; Chris Moody/shutterstock S. 171m; Christian Jung/fotolia S. 148o/m; Christian Musat/fotolia S. 106o/l, 114u/l; Christian Musat/shutterstock S. 68l/m, 97o/m; Christian Pedant/fotolia S. 118u/l; Christian Schoissingeyer/shutterstock S. 77r/o; Claudio Divizia/fotolia S. 160u/l; Claudio Rampinini/shutterstock S. 138u/m; Clemens Schüßler/fotolia S. 97m u. u/l; Comugnero Silvana/fotolia S. 6r/u; coulanges/fotolia S. 124o/r; countrypixel/fotolia S. 31r/u, 97o/m; creativenature.nl/fotolia S. 70o/m; crisod/fotolia S. 46r/o; cynoclub/fotolia S. 108l/m; cynoclub/shutterstock S. 72u/m; Cynthia Kidwell/shutterstock S. 112m/r; D. Kucharski K. Kucharska/shutterstock S. 68u/r; dabjola/fotolia S. 159u/l; dabjola/shutterstock S. 118o/r, 141o/r; Dainis Derics/shutterstock S. 168l/m; Dakota Rones/fotolia S. 91u/r; Daleen Loest/shutterstock S. 155r/m; Danita Delimont/Alamy Stock Foto S. 24o/m, 25o/l; danmir12/fotolia S. 56l/m; davemhuntphotography/shutterstock S. 90r/m; David Boag/Alamy Stock Foto S. 27u/l; David W. Leindecker/shutterstock S. 99u/l; Denis Omelchenko/shutterstock S. 102o/l; Denis Tabler/fotolia S. 108o/r; denisveselyxx/fotolia S. 132o/l; Dennis van de Water/shutterstock S. 8m/u; Dennis W Donohue/shutterstock S. 11o/m; dflohr/fotolia S. 134u/r; dianamower/fotolia S. 160u/l; Dickov/fotolia S. 149u/l; dieter76/fotolia S. 108o/l; Dietmar Nill/BIOS/OKAPIA S. 37u/r; dionoanomalia/fotolia S. 53o/m; Dirk Ercken/shutterstock S. 41r/m; d-jukic/fotolia S. 64o/l; Dmitry Kalinovsky/shutterstock S. 89o/l; DN6/fotolia S. 139u/r; DoraZett/fotolia S. 51o/m; Dozey/fotolia S. 89r/u; dracozlat/fotolia S. 7m/l; drferry/shutterstock S. 12l/m; Duncan Usher/Alamy Stock Foto S. 67o/l; DutchScenery/fotolia S. 137u/l; eAlisa/fotolia S. 56o/r; eblue/fotolia S. 65r/o; EcoPrint/shutterstock S. 54r/m; EcoView/fotolia S. 45o/m; Edwin Butter/shutterstock S. 8l/m, 9r/u; Elenathe Wise/fotolia S. 150o/r; elizalebedewa/fotolia S. 28r/u; Elsa Hoffmann/shutterstock S. 72u/r; emer/fotolia S. 139m/o, 140o/r; emer/pitopia S. 60r/u, 74o/r; emuck/fotolia S. 125o, 140o/r; Enlightened Media/fotolia S. 136m; Eric Gevaert/fotolia S. 10u/m, 11m; Eric Isseleé/fotolia S.10r/o, 13u/r, 15r/u, 22m/r, 35u/l, 38m/l, o/m, o/r u. u/r, 51m/r alle, u/l alle, m/u alle, u/r alle; 52m; 53m/u; 57m u. r/u; 58u/r; 65o/m; 78r/o; 79o/l u. u/l; 80l/u (Apfelschimmel, Brauner, Palomino, Schimmel), 80u/r alle; 81u/l alle; 105o/m; 110u/l; Eric Isseleé/shutterstock S. 33o/l, 66u/m, 71m, 84u/r, 115u/l; Erni/fotolia S. 6l/o, 16r/m, 26l/u, 87u/m, 112u/r; Erni/shutterstock S. 87o/r; Esin Deniz/shutterstock S. 137u/m; ET1972/shutterstock S. 161m; evelyng23/shutterstock S. 13u/l; f9photos/fotolia S. 113o/r; Fabrice BEAUCHENE/fotolia S. 82r/m; Fanfo/shutterstock S. 161r/m; feathercollector/shutterstock S. 12o/r u. m/r; Felix Felix/shutterstock S. 47m; Fenton/fotolia S. 101m; Fexel/fotolia S. 43u/r; fivespots/shutterstock S. 84u/l; flipppi/fotolia S. 52r/u; Floriana/fotolia S. 105r/u; FloridaStock/shutterstock S. 28l/u; fotocof/fotolia S. 15o/l, 159u/m; fotomaster/fotolia S. 97o/l, 108r/m; FotoRequest/shutterstock S. 101o/m; Fotoschlick/fotolia S. 119u/l; fototheobald/fotolia S. 163u/r; fottoo/fotolia S. 97o/r; Four Oaks/shutterstock S. 29r/m; Francois Gahier/Alamy Stock Foto S. 106m/r; Frank Hecker S. 4u/m, 15o/r u. r/m, 21r/u, 23m/r , m/l u. r/u; 27u/r; 30m; 32u/r; 36u/r u. m/r; 37o/l, m alle; 40m/; 44m, r/m u. u/r; 52o/r; 59m; 60l/o u. m; 62l/o, l/u r/m u. m; 63l/m u. o/m; 66 r/u u. m; 67 u/l u. m; 68 u/l; 68 u/l u. r/u (alle Siebenpunkt-Marienkäfer); 69l/m; 70m u. r/u alle; 73u; 74m/r; 75o/r; 88 m/r u. m/u, 91 m/l; 94 m/l; 95u/m, o/m u. o/r; 98l/o; 101l/o, r/o u. r/u; 105m/l, o/r u. m/u; 109m/l; 110 m, r/u u. m/u; 111o/r; 112m/l u. o/r; 118o/r; 120m; 122o/m; 125r/m u. u/l; 127o/r u. u/l; 128m u. o/l; 129m/l, u/m u. m/r; 130o/m; 131m/r; 133m; 134o/l, o/r u. u/l; 135o/r; 142o/r u. m; 143u/l; 144o/l u. m; 146o/r; 147m/l u. o/r; 151o/r; 152u/r, m/r, o/l u. u/l; 153o/r, u/l u. u/m; 154o/l u u/l; 156m; 157o/m u. u/r; 158l/m; 159o/r; 160u/r; 162o/m u u/r; 164o/l, o/m u/r u. o/r beide; 166m/l, o/r u. u/r; 167u/l u u/r; 170m/u; 171o/r u. m/r; Fungirlslim/fotolia S. 110o/r; fuyi/fotolia S. 171u/l; Gabriele Rohde/fotolia S. 122o/l, 139o/l; gabriffaldi/fotolia S. 95m/l; gdvcom/fotolia S. 118m/r; gekaskr/fotolia S. 71o/m; Geoffrey Kidd/Alamy Stock Foto S. 46r/m; Gerken & Ernst/fotolia S. 60u/l; gertrudda/fotolia S. 19m; Geza Farkas/fotolia S. 31o/r, 36o/l, 94m u. m/r; giedriius/fotolia S. 49o/r; Gina Sanders/fotolia S. 126o/l; Gleb Tarassenko/fotolia S. 20l/u; grafikplusfoto/fotolia S. 87r/u; grandaded/fotolia S. 68o/r; Grigorii Pisotsckii/shutterstock S. 136r/m; Grimplet/shutterstock S. 69u/r; grizzlybaerin/fotolia S. 86u/m; groisboeck/fotolia S. 173m/u; Guccio_55/fotolia S. 36o/r; GUDKOV ANDREY/shutterstock S. 11o/r; gudkovandrey/fotolia S. 8o/r, 22u/l; guentermanaus/fotolia S. 25u/r; guentermanaus/shutterstock S. 59u/r; Guido Amrein/fotolia S. 90o/r; Gunnar Assmy/fotolia S. 49u/m; guy/fotolia S. 96u, 157o/r; Guy Bumgarner/Alamy Stock Foto S. 36m/r; Hakoar/fotolia S. 120u/r; hannurama/fotolia S. 16o/r; hanseat/fotolia S. 133o/r; Harald Biebel/fotolia S. 118u/r, 160m/r; Hartmut Wolf/fotolia S. 27r/m; hcast/fotolia S. 152o/r; Hedrus/fotolia S. 114r/m; Heikki Willamo/Naturbild AB/OKAPIA S. 166u/r; Heinrich Pach/fotolia S. 157l/o; hellame/fotolia S. 151m/r; Henrik Larsson/fotolia S. 14u/r, 15o/m, 94u/m, 161u/r; hhelene/fotolia S. 19r/m, 129o/m, 153o u. u/r, 162u/l; Hintau Aliaksei/shutterstock S. 41o/l; hkuchera/fotolia S. 83l/u, m u. m/l, 112o/m u. u/l; Holger Casselmann/wikipedia S. 146u/m; Horst Schmidt/fotolia S. 67m/r; hotshotsworldwide/fotolia S. 58o/l; I Love Coffee dot Today/shutterstock S. 97u/m; Ian 2010/shutterstock S. 126o/r; Ian Duffield/shutterstock S. 79r/m; Ian Webb/fotolia S. 124o/l; Igor Strukov/fotolia S. 138o/r; ileana_bt/shutterstock S. 132u/l; iliuta goean/shutterstock S. 160l/u; iLUXimage/fotolia S. 66o/l; imageBROKER/Alamy Stock Foto S. 26u/m; Ims_Ims/fotolia S. 86o/l; ingwio/fotolia S. 132o/l; Iosif Yurlov/fotolia S. 103u/m; Irina Baturina/fotolia S. 126o; Irina K./fotolia S. 70o/l, 93u/m; IrinaK/shutterstock S. 93u/r; irinamaksimova/fotolia S. 80l/u; irin-k/shutterstock S. 18u/l; IrisArt/fotolia S. 161u/m; islavicek/shutterstock S. 145u/m; isoarska/fotolia S. 143o/m; Iv Nikolny/shutterstock S. 29u/m; JackF/fotolia S. 56r/u; JackF/fotolia S. 103r/u; JAG IMAGES/fotolia S. 12o/l u. u/l; james633/fotolia S. 78u/r; Jamrooferpix/fotolia S. 30u; Jan Miko/shutterstock S. 111m/l; Jan-Dirk/fotolia S. 63r/u; Jandrie Lombard/shutterstock S. 107o/l; janvier/fotolia S. 56l/u; jarek106/fotolia S. 7r/u; Jarkko Jokelainen/shutterstock S. 26u/r; Jaroslav Maly/nazurfoto.cz S. 159o/r; Jausa/shutterstock S. 47m/r; jdavenport85/fotolia S. 10r/m; Jean Kobben/fotolia S. 96l/m; Jenny Sturm/fotolia S. 90u; Jenny Thompson/fotolia S. 32o/r; jennyhabermehl/fotolia S. 100m/o; jentz5262/fotolia S. 81l/o; Jess Kraft/shutterstock S. 9u/m; Jiang Zhongyan/shutterstock S. 104r/u; Jiri Bohdal/naturfoto.cz S. 7u/l; jnjhuz/fotolia S. 17o/m; Joachim Opelka/fotolia S. 118u/m; 125u/m, 143o/l, 154u/r, 168u/r; Joe McDonald/shutterstock S. 20u/r; Johan Swanepoel/shutterstock S. 76u/r; johan10/fotolia S. 80o/r; Johannes Dag Mayer/shutterstock S. 99o/m; Johannes Netzer/fotolia S. 173m/r; JohanSwanepoel/fotolia S. 114u/r; John Tunney/shutterstock S. 106o/l; John Wilhelm/fotolia S. 39o/l; Jojo064/shutterstock S. 120u/l; Jolanda Aalbers/shutterstock S. 64r/u, 73m/r; JONATHAN PLEDGER/shutterstock S. 76o/r; jordanlye/fotolia S. 48o/r; Jörg Lantelme/fotolia S. 144r/u; Joseph Scott Photography/shutterstock S. 26m; Joze Potrebujes/fotolia S. 9l/o; jpbadger/fotolia S. 149o/r; JPC-PROD/fotolia S. 130r; JSseng/shutterstock S. 19m/l; Juergen Faelchle/fotolia S. 60m/u; Juergen Faelchle/shutterstock S. 151u/l; Juhke/fotolia S. 163l/o; Juho Salo/shutterstock S. 73m; Julian Weber/fotolia S. 118m/l; jurra8/fotolia S. 33o/m; jurra8/shutterstock S. 52u/m; K.-U. Häßler/fotolia S. 99u/m; Kai Krüger/Pitopia S. 75u/l; Kamikam/shutterstock S. 147m; karelnoppe/shutterstock S. 65u; Karin Jähne/fotolia S. 60o/r; Karlos Lomsky/fotolia S. 101l/u; Käsler Media/fotolia S. 84o/l; katarinagondova/fotolia S. 134m/r; Kathleen/fotolia S. 57o/l; Katja Xenikis/fotolia S. 100m; kazakovmaksim/fotolia S. 133m/l; keller/fotolia S. 29o/l; Ken Hurst/shutterstock S. 124m; Kichigin/shutterstock S. 99m; Klaus Eppele/fotolia S. 93l/m; Kletr/fotolia S. 72o/r; Kletr/shutterstock S. 14m, 105l/o; KOO/shutterstock S. 69m; kostrez/fotolia S. 125m/l; kozorog/fotolia S. 109u/m; krsprs/fotolia S. 140u/l; ksena32/fotolia S. 145o/r, 156o/r; Kseniya Abramova/fotolia S. 80u/l; Kuttelvaserova Stuchelova/shutterstock S. 68u/l; kwasny221/fotolia S. 50l/u, 62o/r u. u/r; Kylie Ellway/fotolia S. 24m/r; lalalululala/fotolia S. 51m/l; Lana Langlois/fotolia S. 41o/r; lapas 77/fotolia S. 22o/l; Lars Johansson/fotolia S. 133m/l; laufer/fotolia S. 31u/l; lcrms/fotolia S. 158u/r; Le Do/fotolia S. 149o/m; Lee Quinn/shutterstock S. 94m/o; Leo/fokus-natur.de S. 59l/u u. r/m; Leonid Ikan/shutterstock S. 141r/m; Les Stocker/Alamy Stock Foto S. 69u/l; lfrabanedo/fotolia S. 99u/r; LianeM/fotolia S. 129o/r; lightofchairat/fotolia S. 11u/r; lightpoet/shutterstock S. 16o/m; linjerry/fotolia S. 138m/l; liukovmaksym/fotolia S. 89o/r; Loren L. Masseth/shutterstock S. 137o/l; Lorna Griffiths/fotolia S. 142o/l; lucaar/fotolia S. 20o/r; LuciaP/shutterstock S. 162r/m; lucielang/fotolia S. 58o/r; Luckeyman/shutterstock S. 9o/r; Lukow/photocase S. 135l/m; M. Schuppich/fotolia S. 143o/r; Maciej Czekajewski/fotolia S. 79l/u; Maciej Olszewski/shutterstock S. 73l/u; macrowildlife/fotolia S. 41o/m; Madlen/shutterstock S. 119u/m; Madlen/shutterstock S. 131u/r; maggiw/fotolia S. 165m; Maggy Meyer/shutterstock S. 65l/u; Maithree Wimalasekare/shutterstock S. 29o/m; Makuba/fotolia S. 27o/m; Manfred Ruckszio/shutterstock S. 123m, 150m/r; manonvanos/fotolia S. 58u/l; Mantonature/iStock S. 170o/r; mar111/fotolia S. 92o/r; marbenzu/fotolia S. 98r/u; Marc Medcalf/shutterstock S. 26m/r; Marcin Perkowski/shutterstock S. 21o/l; Marco Uliana/shutterstock S. 95u/l, 109u/l; Maren Winter/fotolia S. 143u/r, 144u/l, 156o/r; Mari_art/fotolia S. 80u/l; marielab/fotolia S. 171o/l; MARIMA/fotolia S. 18o/r, 161l/u; Mariola Anna S./shutterstock S. 123u/m; markobe/fotolia S. 102r/u; Martin Fowler/shutterstock S. 64l/m; Martin Viazanko/shutterstock S. 43o/m u. u/l; Martina Berg/fotolia S. 80r/m, 150o/l; Martina_L/shutterstock S. 158l/u; Maslov Dmitry/fotolia S. 86m; Matauw/fotolia S. 34o/r, 85u/l; Matej Ziak/shutterstock S. 105m; mates/fotolia S. 160u/r; Matteo photos/shutterstock S. 59r/o; Matthew Palmer/iStock S. 61o/r; Maxal Tamor/fotolia S. 148m/r; mbridger68/fotolia S. 42o/l; merrimonc/fotolia S. 30m/r; metlion/fotolia S. 128u/r; Michael Tieck/fotolia S. 95m/l, 100r/u, 121u/m, 130u/l, 150u/l, 164u/l; Mikadun/shutterstock S. 54o/r; Miloslav Doubrava/fotolia S. 22o/r; mirkograul/fotolia S. 18l/u, 40o/m, 41m/l, 44o/l, 52o/l, 95m; Miroslav Hlavko/shutterstock S. 33r/o,67l/u, 133m/r; Mitmachfoto/fotolia S. 79u/l; modul_a/fotolia S. 57r/m; Monika Gutte/unterwasserwelt-ostsee.de S. 6u/m; motivjaegerin1/fotolia S. S. 42m/r; MP2/fotolia S. 149o/m; mrr/fotolia S. 112m; Mrs_ya/shutterstock S. 102u/m; mubus7/shutterstock S. 165l/o; multik79/fotolia S. 159o/r; multilens/fotolia S. 48l/o; mustakissa/fotolia S. 93m; Nadine Haase/fotolia S. 76o/l, 81o/r; nancy dressel/shutterstock S. 138o/r; NAS/Tom McHugh/OKAPIA S. 71r/u; NATALIA61/shutterstock S. 119m; Natalie Paklina/shutterstock S. 8u/l; Natika/fotolia S. 155o/m; Nature Photographers Ltd/Alamy Stock Foto S. 34r/m, 141o/l; Nature Picture Library/Alamy Stock Foto S. 98m; natureimmortal/fotolia S. 7m/r, 21u/l, 111u/l; nazmoo/fotolia S. 92u/r; nechaevkon/fotolia S. 74l/o u. u/r; nednapa/shutterstock S. 137o/m; Nella/shutterstock S. 136o/r; nicolasprimola/fotolia S. 40r/u; Nik Merkulov/fotolia S. 127u/m; Nikokvfrmoto/fotolia S. 102m/l; Nils Ehnert/fotolia S. 31u/m; nizami/fotolia S. 93r/o; nmelnychuk/fotolia S. 121o/r, 148m/r; Nneirda/fotolia S. 96o/l; noisefotografie S. fotolia S. 103l/u; nokinka/fotolia S. 32u/l; NorGal/fotolia S. 39o/r; Norhayati/shutterstock S. 41r/u; nounours1/fotolia S. 38m/r; Nual K/shutterstock S. 113r/u; nyiragongo/fotolia S. 45u; ÔÇôYANGCHAO/shutterstock S. 78l/o; ohsuriya/fotolia S. 141u/r; Okapia/imageBROKER/Andrey Nekrasov S. 98m/r; oksana2010/shutterstock S. 47l/u; oksanastepanova/fotolia S. 145o/l u. u/r; Olga Vasilkova/shutterstock S.121o/l; Olga_i/shutterstock S. 81u/m; olgakok/fotolia S. 19r/u; Olha Insight/shutterstock S. 16o/l; olympus E5/fotolia S. 68o/m; Ondrej Chvatal/shutterstock S. 49u/l; Ondrej Chvatal/shutterstock S. 77m/l; Ondrej Prosicky/shutterstock S. 67m/l; Orhan Cam/shutterstock S. 13r/o; Ornitolog82/fotolia S. 168o/l; Otto Durst/fotolia S. 150m/l; outdoorsman/fotolia S. 91m; oxie99/fotolia S. 160o/l; Paleka/shutterstock S. 136u/r; panda3800/shutterstock S. 50o/r; Pat Bennett/Alamy Stock Foto S. 6o/r; Paul101/shutterstock S. 61u/l; Pavel/Parmenov/fotolia S. 88o/r, 142m/u; Pavel Vakhrushev/shutterstock S. 132m/l; Perytskyy/fotolia S. 100r/o; Peter Wey/fotolia S. 82o/r; PeterVrabel/shutterstock S. 76u/l; Petr Baumann/shutterstock S. 122u/m; Philip Ellard/shutterstock S. 59m/l; Philipp Gabrys/fotolia S. 122m/r; Philippe Garguil/BIOS/OKAPIA S. 6l/u; pholidito/fotolia S. 94o/r; pholidito/fotolia S. 139o/r; PHOTO FUN/shutterstock S. 126m; PhotoAlex/fotolia S. 48l/u; photocrew/fotolia S. 138m/u; Photo-SD/fotolia S. 51o/r; PhotoSG/fotolia S. 137o/l; Picture Partners/fotolia S. 138o/r, 145m; picturepartners/shutterstock S. 154l/m; Pim Leijen/fotolia S. 30l/m; pixelleo/fotolia S. 163o/r; Pixelmixel/fotolia S. 146l/o; pixelnest/fotolia S. 109o/r; PK289/fotolia S. 38o/l; plavevski/shutterstock S. 78m u. o/r; Potapov Alexander/shutterstock S. 169u/l; powell83/fotolia S. 156m/u; Procy/shutterstock S. 17m/r; pryzmat/shutterstock S. 109m; pure-life-pictures/fotolia S. 85o/r; purplequeue/fotolia S. 81o/m; quingquing/shutterstock S. 107m; R. Maximiliane/shutterstock S. 77u/r; r.classen/shutterstock S. 95u/r; Rainer Fuhrmann/fotolia S. 131m; Rainer Fuhrmann/fotolia S. 131o/l; Rainer Fuhrmann/shutterstock S. 73o/r; randimal/fotolia S. 63o/r; Raymond Llewellyn/shutterstock S. 161r/u; raz_sarbaste/fotolia S. 115r/m; rb-b.de/fotolia S. 148m/u; rcfotostock/fotolia S. 19o/r, 96r/u; rck/fotolia S. 30o/r; rdnzl/fotolia S. 143u/m; Rebel/fotolia S. 163u/l; Reena/fotolia S. 134u/r; Reinhold Brezovsky/fotolia S. 124u/r; Richard Griffin/fotolia S. 155l/o; Riverwalker/fotolia S. 41m; Rob Hainer/shutterstock S. 54o/l; Rob Huntley/shutterstock S. 123l/u; Robyn Mackenzie/shutterstock S. 126u/l; rodimovpavel/fotolia S. 137o/m; Roel Meijer/shutterstock S. 172o/r; Roman Pyshchyk/fotolia S. 158u/m; Roman Samokhin/fotolia S. 156o/l; Roxana/fotolia S. 148o/l; Roxana Bashyrova/shutterstock S. 121m/l 162l/o; rukxstockphoto/shutterstock S. 57u/l; ryzhkov_sergey/fotolia S. 86l/u u. r/u; Saethapoeng TRIECHORB/shutterstock S. 8r/m; sasimoto/fotolia S. 160r/m; schaef/fotolia S. 26o/l, 42u/l; schankz/shutterstock S. 88l/o; Schlierner/fotolia S. 143m; Schmutzler-Schaub/fotolia S. 97o/l; Schwoab/fotolia S. 71l/o; Scisetti Alfio/fotolia S. 122o/r, 151m, 160u/r; sduben/fotolia S. 42o/r; SeDmi/shutterstock S. 146r/u; Serg64/shutterstock S. 68r/m; sergei_fish13/fotolia S. 31m; Sergej Razvodovskij/shutterstock S. 99r/o; Sergey Kohl/shutterstock S. 166r/m; Sergey Uryadnikov/shutterstock S. 61r/u; SF photo/shutterstock S. 145l/u; shaftinaction/fotolia S. 49m/l u. m/o; Sharon Day/shutterstock S. 99o/l; Shawn Hempel/fotolia S. 169o/l; Sigrid Haag/Kosmos S. 165u/l; Simone Andress/fotolia S. 120o/r; Sirintra Pumsopa/shutterstock S. 113u/l; siwi1/fotolia S. 158r/m; Small Red Girl/fotolia S. 119m/r; SmileBall/shutterstock S. 55o/l; Solvin Zankl/Alamy Stock Foto S. 107m/r; Sonny Hudson/shutterstock S. 166o/m; Soru Epotok/fotolia S. 34o/l; SouWest Photography/shutterstock S. 29u/r; spline/shutterstock S. 161o/l; spline_x/fotolia S. 148u/r; spodarenko/fotolia S. 121u/r; Stefan Holm/shutterstock S. 172o/l; Stefan Petru Andronache/shutterstock S. 71u/l; Stefan Weger/naturfotoarchiv S. 127r/u, m/l u. m, 165m/l, 173 o/l u. u/l; stefanholm/fotolia S. 169m/l; Stephan Morris/fotolia S. 59m/r; Stephan Morris/shutterstock S. 53o/r; Stephen Rees/shutterstock S. 130o/l; stirling05/fotolia S. 23u/l; Stropharia/fotolia S. 159r/u; Studio Photo AG/fotolia S. 151u/l; Subbotina Anna/shutterstock S. 139u/l; suerob/fotolia S. 23u/m,95o/r, 145u/r; sumikophoto/fotolia S. 18r/u; superfood/fotolia S. 157u/m; svehlik/fotolia S. 83u/m; Svetoslav Radkov/fotolia S. 162o/r; Swapan Photography/shutterstock S. 87l/u; Sylvie Bouchard/fotolia S. 28o/l; Sylvie Bouchard/shutterstock S. 170o/m; Szasz-Fabian Jozsef/fotolia S. 70o/r, 137o/r; Tamara Kulikova/fotolia S. 129o/m; tashas/fotolia S. 141o/m; taviphoto/fotolia S. 59m/l u. m/o, 102o/r, 124u/l; taviphoto/shutterstock S. 59o/l; teamfoto/fotolia S. 50o/l; thanongsuk harakunno/shutterstock S. 58m; Thitisan/shutterstock S. 102m; Thomas Hess/fotolia S. 20o/l; ThomBal/fotolia S. 141u/l; Thorsten Schier/fotolia S. 169o/r; thousandsanimals/fotolia S. 103l/m, o/m u. r/o; Tim Graham/Alamy Stock Foto S. 166u/l; tinadefortunata/fotolia S. 131u/m; tinella116/fotolia S. 20l/m; Tory Kallman/shutterstock S. 24u/l; Tracy Starr/shutterstock S. 79m; triumfa/fotolia S. 113m; tryptophanatic/shutterstock S. 114l/m; Tsekhmister/shutterstock S. 50r/m; TTphoto/shutterstock S. 85r/u; TTstudio/fotolia S. 43o/r; TTstudio/shutterstock S. 106m/l; Twilight Art Pictures/fotolia S. 7o/r, 111m/r, 120m/l; U. Gernhoefer/fotolia S. 79o/r; UbjsP/shutterstock S. 17u/l; uckyo/fotolia S. 167m; unpict/fotolia S. 172r/u; Uros Petrovic/fotolia S. 93o/l u. o/m; ursulaBurri/herbarium-online S. 142r/m; Uryadnikov Sergey/fotolia S. 11l/m u. l/o, 24r/u; Uwe Langnickel/fotolia S. 88r/u; Valentina R./fotolia S. 162m/u, 169o/m; valeriyap/fotolia S. 77u/l; vblinov/shutterstock S. 14o/r, 64l/m; velbort/fotolia S. 156o/l; verkoka/fotolia S. 84m/r; veroxdale/shutterstock S. 55r/u; Victor Tyakht/fotolia S. 33m/l; viennapro/fotolia S. 52l/u; viitati/fotolia S. 163o/m; Violetta/fotolia S. 75o/l; vioma/fotolia S. 71r/o; vipersgarden/fotolia S. 35u/m; virgonira/fotolia S. 81o/l; Vishnevskiy Vasily/shutterstock S. 21l/m, 69o/l; Visions-AD/fotolia S. 140u/r; Visual+Written SL/Alamy Stock Foto S. 85o/m; Vitalii Hulai/shutterstock S. 105u/l; Vittorio Bruno/shutterstock S. 104r/o; Vladimir Chernyanskiy/shutterstock S. 53l/u; Vladimir Wrangel/fotolia S. 78u/l, 104o/l; Vladimir Wrangel/shutterstock S. 76u/r; Vladislav T. Jirousek/shutterstock S. 54u/r; vladstar/fotolia S. 57o/m; Volodymyr Shevchuk/fotolia S. 19u/l; voltan/fotolia S. 135o/r, 142u/r; vrabelpeter1/fotolia S. 56o/m; Waraporn Surakaisii/shutterstock S. 108m/r; Weltenspiegel/fotolia S. 100l/u; Werner Schwehm/fotolia S. 82m/l; weseetheworld/fotolia S. 15m/u, 35m/o; Westend61/fotolia S. 82u/l; weyo/fotolia S. 172l/u; WILDLIFE GmbH/Alamy Stock Foto S. 43r/m, 138u/r; wildlifephoto-demmel/fotolia S. 7o/l; wisawa222/fotolia S. 50u/m; Wolfilser/fotolia S. 119o/l; womue/fotolia S. 120u/m, 138u/l, 144m/l, 149m; worldswildlifewonders/shutterstock S. 91o/r; Wulffmann/pixaby.com S. 16r/u; Xaver Klaussner/fotolia S. 112u/r; xy/fotolia S. 13l/m; Yasser El Dershaby/shutterstock S. 56o/l; Yellow Cat/shutterstock S. 104o/r; YK/fotolia S. 16l/u; yurakp/fotolia S. 95o/l; Yuri Kravchenko/fotolia S. 31o/l; Zadiraka Evgenii/shutterstock S. 161l/m; Zanoza-Ru/fotolia S. 135u/r; Zerbor/fotolia S. 35r/m; zhengzaishuru/shutterstock S. 98o/r; zhukovvvlad/fotolia S. 44m/l; Ziablik/fotolia S. 168o/r u. u/l; Zoonar/Beate Türk S. 122u/l; Zoonar/Heiko Eschrich S. 22u/r; Zoonar/Himmelhuber S. 118o/l, 166o/l; Zoonar/MaggiW S.147u/l; zuzule/fotolia S. 81u/r

WIE HEISST DAS KLEINSTE LAND DER WELT?
WO LIEGT DIE OSTERINSEL?
UND WIESO SCHEINT IM NORDEN NACHTS DIE SONNE?

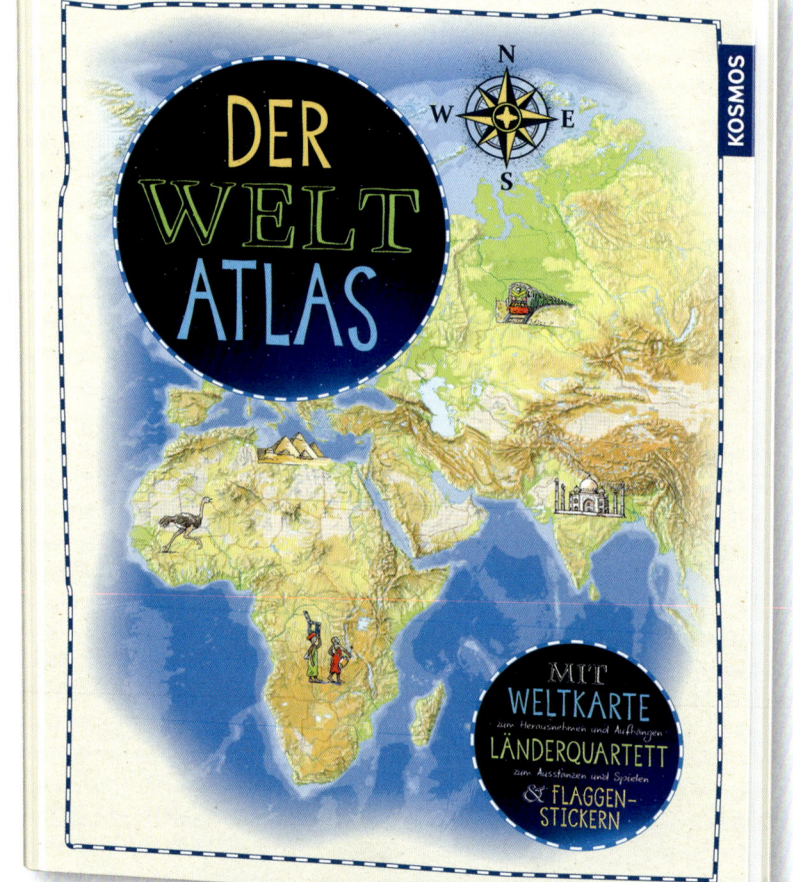

116 Seiten, ca. €/D 24,99

Komm mit auf eine Reise um die Welt. Lerne die Kontinente und Länder unserer Erde kennen. Die wichtigsten Tiere und Pflanzen der einzelnen Kontinente findest du auf extragroßen Seiten zum Ausklappen. Detailreiche Themenseiten liefern spannende Informationen über Klima und Wetter, die Entstehung der Erde, das Sonnensystem, die Weltbevölkerung, die EU und die 7 Weltwunder.

kosmos.de

STAMMBAUM DER PILZE & PFLANZEN

BLUMEN

NACHTSCHATTENGEWÄCHSE
Aubergine, Kartoffel, Tomate, Paprika

KÜRBISGEWÄCHSE
Garten-Kürbis, Gurke, Zucchini

DOLDENBLÜTLER
Mohrrübe, Wilde Möh..., Wiesenkerb...

SAUERKLEEGEWÄCHSE
Glücksklee, Horn-Sauerklee, Waldsauerklee

HÜLSENFRÜCHTLER
Bohne, Erbse, Klee-Arten

KORBBLÜTLER
Distel, Gänseblümchen, Kamille-Arten, Löwenzahn, Rainfarn

HAHNENFUSSGEWÄCHSE
Buschwindröschen, Christophskraut, Hahnenfuß, Leberblümchen

HAHNENFUSSARTIGE

MOHNGEWÄCHSE
Klatschmohn*, Lerchensporn

RAUBLATTGEWÄCHSE
Lungenkraut

BRENNNESSELN•

VEILCHEN•

JOHANNISKRAUT...

HUNDSGIFTGEWÄCHSE
Immergrün

BALSAMINENGEWÄCHSE
Drüsiges Springkraut, Großes Springkraut

PILZE

NICHTBLÄTTERPILZE
Hasenohr, Kartoffelbovist, Pfifferling, Tintenfischpilz, Ziegenbart

BLÄTTERPILZE
Champignon, Fliegenpilz, Hallimasch, Knollenblätterpilz, Parasolpilz

RÖHRENPILZE
Steinpilz, Maronenröhrling, Rotkappe

HEFEN*

SCHIMMELPILZE*

GRÜNALGEN

FARNE
Adler..., Wurm...

MOOSE
Wald-Frauenhaar, Weißmoos, Torfmoos

* Pflanzen- und Pilzgruppen sowie Pflanzenarten mit einem Sternchen werden in diesem Lexikon nicht beschrieben, sind aber aufgeführt, damit du einen besseren Überblick hast.

• Pflanzengruppen-Bezeichnungen mit einem Punkt sind umgangssprachlich oder vereinfacht und nicht streng wissenschaftlich benannt.